AF307754

Niclas Timmerby

FORMELN TILL LÖNSAMHET, TILLVÄXT OCH UTVECKLING

$$IV \dashrightarrow K \dashrightarrow YV : (E = potential\char`^\infty) \dashrightarrow R = L$$

FÖR ALLA LAG, BRANSCHER OCH VERKSAMHETER

När du som ledare lägger ditt fokus på kulturen istället för att fokusera på måltal sker magi rakt framför dina ögon.
Niclas Timmerby

Grafik och layout av Niclas Timmerby

Bild av nebulosa på omslag skapad av Thomas Budach

Förlag: BoD · Books on Demand, Östermalmstorg 1,

114 42 Stockholm, bod@bod.se

Tryck: Libri Plureos GmbH, Friedensallee 273,

22763 Hamburg, Tyskland

ISBN: 978-91-8080-737-1

Innehållsförteckning

Reflektionssidor för dig som ledare:
A: 33-34, B: 58, C: 87, D: 121, E: 170, F: 362, G, 389-390.
Kap 2: 214, Kap 3: 246, Kap 4: 270, Kap 5: 291, Kap 6: 322, Kap 7: 348.

FÖRORD

Pengar kan avgöra vad du gör. Din passion avgör hur du gör det.
Niclas Timmerby

Den här boken har funnits i mina tankar och levt med mig under de senaste femton åren. Sakta har tankarna blivit mer konkreta och har genom reflektioner och anteckningar vuxit till idéer. Från idéerna växte en metodik fram som jag började använda delar av i coachningssamtal och från detta skapades per automatik en process med specifika steg för att metodiken skall vara applicerbar och repeterbar, även när jag fullgjort min del.

De senaste tolv åren har jag strukturerat använt metodiken på utbildningar för små och stora grupper, och på föreläsningar med tillhörande arbetsverktyg och workshops. Jag har tillämpat metodiken inom bl.a företag, statliga, kommunala och fackliga verksamheter, i yrkesskolor och idrottsföreningar.

Nu är tiden mogen att omsätta detta till en teori på papper (eller digitalt om du valt det alternativet), jag har känt så stor glädje inombords när jag sett ledare finna ett helt nytt sätt att leda; *att leda med en strukturerad metodik genuint från hjärtat.*

Finner du modet att leda från hjärtat berör du människor på riktigt, när du berör människor förändras människan framför dig. När människor i ett lag förändras påverkar det samtidigt kulturen/atmosfären i den gemensamma arbetsmiljön där ni tillbringar tid, samarbetar och delar kunskaper och erfarenheter.

Denna påverkan präglar och formar alla människor som är involverade. Det förändrar sättet att kommunicera, relationerna och den övergripande dynamiken inom laget. När kulturen förändras stöps samtidigt lagets gemensamma värderingar och de informella spelreglerna om till någonting nytt vilket leder till att beteenden, attityder och nivåerna av förtroende, tillit, prestationer, moral och principer förändras.

"Culture eats strategy for breakfast."
- Peter Drucker

När du som ledare strukturerat använder dig av metodiken i denna bok kommer du att finna väldigt starka synergieffekter på många plan i ditt yrkesliv och min ambition är att denna bok också kommer att få dig att reflektera över dig själv som privatperson där du också har olika lag som exempelvis familj, vänner, bekanta, kompisgäng, inom nätverk, föreningsliv, etc.

*För att göra de olika begrepp som kan beskriva "en grupp människor som arbetar tillsammans" mer greppbart, kommer jag i boken att använda ordet **entitet**. "Entitet" används som ett sammansatt begrepp för att referera till organisationer, företag, deltagare, idrottslag, arbetslag, avdelningar, föreningar, team, institutioner och andra enheter som samarbetar för att uppnå gemensamma mål och ambitioner.*

Min ambition med denna bok är att påvisa en teori och metodik som utgår från att *om ledaren fokuserar på att skapa och upprätthålla en företagskultur som innehåller delaktighet, tillit och trygghet, har denna metodik större förutsättningar att skapa och upprätthålla långsiktig lönsamhet, kvalitet i det dagliga arbetet och effektivitet i en entitet, än att som ledare fokusera på måltal och målsättningar.* Arbetsglädje och mindre personalomsättning är en bonus.

2025 publiceras ´**Arbetsbok: Praktiska övningar och reflektioner för organisatorisk utveckling**´. Arbetsboken är anpassad från lagmedlemmens perspektiv och är ditt konkreta verktyg som ledare för att effektivt implementera formeln i din entitet där dem själva dokumenterar reflektioner, slutsatser och egen utveckling.

INTRODUKTION

Människor är som blommor, med rätt omgivning kan alla blomstra.
Niclas Timmerby

*Oavsett vilken typ av entitet du verkar inom finns **kulturen** där som någonting osynligt för ögat som styr människors vilja, lust och energi, och det är så starkt att du inte kan rubba det hur stark eller mäktig du än är.*

En bra kultur kan inte köpas hur många miljarder som än läggs fram på bordet, det går inte heller att köpa in en maskin som skapar en god och hållbar kultur eller att en föreläsare eller utbildare skyndsamt "fixar till" kulturen.

Låt oss börja från början.
Ordet kultur kommer från det latinska ordet *"colere"*, senare *"cultura"* vilket kan översättas till odling. Ordet har gått från att beskriva jordbruk till att under Romarriket börja användas för att beskriva intellektuella och estetiska aktiviteter såsom konst, litteratur, musik och teater samt bildning och utveckling. På 1960-talet började forskare och företagsledare intressera sig för den inverkan som entitetens värderingar, normer och beteenden hade på prestation och anställdas välbefinnande.

Begreppet *"företagskultur"* var skapat och blev snabbt populärt under de kommande decennierna. I många år har det varit en viktig del av företagsledning och organisatorisk teori. Med tiden har betydelsen av ordet utvidgats och idag används det även för att beskriva sociala och intellektuella aktiviteter hos en grupp eller samhälle (en entitet).

Idag används begreppet "företagskultur" frekvent för att beskriva de gemensamma värderingar, normer, traditioner, arbetssätt, bemötande, beteenden och attityder som präglar ett företag och dess anställda.

Forskning och undersökningar påvisar också vikten av att kontinuerligt främja och upprätthålla en god kultur oavsett entitet. Här är fem exempel:

1. *En studie från Harvard Business Review visar att företag med en stark företagskultur har högre produktivitet, bättre kundnöjdhet och lägre personalomsättning än företag med en svag företagskultur.*

2. *En forskningsrapport från MIT Sloan Management Review visar att företag med en stark företagskultur är bättre rustade för att hantera förändringar och utmaningar i en snabbt föränderlig affärsmiljö.*

3. *En studie från Deloitte visar att företag med en stark företagskultur har högre grad av innovation och är mer anpassningsbara till förändringar än företag med en svag företagskultur.*

4. *En studie från Gallup visar att företag med en stark företagskultur har högre grad av engagemang bland sina anställda, vilket leder till högre produktivitet, lägre sjukfrånvaro och lägre personalomsättning.*

5. En undersökning från Glassdoor visar att företag med höga betyg på företagskultur på Glassdoor.com (en plattform för att recensera arbetsgivare) har högre avkastning på aktierna än företag med låga betyg på företagskultur.

Synergieffekten att ha högt fokus på värderingar och/eller en gemensam värdegrund finns också påvisad. Här är tre exempel på studier och rapporter som påvisar effekten av att arbeta med ett värderingsstyrt ledarskap för att påverka företagskulturen positivt:

1. En studie publicerad i tidskriften "Organization Science" undersökte företag som hade implementerat en stark värderingsbaserad företagskultur. Resultaten visade att dessa företag hade högre lönsamhet och bättre finansiell prestation jämfört med företag som inte hade en lika stark värderingsbaserad kultur.

2. En rapport från Corporate Leadership Council undersökte över 50 000 anställda i olika organisationer och fann att företag med en stark företagskultur baserad på gemensamma värderingar hade högre personalengagemang och bättre finansiell prestation.

3. En studie publicerad i "Journal of Business Ethics" undersökte företag som hade en tydlig och kommunikativ värdegrund. Resultaten visade att dessa företag hade högre lönsamhet och bättre finansiell prestation jämfört med företag som inte hade en lika tydlig och kommunikativ värdegrund.

Alla medarbetare tittar på ledaren.
Ibland med kritiska ögon för att ledaren skall visa vägen framåt
med en tydlig riktning och ett tydligt *hur* entiteten tar sig dit.

*Vilka väsentliga förutsättningar är egentligen rimliga för ledaren
att ge varje lagmedlem för att kunna ställa krav och få ut
maximalt av varje individ och av entiteten?*

<u>Här är begrepp jag successivt kommer att förklara i boken;</u>

- Vart skall vi (*entitetens vision*)?

- Hur skall vi tillsammans ta oss dit (*ledarens mission*)?

- Vilka spelregler har vi mellan oss lagmedlemmar (*lagets
  värdegrund*)?

- Har ledaren gett *känslomässig information* i form av; *drivkraft*,
  ömsesidiga förväntningar och en *tydlig riktning*?

- Har vi högt i tak på riktigt genom en av alla accepterad
  feedback-kultur?

- Finns det en struktur för *anpassad coachning* för att få
  lagmedlemmarna att växa personligt- och yrkesmässigt?

- Litar vi på varandra så mycket att vi kan *"springa genom eld för
  varandra"*, dvs. utövar ledaren ett *tillitsbaserat, värderingsstyrt*
  ledarskap som innefattar en *utvecklingskultur*, att alla kan
  utvecklas i sina roller och växa som människor i vår entitet?

Så, vad odlar du som ledare varje dag i vartenda fysiskt och digitalt möte, i korta spontana samtal och i längre planerade samtal, i medarbetarsamtalet och när du kommunicerar via e-post, sms eller ert eventuella intranät?

Vad odlar du när du kommer in i ett rum genom de hormoner du obönhörligt konstant sänder ut utan att du ens säger något och vad lämnar du kvar i rummet?

Vad odlar du som gör att ditt lag går framåt när du pratar inför flera lagmedlemmar eller i sammanhang du träffar lagmedlemmar utanför arbetstid (på en planerad afterwork, på kvällen efter en kickoff eller spontant "springer på" en lagmedlem på fritiden)?

Kort sagt, hur påverkar du din entitet genom din karaktär och personlighet?

Är jag präglad till mitt ledarskap eller är jag genuin?

Ordet präglad kommer från början från det latinska ordet *imprimere* som i Antikens Rom beskrev handlingen att trycka något på ett material. Långt senare i Tyskland beskrev ordet *prägen* (senare *preigen*) hur någon eller något är format eller påverkat av olika faktorer.

Självinsikten är ditt viktigaste verktyg som ledare.

Vågar du vara genuin? Oavsett vilket påverkar du som ledare kulturen i din entitet i varje ögonblick. Det är väldigt enkelt: antingen frodas ditt lag eller så frodas det inte.

A
Situationsbaserat ledarskap

En ledare utan passion är som en dansare utan kroppsspråk.
Niclas Timmerby

Du som ledare kommer alltid att befinna dig i olika situationer där du har lättare eller svårare beslut att fatta. Jag vill ödmjukt påstå att nedanstående fyra val är dina viktigaste, för *de styr över de kommande beslut du kommer att behöva fatta och de val du kommer att behöva ta ställning till i framtiden.*

- Fokus på att påverka resultat / fokus på att påverka kulturen.
- Styrsystem / passion och vilja.
- Resultatstyrt ledarskap / värderingsstyrt ledarskap.
- Bedömningskultur / utvecklingskultur.

Grunden, oavsett dina val ovan, är att medvetet verka i ett situationsanpassat/situationsbaserat ledarskap.

Vet du inte vilken fas din entitet befinner sig i just nu, har du ingen klar bild av hur du skall leda.

Därför avhandlar detta avsnitt just detta. <u>I detta avsnitt får du grunderna, en process hur du som ledare konkret kan börja arbeta med teorin, ett förslag på workshop du kan använda dig av i din entitet samt studier kring denna teori.</u>

Situationsbaserat ledarskap har grundats i forskning genom studier och observationer av ledarbeteende och dess effekter på medarbetarnas prestation och arbetsmiljö.

Paul Hersey och Ken Blanchard genomförde initialt forskning och observationer för att identifiera olika ledarstilar och deras inverkan på medarbetares motivation och prestation.

Deras forskning visade att olika situationer och medarbetare kräver olika typer av ledarskap.

De identifierade fyra huvudsakliga ledarstilar: direktivt ledarskap, stödjande ledarskap, deltagande ledarskap och delegerande ledarskap. Dessa omformuleras ibland till; styrande, stödjande, coachande och delegerande.

De fyra delarna inom situationsbaserat ledarskap.
Vad är din entitets sammanlagda mognadsnivå, i vilken fas befinner de sig i just nu, sett till kompetens och engagemang, individuellt och som grupp? Reflektera över hur du som ledare kan påverka och förändra dynamiken.

1. **Direktivt ledarskap (Styrande):** Används när entiteten är nybildad eller har låg mognadsnivå. I denna fas behöver entiteten tydliga instruktioner och riktlinjer för att komma igång och förstå sina roller och ansvar. Ledaren ger tydliga direktiv och tar kontroll över situationen för att guida i rätt riktning. *Sammanfattning: Detta används när lagmedlemmen är oerfaren eller har låg kompetens på uppgiften.*

2. **Stödjande ledarskap:** Det stödjande ledarskapet används när entiteten har börjat utvecklas och har en viss mognadsnivå. Entiteten kan vara mer självständig och behöver stöd och uppmuntran för att fortsätta växa och utvecklas. Ledaren ger feedback, uppmuntran och stöd för att öka medarbetarnas självförtroende och motivation. *Sammanfattning: Denna stil används när medarbetaren har viss erfarenhet men fortfarande behöver stöd och övertygelse för att utföra uppgiften.*

3. **Deltagande ledarskap (Coachande):** Det deltagande ledarskapet används när entiteten har hög mognadsnivå och är kapabel att bidra med sina idéer och åsikter. Entiteten är självgående och behöver bli involverad i beslutsfattandet för att känna sig delaktig och engagerad. Ledaren främjar öppen kommunikation, delegerar ansvar och uppmuntrar till samarbete och kreativitet.

Vad som tillkommit över tid som en annan del i detta begrepp är det coachande ledarskapet *(började användas inom företagande på 1990-talet*

> *"Ju djupare du lär känna dina lagmedlemmars känslor, värderingar, motiv, drivkraft, hinder, mål och drömmar - desto mer kommer de att bidra och brinna för dig som ledare."*
> *- Niclas Timmerby, om vikten av anpassad coachning*

bl.a. av Sir John Whitmore 1992 i "Coaching for Performance", som betonade vikten av att använda coachande tekniker och metoder inom företagsledning för att främja medarbetarnas utveckling och prestation.) Denna del innebär att ledaren fungerar som en coach eller mentor. Ledaren utvecklar lagmedlemmar genom att ställa frågor, aktivt lyssna, ge feedback och hjälpa dem att identifiera och nå sina mål.

Sammanfattning: Denna stil används när medarbetaren är kompetent och motiverad men fortfarande behöver stöd och uppmuntran. Var medveten över de två delarna där (A) "deltagande" främjar öppen kommunikation, att delegera ansvar och uppmuntrar till samarbete och kreativitet. Och där (B) "coachande" fokuserar på att främja individuell utveckling och tillväxt genom att hjälpa medarbetarna att hitta sina egna lösningar och ta ansvar för sin egen utveckling.

4. Delegerande ledarskap: Det delegerande ledarskapet används när gruppen har hög mognadsnivå och är självgående och erfaren inom sitt område. Gruppen kan ta egna beslut för att uppnå uppsatta mål. Ledaren ger stöd och resurser vid behov, men ger gruppen ansvar och befogenheter samt frihet att fatta beslut och ta ansvar för att utföra uppgifterna. *Sammanfattning: Detta används när medarbetaren är både kompetent och motiverad.*

Min entitet är just nu:

Under cirka 15 minuter. Reflektera över dina lagmedlemmar när du läser sammanfattningarna. Var befinner dem sig idag; 1, 2, 3 eller 4? Reflektera över din egen ledarskapsresa. För en sann ledare fokuserar inte på var människor är, <u>en sann ledare fokuserar och ser det som sin uppgift att genom sitt ledarskap få människor att växa.</u> Hur kan du få din entitet att utvecklas?

____

____

____

____

____

____

____

____

____

____

Beroende på var din entitet befinner sig just idag, avgör hur du behöver anpassa ditt ledarskap för att ta din entitet framåt.

Innan du påbörjar ditt konkreta arbete med samtal och workshop är det viktigt att du själv arbetar fram en trygghet.

Här får du grunderna i form av en processbeskrivning för att kontinuerligt underhålla en framgångsrik kultur i din entitet. Syftet är att skapa en miljö där lagmedlemmarna trivs, presterar på sin högsta nivå och bidrar till entitetens framgång:

Steg 1: Tydlig kommunikation och vision.
Säkerställ att alla lagmedlemmar förstår varför entiteten har sin vision. Det är viktigt att kommunicera denna vision regelbundet och på ett sätt som engagerar och inspirerar, hitta kreativa sätt så visionen alltid är närvarande, den skall sitta i ryggmärgen hos alla. *Visionen är vårt varför. Varför vi går till arbetet varje dag? Svar: Vi går alla till arbetet varje dag för att tillsammans sträva mot vår gemensamma vision.* **Genom att skapa en gemensam förståelse för entitetens vision samt de värderingar, mål, ambitioner och strategier som tydligt kan kopplas till visionen har du rätt förutsättningar som ledare att bygga en stark grund för den önskade kulturen.**

Steg 2: Skapa delaktighet och engagemang.
Involvera lagmedlemmarna i så mycket beslutsfattande som är möjligt och ge dem möjlighet att påverka sin arbetsmiljö för att främja delaktighet och engagemang. Detta kan göras genom att organisera regelbundna teammöten, workshops eller brainstormingsessioner där alla under strukturerade former får

möjlighet att bidra med sina idéer och perspektiv. *Genom att skapa en känsla av ägarskap och gemensamt ansvar skapar du en stark, lojal och engagerad kultur.*

Steg 3: Utveckla starka relationer.

Lagmedlemmarna behöver känna sig trygga och motiverade för att ta kulturen till nästa nivå. Uppmuntra och stöd utvecklingen av starka relationer mellan lagmedlemmarna genom framförallt öppen kommunikation. Kan ni prata om allt mellan varandra och veta att det stannar i entiteten (integritet) känner sig lagmedlemmarna trygga vilket stegvis gör lagmedlemmarna mer och mer öppna i sin kommunikation till varandra. Detta har en jätteviktig positiv effekt, det minskar risken för konflikter. En ytterligare stor positiv effekt av att utveckla starka relationer är att lagmedlemmarna blir naturligt motiverade att komma till arbetsplatsen varje dag för att bidra. *Passionen att få komma till arbetsplatsen och sin entitet där människan känner sig trygg och motiverad är på väg att bli viktigare än lönen.*

Steg 4: Feedback och utveckling.

Jag kommer senare i boken att ge dig konkreta tips på hur du som ledare skapar en accepterad feedback-kultur i din entitet. Feedback på alla fyra nivåer är fundamentalt viktigt för att stödja lagmedlemmarnas utveckling, ännu ett viktigt steg i att bygga en stark och lojal kultur. *Genom att individuellt ge uppskattande och utvecklande feedback skapar du en kultur i kulturen där lagmedlemmarna känner sig uppskattade och motiverade att sträva efter kontinuerlig förbättring.*

Steg 5: Konflikthantering och problemlösning.

Ju mer fokus du arbetar med steg 3 *(öppen kommunikation)*, desto mindre konflikter kommer att blossa upp i din entitet. Blossar det ändå upp vilket är naturligt i en entitet där människor är olika har ni redan introducerat en feedback-kultur (steg 4) vilket gör det mycket enklare att tidigt hantera konflikter. Det är också viktigt i din ledarskapsroll att lyssna och erbjuda stöd om det anses nödvändigt för att konstruktivt komma vidare. Var som ledare förberedd på att problem och konflikter kommer att komma så du effektivt, lugnt och strukturerat kan hantera dessa. En viktig sak jag vill betona är att *ju mer lugnt och strukturerat du löser problem och konflikter desto mer respekt får du från dina lagmedlemmar. Till och med dem som utmanar dig (läs mer om detta senare i boken) kommer att få respekt för ditt sätt att hantera konflikter och problem. Var lyhörd för medarbetarnas behov och agera snabbt för att lösa problem och minimera negativa effekter i kulturen.*

> *"Situationsanpassat ledarskap är en nyckel till framgång i dagens dynamiska och föränderliga arbetsmiljö. Genom att vara lyhörd för medarbetarnas behov och anpassa din ledarstil kan du skapa en kultur av tillit, samarbete och innovation."*
> *- John C. Maxwell*

<u>Så här kan du lägga upp en workshop med din entitet</u> för att få fram var din entitets fokus är idag kopplat till om den är mest *uppgifts- eller mest relationsfokuserad.* För att veta hur du skall arbeta med din entitet i ett situationsanpassat ledarskap är detta fundamentalt viktigt.

Med denna interaktiva workshop kan din entitet få en djupare förståelse för vikten av att balansera uppgiftsfokus och relationsfokus i sitt arbete.

Räkna med en halvdag för denna workshop som består av:

Del 1: Att deltagarna individuellt får bedöma sig själva i var de är just nu, är de mest fokuserade på uppgifter eller relationer?

Del 2: En gemensam del där ni tillsammans utvärderar övningen och öppet kan prata om de insikter ni har fått. Ni kan även prata om känslor och diskutera hur ni kan tänka annorlunda kring människors olikheter.

Del 1.
<u>Berätta eller skapa ett försättsblad med följande information:</u>
- *En enkel förklaring av varför du vill göra denna workshop, du beskriver modellen ur deras perspektiv och vad ni skall göra.*

- *Berätta att de inte behöver dela sina exakta svar med någon.*

- *Uppmuntra deltagarna att vara ärliga och ta sig tid att reflektera innan de sätter sin gradering.*

- *Förtydliga att det absolut inte finns något rätt eller fel svar. Syftet är att öka medvetenheten om deras preferenser och hur de kan balansera uppgiftsfokus och relationsfokus i sitt arbete. Deras ärliga svar hjälper dig som ledare att kunna anpassa ditt ledarskap ännu bättre till dem individuellt och i grupp.*

Självskattningsmall - Uppgiftsfokus / Relationsfokus.
På sidan 29 har du mallen, förklara tydligt för deltagarna innan
de börjar och säkerställ att alla förstår hur de skall gradera.

Det är en fördel att gå igenom påstående 1 gemensamt innan
du låter dem arbeta med självskattningsmallen. Om någon inte
blir klar i den tid du satt upp, stressa inte utan säg exempelvis:
"nu behöver vi vara tysta en liten stund tills alla känner sig klara".

<u>Förslag på text till instruktionsblad:</u>
*Under workshopen kommer du att se åtta påståenden uppdelade
i två grupper med ett streck emellan. <u>1-4 fokuserar på
uppgiftsfokus</u> och <u>5-8 fokuserar på relationsfokus</u>.*

*Du kommer att få skatta dig själv på en skala från 1-5 för varje
påstående. Målet är att se om du har en mer uppgiftsfokuserad
eller relationsfokuserad inställning till ditt arbete.*

*Siffran 3 representerar balans mellan uppgifts- och
relationsfokus. Utgå alltid från mitten, dvs. "3", för att indikera
balans. Om du inte känner dig i balans, reflektera över i vilken
riktning du befinner dig och gör ett val.*

*Hjälpmedel är "håller med" och "håller inte med". Efter övningen
kommer vi att diskutera resultaten gemensamt.*

*Jag vill poängtera att det inte finns några rätt eller fel svar, utan
det handlar om att identifiera och öka medvetenheten kring
arbetsmönster och beteenden. Var öppen, ärlig och engagerad
under workshopen för att få ut det mesta av övningen.*

- Gradering "1" är **alltid mest uppgiftsfokus.**

- Gradering "2" är **mer uppgiftsfokus än balans.**

- Gradering "3" är **balans** mellan uppgifts- och relationsfokus.

- Gradering "4" är **mer relationsfokus än balans.**

- Gradering "5" är **alltid mest relationsfokus.**

<u>Graderingsskalan:</u>

3

Balans

1   5

Mest uppgiftsfokuserad   Mest relationsfokuserad

2   4

Mer uppgiftsfokus än balans   Mer relationsfokus än balans

1. *Jag prioriterar att slutföra uppgifter och nå målen framför allt annat.*

(Håller med)   1   2   3   4   5   (Håller inte med)

2. *Jag är mer intresserad av att uppnå resultat än att bygga relationer med kollegor.*

(Håller med)   1   2   3   4   5   (Håller inte med)

3. *Jag är mer benägen att fokusera på detaljer och effektivitet än att ta hänsyn till andras känslor.*

(Håller med)   1   2   3   4   5   (Håller inte med)

4. *Jag är mer inriktad på att lösa problem och ta beslut än att bygga samarbete och stärka relationer.*

(Håller med)   1   2   3   4   5   (Håller inte med)

---

5. *Jag prioriterar att bygga starka och positiva relationer med mina kollegor.*

(Håller inte med)   1   2   3   4   5   (Håller med)

6. *Jag är mer intresserad av att skapa en positiv arbetsmiljö än att uppnå snabba resultat.*

(Håller inte med)   1   2   3   4   5   (Håller med)

7. *Jag är mer benägen att visa empati och lyssna på andras behov än att fokusera på att slutföra uppgifter.*

(Håller inte med)   1   2   3   4   5   (Håller med)

8. *Jag är mer inriktad på att bygga samarbete och skapa en positiv arbetskultur än att ta snabba beslut.*

(Håller inte med)   1   2   3   4   5   (Håller med)

Del 2.

<u>Efter deras arbete är klart: Utvärdering och återkoppling:</u>

- Be att alla berättar vilket tal de fått mest av, om de känner sig bekväma med det. (Ibland kan flera tal dela den högsta noteringen, det gör ingenting alls.)

- Anteckna under tiden så du direkt kan förmedla hur entiteten viktas, är det balans eller viktas det mer på ett eller annat håll? Ingenting är fel, det är dock bra för dig som ledare vid kommande rekryteringar att du har en klar bild över hur din entitet är uppbyggd. Använd gärna självskattningsmallen vid intervjuer.

- Be om utvärdering och återkoppling från lagmedlemmarna. Fråga dem hur de har upplevt och lärt sig av workshopen, och om de känner sig bättre rustade att hantera både uppgifts- och relationsfokus för att se nyttan av olikheter och sin egen utveckling?

- Ge möjlighet för deltagarna att dela sina insikter inför gruppen, anteckna noggrant under tiden så du som ledare kan identifiera konkreta verktyg och strategier du kan använda dig av i kommande samtal individuellt och i grupp.

- Läs eller visa upp vad 1+2, 3 och 4+5 innebär (nästa sida) så att alla får med sig en tydlig förklaring från workshopen.

Nu när ni vet var er entitet befinner er kan det med stor sannolikhet öppna upp för en öppnare kommunikation samt skapa bättre förståelse för naturliga olikheter.

(Mest uppgiftsfokus): Om du valt övervägande **1** och **2** innebär det att du har en stark inriktning på att slutföra uppgifter och nå målen framför allt annat. Du prioriterar att uppnå resultat. Du fokuserar på detaljer och effektivitet, då du är mer benägen att lösa problem än att bygga samarbete. Du är viktig för teamet!

(Balans): Om du valt övervägande **3** innebär det att du har en balans mellan uppgiftsfokus och relationsfokus. Du prioriterar både att slutföra uppgifter och bygga relationer med kollegor. Du tar hänsyn till både detaljer och effektivitet samt andras känslor. Du är både benägen att lösa problem och ta beslut samt att bygga samarbete och stärka relationer. Du är viktig för teamet!

(Mest relationsfokus): Om du valt övervägande **4** och **5** innebär det att du har en stark inriktning på att bygga starka och positiva relationer med kollegor. Du prioriterar att skapa en positiv arbetsmiljö och är mindre intresserad av att uppnå snabba resultat. Du visar empati och lyssnar på andras behov och är mer inriktad på att bygga samarbete och skapa en positiv arbetskultur. Du är viktig för teamet!

Forskning kring ett situationsbaserat ledarskap.
Forskning påvisar positiva effekter på medarbetarnas motivation, prestation och arbetsnöjdhet. Genom att flexibelt anpassa ditt ledarskap efter situationen och medarbetarnas behov kan du som ledare främja en positiv arbetsmiljö och skapa förutsättningar för framgångsrika resultat.

Tre exempel på nutida studier kring denna teori:
1. En studie från 2018 undersökte effekterna av situationsanpassat ledarskap inom hälso- och sjukvården. Studien visade att situationsanpassat ledarskap var positivt korrelerat med medarbetarnas arbetsnöjdhet och prestation. Källa: Kuo, C. C., & Lin, C. Y. (2018).

2. En från 2017 undersökte hur situationsanpassat ledarskap påverkar medarbetarnas prestation inom en teknisk organisation. Studien visade att situationsanpassat ledarskap var positivt korrelerat med medarbetarnas prestation och arbetsnöjdhet. Källa: Felfe, J., & Schyns, B. (2006).

3. En tredje studie från 2016 undersökte effekterna av situationsanpassat ledarskap inom en militär organisation. Studien visade att situationsanpassat ledarskap var positivt korrelerat med medarbetarnas motivation och prestation. Källa: Bjugstad, K., Thach, E., & Thompson, K. (2006)

Reflektion, avsnitt A

1. Reflektera över din ledarskapsstil idag, är den i symbios med din entitet?

2. Hur är din kommunikationsstil (tonfall, kroppsspråk, ordval, röststyrka och andra faktorer som påverkar hur budskapet tas emot av mottagaren), är den i symbios med din entitet? Är den i symbios med hur du vill leda? Din kommunikationsstil är påverkad av en rad faktorer inklusive personlighet, prägling, kulturell bakgrund, utbildning och erfarenheter. Utmanar du dig själv eller du förväntar dig att din kommunikationsstil direkt skall accepteras och respekteras av alla i din entitet? Leder din kommunikationsstil dig och din entitet framåt?

3. Reflektera över de risker som finns om du leder din entitet med en ledarskapsstil som inte är i fas med där din entitet är. Exempelvis:
   1. Vilken risk står du inför om du detaljstyr en entitet som är kompetent och motiverad?
   2. Vilken risk står du inför om du delegerar till en entitet som behöver ett stödjande ledarskap? Osv.

4. Din entitet består av människor som befinner sig i olika faser, de kommer från olika kulturer, bakgrunder, etc. Reflektera över din nuvarande ledarskapsstil och hur du kan förändra ditt ledarskap för att nå ut till alla på ett ännu bättre sätt.

5. Använd feedback, coachning och medarbetarsamtal för att individuellt ha en öppen kommunikation där du utmanar och utvecklar dina lagmedlemmar i deras nuvarande fas för att de bättre skall kunna fungera och förstå sina lagmedlemmar.

6. Ta dig tid varje månad att sitta ner i tystnad i en timme för att göra en egen reflektion: Var är du och din entitet på väg, strävar ni mot visionen, har ni en öppen kommunikation, har ni en accepterad feedback-kultur, är coachningssamtalen framåtlutade, vad behöver du prioritera under följande månad? Tips: Använd papper och penna, undvik digitala hjälpmedel för denna egna reflektion. Sammanfatta dock gärna digitalt när du känner dig klar.

B

Fokus på att påverka resultat eller kultur

Ledarskap handlar väldigt lite om vad du säger,
det handlar om vad människorna omkring dig känner.
Niclas Timmerby

Nu när vi har grunden klar och du vet var din entitet är just nu och du har en klar bild av vilka verktyg du kan använda dig av för att få varje lagmedlem och gruppen som helhet att växa är det dags att göra val nummer ett.

I varje tanke du har på arbetsplatsen har du en grundläggande tanke som styr ditt sätt att leda vilket direkt påverkar hur din entitet och du mår. Det är ditt fokus på hur du skall nå dina och entitetens mål och ambitioner.

Överlägset oftast är det siffror som styr en ledares tankar och fokus. Siffror i form av måltal, budgetar, omsättning, personalkostnader, kassaflöde, likviditet, soliditet, skuldsättningsgrad, bruttovinst- och rörelsemarginaler, kapitalomsättningshastighet, mm, mm. **Och det är helt naturligt**, alla typer av entiteter behöver nå väsentliga nyckeltal och generera vinst för att överleva. Ibland har ägare detta som förutsättning att driva entiteten vidare eller behövs vinst för att kunna skapa en buffert eller för att kunna investera för att vara konkurrenskraftigt. Når inte en entitet lönsamhet finns inte förutsättning att driva entiteten vidare. Det är en hygienfaktor.

Att kommunicera måltal för att motivera entiteter för att uppnå mål har existerat i över ett sekel. På 1920-talet finns dokumenterat att General Electric under ledning av företagsledaren och affärsstrategen Alfred P. Sloan införde målstyrning genom att sätta upp specifika och mätbara mål för varje division inom företaget för att följa och styra deras prestationer. För cirka 75 år sedan, på 1950-talet blev olika

*målstyrningssystem och användningen av måltal alltmer
vedertaget inom företagande.*

Nu vill jag utmana och ställa detta på sin spets.
Det finns en viss debatt kring användningen av måltal som
metodik inom företagande och inom skolan, att det kan leda till
skadliga effekter. Mäter och främjar verkligen måltal verklig
prestation eller landar fokus på kvantitet snarare än kvalitet?

Ifrågasättande finns också om måltal kan vara demotiverande för
anställda eller om de kan leda till snäva och begränsade mål
som inte nödvändigtvis är relevanta och bidragande för
verksamheten som helhet.

*Så är måltal rätt faktor att fokusera på och leda lagmedlemmar i?
På 2020-talet, i dagens samhälle, kultur och klimat för att de skall
känna motivation, inspiration, vilja och passion?*

*Är det idag verkligen måltal som får en människa att vilja bidra,
vilja sprida energi till entiteten, känna att den vill stanna i
verksamheten, får individerna att vara stolta, prata gott om
entiteten inför andra och känner att den utvecklas?*

Jag är mycket väl medveten om olika begrepp, t.ex.
verksamhetsstyrning (Performance Management-kedjan), att om
en entitet, *väldigt förenklat;* arbetar med mätbara mål, feedback
och coachning kan den nå en önskat resultat.

Min åsikt:
Är att övergripande måltal behövs men att fokus för att nå
långsiktig framgång behöver vara på att påverka kulturen.

Att ha fokus på siffror och måltal och låta det styra atmosfären
på arbetsplatsen kan fungera alldeles utmärkt kortsiktigt.
Kortsiktigt kan en entitet nå lönsamhet genom att fokusera på
måltal men eftersom *vad* människor vill ha från sin arbetsplats
för att känna sig stimulerade har förändrats otroligt mycket de
senaste 20-30 åren. Det finns flera uppenbara risker att i dagens
samhälle som entitet fokusera mer på måltal än på att bygga en
bra, hållbar och trivsam kultur.

> *"Kultur är nyckeln för att låsa upp*
> *potentialen hos varje organisation."*
> *- Daniel Coyle*

Tillåt mig förklara:

På 1760-talet i
Storbritannien startade den **industriella revolutionen**. *Det är*
cirka 260 år sedan. Tidigare arbetade människor i liten skala
främst inom jordbruk och hantverk, och oftast inom familjen eller
lokala samhällen. Nu skedde något exceptionellt,
urbaniseringen startade eftersom fabriken och andra större
anläggningar behövde arbetskraft i mängder som kunde utföra
arbetsuppgifter som var specifika och repetitiva.

- *Människor blev bundna till fasta arbetstider och fasta*
  arbetsplatser.
- *Människor var tvungna att arbeta för att ha en dräglig tillvaro*
  (det första kända fattighuset i Sverige etablerades i Stockholm
  redan år 1626 dock var det socialt stigmatiserande att vara

beroende av fattigvård, många levde också i extrem fattigdom eftersom dem inte hade tillgång till information. "Fattig-vårdsdistrikt" där varje församling eller kommun hade ansvar infördes i slutet av 1800-talet/början av 1900-talet i Sverige.).

- *Många blev väldigt dåligt behandlade men anpassade sig för att de var tvungna att ha ett arbete för att överleva.*
- *Trots att det oftast var väldigt dåliga arbetsförhållanden och långa arbetsdagar inom; textil, gruv, maskin, livsmedel, järn och stålindustrin. Och inte minst inom vapenindustrin i samband med första och andra världskriget anpassade sig arbetstagare (som kunde vara så unga som fem-sex år gamla).*

En väldigt lång tid senare, för den industriella revolutionen varade i cirka 220-230 år, förändrades kulturen i samhället.

*Ca. 1980 kom **informationssamhället** när människor började använda mer och mer avancerad teknik för att styra maskinerna.*

1991 anses informationssamhället vara känt för alla när internet hade sitt intåg. Jag skriver denna bok 2024 så det är endast 33 år sedan från idag informationssamhället hade sitt inträde, som en ny kultur.

Och när en kultur förändras, förändras människorna i den. Samhället förändras, beteenden förändras, attityder förändras, språkbruk förändras, förutsättningar och möjligheter förändras, och inte minst; arbetsplatser förändras.

Människor i informationssamhället arbetade inte längre för att överleva för nu fanns det ett väldigt väl fungerande socialt skyddsnät. Människor började arbeta för bättre levnadsstandard.

- *De arbetade för att kunna spara, för att kunna resa, för att kunna köpa ett eget boende, båt eller bil.*
- *En människa kunde sluta ett jobb för ett annat om lönen var något bättre för att kunna bättra på sin levnadsstandard.*
- ***Måltal var superviktigt****, för infriades måltal var möjligheten stor till bättre lön, bonus eller andra förmåner.*
- *Människor födda in i informationssamhället anpassade sig fortfarande dock började dem eftersöka utveckling på arbetet. Trivsel och arbetsklimat blev viktigare och viktigare.*

*Sedan gick det snabbt, informationssamhället varade endast i ungefär sjutton år. Sedan gjorde nästa kultur inträde redan cirka 2008, nämligen den **digitala/sociala revolutionen**.*

På bara sjutton år förändrades alltså samhället igen. Med den digitala/sociala revolutionen blev teknik billigare för alla. Mycket snart kunde en människa med hjälp av "gratis" teknik (internet) lära sig bygga ett trädäck, lyssna på en föreläsning, lära sig geografi, språk eller lära sig avancerad kodning.

"Kulturen är det som håller organisationen samman och ger den en unik identitet. Den påverkar hur medarbetare trivs, presterar och engagerar sig i sitt arbete."
- Okänd

Den första telefonen som hade en internetanslutning var "Nokia 9000 Communicator", som lanserades 1996. Den hade en inbyggd webbläsare och kunde ansluta till internet via ett inbyggd modem. Dock var det med "iPhone 2G" som lanserades 2007 som internet fick fäste i vardagen och snart, när det blev billigare att använda internet hade väldigt många internet tillgängligt dygnet runt.

- *Dagens unga generation eftersöker inte levnadskvalitet lika starkt som sina föräldrar utan de söker mer efter **levnadskvalitet**. De bryr sig om miljön, att vårda planeten.*
- *På en arbetsplats är dem därför inte lika intresserade av en hög lön, det är inte längre det viktigaste i denna kultur. **Således faller här motivationen av måltal.***
- *Människan vill istället ha en vision, den vill ha en mening, ett syfte, den vill ha trivsel, ett sunt arbetsklimat och egen utveckling. ("Vart skall vi, så jag kan avgöra om jag vill hänga med? Hur skall du leda och motivera mig? Var beredd på att jag kontinuerligt kommer att ställa frågor till dig.")*
- *Den eftersöker mjuka värden (en bra och hållbar företagskultur, ett bra ledarskap och arbetsmiljö, den eftersöker samarbete och det är viktigt att entiteten har en god etik).*
- *Hårda värden (du vet vilka de är från sidan 36) har inte alls samma betydelse eller drivkraft i denna kultur.*
- *Vad unga människor mest idag vill känna på sin arbetsplats är engagemang. I, The Deloitte Millenium Survey (generationen som vuxit upp mellan 1981-1996) går det att läsa att den största orsaken till att dem vill stanna kvar på en arbetsplats är engagemang.*
- *Det är viktigt att du som ledare idag läser in dig på **generationsanpassat ledarskap** för att förstå möjligheter och utmaningar med denna generation. **Förstår du deras kultur, förstår du deras behov, och då kan du leda dem på bästa sätt för alla parter.***

Sedan har det gått ännu snabbare. I en helt, nästan osannolik takt har nu __AI-samhället__ blivit den nya kulturen.

Cirka år 2020 räknas som AI-revolutionens inträde. Det är endast tolv år efter den digitala/sociala revolutionens inträde. Det är ännu för tidigt att se hur det kommer att förändra helheten i den nya kulturen vill alla behöver anpassa oss till som den nya verkligheten. Vad vi redan har sett är att AI finns överallt omkring oss i form av chat-botar, självkörande bilar, inom kundtjänst, i sociala medier och som virtuella/digitala assistenter.

Mitt i allt detta är det viktigt att förstå att det vi ser är helt naturligt. När människan utvecklas och finner ny teknik, förändras samhällen och kulturer, och med detta förändras över tid fler människor, samhällen och kulturer.

Redan 1956 grundades det första AI-laboratoriet i samband med en konferens med formell forskning inom artificiell intelligens. Forskare samlades för att diskutera möjligheterna att skapa intelligenta maskiner.

Under konferensen definierade forskarna en rad problemområden som skulle bli fokus för deras forskning, inklusive maskininlärning, naturligt språk, problemformulering och lösningsmetoder, abstrakt tänkande och självkorrigering. Så det vi ser omkring oss idag har utvecklats under cirka 65 år.

Reflektera kort över tidsrymderna så här långt och, hur och vad som nästan ofattbart mycket skiljer människors behov.

Reflektera över dig själv i jämförelse med yngre/äldre kolleger, vänner, dina föräldrar och yngre/äldre släktingar. Har ni samma generella synsätt på saker och ting om ni är uppväxta under olika kulturer? Jag är, ödmjukt, inte helt säker på det.

De fyra senaste kulturskiftena:
1760 Industriella revolutionen.
1991 Informationssamhället.
2008 Digitala/sociala revolutionen
2020 AI-revolutionen

Varför är ungdomar så olika från när "jag" var ung? Jag är över 50 år gammal och mer än en gång har jag undrat över varför det generellt ser så annorlunda ut idag.

Vad har hänt med respekten för samhället och andra människor, viljan att bidra utan att kräva något för det? Varför är det en sådan tuff arbetsmiljö för barnskötare, förskollärare, pedagoger och ämneslärare? Jag hör dessvärre färre och färre säga ordet "tack", jag upplever det som om fler och fler struntar i att använda blinkers. Varför? Svaret är enkelt när du läst ovan om hur kulturen förändrats i människors behov. När jag växte upp fick jag och mina bröder anpassa oss, till allt. Sade mamma åt mig att gå och handla gjorde jag det utan invändningar, sade mamma åt mig att klippa gräsmattan eller städa källaren gjorde jag det utan invändningar. I skolan hade eleverna respekt för lärarna och lärarinnorna, om någon opponerade sig eller var kaxig blev det direkt ett samtal hem och en skamsen förälder fick hämta sitt barn, utan invändningar.

Det genomgående ordet här är "anpassa". Vi anpassade oss och våra föräldrar anpassade sig. <u>Vi följde våra föräldrars kultur.</u>

*Vad som har hänt är att uppfostran drastiskt förändrats (fullt naturligt eftersom kulturer förändrats). Istället för att barn får anpassa sig får de hela tiden frågan: Vad **vill** du? **Vill** du ha en glass? **Vill** du gå med till affären? **Vill** du äta nu? Vad **vill** du äta?*

Det är sunt att den gamla synen på föräldraskap har förändrats från det auktoritära, den hierarkiska strukturen där föräldrar hade "makten" och barnen förväntades vara lydiga.

Med kulturskiftena vi gått igenom är det idag vanligare att barn involveras i beslutsfattande och vuxna frågar dem om deras åsikter och önskemål. Jag fick insikten när jag läste om kulturer, varför jag reagerar så starkt är för att jag är uppväxt in den gamla "anpassa-kulturen" och då finner jag "vill-kulturen" som väldigt främmande och rent av fel.

"För att kunna leda människor behöver du som ledare förstå människors behov.

Förstår du den oerhörda kraften i kulturen, förstår du människors behov."
- Niclas Timmerby

Det är helt enkelt så att <u>kulturer är så oerhört starka att vi som individer står maktlösa vid den naturliga förändringen vid kulturskiften.</u>

Ha detta vid åtanke när du varje dag som ledare bygger kulturen i din entitet. Når du fram till alla, har du djup självinsikt över hur din ledarskapsstil påverkar din omgivning?

Angående uppfostran och föräldraskap finns det 15+1 saker jag reflekterat över som, oavsett kultur, är viktigt för föräldrar att i tidig ålder lära sina barn så att barnen när de växer upp får en lättare resa i livet privat och i yrkeslivet.

1. Rätt och fel (etik).
2. Mitt och ditt (regler).
3. Samarbete (att lyssna och hjälpas åt).
4. Tacksamhet (säga tack och visa uppskattning för det den får).
5. Bidra (för att få något i livet behöver du först ge).
6. Perspektiv (se andra, jorden kretsar inte bara runt dig).
7. Ödmjukhet (erkänna när barnet gjort fel och att be om förlåtelse). Hit räknar jag också tålamod, att vänta på sin tur.
8. Generositet (dela med sig till andra, erbjuda sin hjälp).
9. Ekonomi (förstå värdet av pengar).
10. Omsorg (att visa omtanke om människor och saker).
11. Empati (att visa medlidande med människor, djur och natur. Om någon inte mår bra eller något har tagit skada).
12. Jämställdhet (att alla förtjänar att bli trevligt bemöta och att ingen är värd mer än en annan pga. kön, ålder eller annat.
13. Sätta gränser (att föräldern inte ändrar på det den sagt (T.ex: om du inte äter upp får du ingen efterrätt). Och att lära barnet stå upp för sig själv och sätta gränser så den t.ex. kan säga: "Jag förtjänar att bli schysst behandlad".
14. Som förälder undvika att tala illa om andra, att kommentera utseende eller kunskaper samt som förälder undvika ironi, sarkasm och man-form. För att barnet skall bli tryggt i sig själv, kunna lita på människor och våga ta ansvar.
15. Göra barnen så självgående som möjligt så dem kan hantera livets naturliga utmaningar, misslyckanden och motgångar.

15+1. Att förklara livet.

*I den fria världen växer barn upp med en idealbild hur livet skall formas och bli. Det är viktigt att, när barnen blir ungdomar, förklara att idealbilden är vacker, dock kommer det att komma saker i vägen i livet. Det är oundvikligt. Händelser och situationer kommer att göra ont. Saker som misslyckanden, svåra utmaningar, motgångar, hjärtesorg, skitsnack, besvikelser och tragedier. När idealbilden spricker i livet är frågan, hur reagerar då du? Kan du bygga upp så mycket styrka och insikt inom dig att livet ibland tar en riktning du inte alls hade planerat eller tänkt dig? Det behöver inte alltid vara någons fel, ibland händer bara livet. Ungdomar behöver få en varlig insikt att livet över tid förändras lika säkert och sakta som stenar i havet. Det är en viktig del för unga människors personliga utveckling och deras självbild i form av deras självkoncept och identitet. <u>Att människan förbereder sig på att tillåta sig förändras med livet, istället för att livet förändrar människan.</u> Det handlar absolut inte om någon form av cynism att berätta att idealbilden kan slås sönder i livet, snarare en gåva för att bättre kunna hantera livets utmaningar. **Att själv, utan hjälp av andra människor, kunna bemöta utmaningar i livet skapar en inre trygghet för livet.***

Jag hoppas du nu ser den oerhörda kraft ett kulturskifte för med sig. Nu när kulturskiftena går snabbare än någonsin ställer det väldigt höga krav på ditt ledarskap.

Var är dina lagmedlemmar just nu beroende på ålder och kultur? Hur mår varje enskild individ eftersom förändringen i samhället skett och sker så otroligt snabbt?

Ser du deras behov?

Det är inte konstigt om människor undrar och känner oro över vart samhället skall ta vägen härnäst. **Våga lyfta existensiella saker på medarbetarsamtal för att komma närmare dina lagmedlemmar och skapa ännu mer tillit.** *Det kan vara saker som meningen och syftet med livet, döden, ensamhet, rädslor, frågor kring sin identitet (vem är jag?), moral, etik, självförverkligande, mm. I mina medarbetarsamtal med mina entiteter har jag ibland blivit väldigt förvånad när den jag tror skall prata minst ibland haft mest på sitt hjärta.*

Våga lyft på locket, våga öppna upp dina känslor och sedan lyssna, lyssna, lyssna och lyssna. Det väcker djup tillit.

I dina medarbetarsamtal, ta reda på följande:

- *Varför går dina lagmedlemmar till arbetet, vad är deras drivkraft?*
- *Vad behöver dem för att vilja stanna kvar?*
- *Vad behöver dem för att känna att de utvecklas på arbetsplatsen, vad behöver dem för att känna att de växer som människor?*

Och ställ frågor till dig själv när du reflekterar:

- *Varför går jag till jobbet, vad är min drivkraft?*
- *Känner min entitet tillit till mig?*
- *Känner min entitet lojalitet till mig och verksamheten?*
- *Känner min entitet sig trygga på arbetsplatsen, att de får vara sig själva?*
- *Förstår dem "varför" vi alla är på arbetsplatsen? (Vision, misson, värdegrund, mål och ambitioner, mm.*

En förutsättning för att *genuint* kunna leda med fokus på att påverka kulturen behöver du ha en god och sann människosyn. Leder du genuint inifrån dig själv, från dina innersta värderingar känner din entitet det. Leder du inte genuint inifrån dig själv, från dina innersta värderingar, känner din entitet det.

Det viktigaste ordet i ditt självledarskap är genuinitet, att vara sann mot dig själv och att våga visa de egenskaperna trots stress och press. Leder du inte genuint kommer det långsiktigt inte att falla väl ut, antingen mår inte du och/eller din omgivning bra. Våga vara autentisk och äkta genom att vara du.

Att ha en genuint god och sann människosyn innebär att du erkänner medmänniskors komplexitet, potential och värde. *I din värld som ledare har alla människor potential.*

Vad som vanligtvis inte brukar stå i en ledares tjänstebeskrivning är att <u>en av dina viktigaste arbetsuppgifter är att få varje enskild lagmedlem att själv få insikt över sin potential, att se, förstå och vilja växa och utvecklas</u>.

Du främjar välbefinnande, rättvisa, jämlikhet och mångfald. Du vågar uppvisa empati, medkänsla, respekt och värdighet. Du står upp för mänskliga rättigheter, allas rätt att få vara sig själv inom entiteten. Du står som ledare alltid upp för din entitet.

"Den som får insikt om fördelarna och de positiva synergieffekterna med att leda med kulturen i fokus kommer aldrig att vilja leda på något annat sätt."
- Niclas Timmerby

*Jag hörde en gång ett så otroligt klokt sätt att beskriva en god och sann människosyn; **alla människor kan och vill utvecklas, om de ges förutsättningar att lyckas.***

Det fundamentalt viktiga "varför".
Vad är absolut viktigast för din entitet? Har du ställt frågan till dina lagmedlemmar på anställningsintervjun, spontant i vardagen eller på medarbetarsamtal? Har du tillit från dina lagmedlemmar får du ärliga svar.

Ofta antar, gissar och tolkar vi människor varför andra människor är på ett visst sätt. Men vi ställer inte frågan utan fortsätter medvetet och undermedvetet att hypotisera tills vår tro, utan någon helst förankring, blir vår verklighet.

En verklighet som styr hur vi ser på människan. Så länge du som ledare styr på antaganden, kan du inte se eller få ut potentialen ur din entitet.

Det kom en undersökning från Manpower där följande fråga ställdes till ledare; Vad är viktigast för dina medarbetare?

I studien bad de också ledarna att gissa vad de trodde medarbetarna skulle svara. *Här är topp tre vad ledarna gissade att deras medarbetare skulle svara i prioritetsordning:*

1. Lön.
2. Befordringsmöjligheter.
3. Jobbsäkerhet.

Detta var i prioritetsordning vad medarbetarna svarade:

1. *Att bli sedda.*
2. *Intressanta/utmanande arbetsuppgifter.*
3. *Delaktighet.*
4. *Personlig utveckling.*
5. *Personligt ansvar för resultat.*
6. *Lön.*
7. *Förutsättningar (arbetstid, förmåner, avstånd till arbetsplatsen, etc.)*

Kan du se sambandet i svaren efter att du läst tidigare i avsnittet kring kraften av kulturskiften?
Jag finner inte det konstigt alls att medarbetarna svarade som de gjorde eftersom studien gjordes flera kulturskiften efter den industriella revolutionen.

Det finns mängder med studier som påvisar att *för många aktiva mål som är igång samtidigt försämrar prestation, välmående och resultat. Det finns en känd studie ("The Impact of Organizational Culture on Employee Engagement and Performance: A Meta-Analysis", Wang, D., & Hsieh, H.) som undersökte sambandet mellan organisatoriska kulturer.*

Syftet var att identifiera specifika aspekter som påvisar vad som har störst inverkan på en anställds engagemang och prestation. Denna studie publicerades 2013 i Journal of Business and Psychology. Alltså nästan exakt mitt i den sociala/digitala revolutionen och den nuvarande AI-revolutionen.

Forskarna genomförde en metaanalys där dem analyserade data från 87 tidigare studier inom området, de använde statistiska metoder för att sammanställa och analysera resultaten från de olika studierna.

Då du läst en bit in i boken kan du ana vad studien påvisade eftersom du vet vad en lagmedlem i dagens kultur eftersöker. *Resultaten av studien visade att fyra aspekter av organisatorisk kultur visade sig vara särskilt viktiga för att främja en anställds engagemang och prestation:*

1. *Starkt ledarskap.*
2. *Tydliga värderingar och mål.*
3. *Öppen kommunikation.*
4. *Stödjande arbetsmiljö.*

Som du kan se var tydliga mål med i studien och efter att ha arbetat i mindre och större entiteter i drygt 30 år förstår jag det.

"En sann ledare vet att det inte
är människor det är "fel på",

Den vet att det är kommunikationen
mellan människorna det är fel på."
- Niclas Timmerby

*Det jag upplevt i verkligheten är att mål på slutet av 80-talet och
början av 90-talet när jag började arbeta var väldigt få men
<u>otroligt tydliga och väl kommunicerade för alla.</u>*

*Nu på 2020-talet är nästan målen nästintill oändliga = otydliga
och det är sorgligt för hur kan det vara på det sättet när vi idag
vet så mycket mer och hela avdelningar på stora företag arbetar
med frågor som landar i detta?*

*Är företag och verksamheter så fast i gamla kulturer att de
inte ser verkligheten, har förståelse av vad kulturskiften gör med
samhällen och människor, och vad som stimulerar och motiverar
lagmedlemmar idag?*

Ett studie av FranklinCovey, Stephen Covey påvisar att:
- Med 2-3 aktiva mål igång samtidigt, når du 2-3 mål.
- Med 4-10 aktiva mål igång samtidigt, når du 1-2 mål.
- Med 11-20 aktiva mål igång samtidigt, når du 0 mål.

Lösning. Stäng tydligt och formellt utdaterade mål.
Slutsatsen är att för många mål gör arbetet otydligt vilket gör att
lagmedlemmar känner att målbilder blir överväldigande. *"Vad är
det egentligen jag/vi skall fokusera på?"*

Det jag märkt när jag arbetat i entiteter är att mål skapas, vilket
är helt naturligt. Men att de *väldigt sällan* mål stängs innan ett
nytt mål skapas.

Vill ni som entitet ha större möjligheter att nå de målbilder ni sätter upp är min starka rekommendation:

1. Ha maximalt 2-3 väldigt tydliga mål aktiva samtidigt med tydliga deadlines på respektive mål.

2. Ha två delmål till varje huvudmål som är applicerbara och mätbara för varje lagmedlem; det gör att du som ledare kan säga: *når du dessa båda delmål når entiteten målet.*

3. Gör kontinuerliga uppföljningar på arbetet viktat mot delmål och respektive huvudmål.

4. Stäm på uppföljningar av med dina lagmedlemmar; är något otydligt, vilka hinder har du just nu för att nå målen, behöver du mer resurser för att nå målet, i så fall vad?

5. När deadline infaller på respektive mål, stäng målet väldigt tydligt och formellt. Säg exempelvis: *Du/ni har arbetat hårt med detta, detta är resultatet, nu stänger vi detta mål. Tack för er insats.*

6. Utvärdering. Skapa ett enkelt formulär där du för in tankar och känslor. *Vad gjorde vi bra, vad kan vi göra bättre i framtiden?*

Längre fram, i avsnittet kring vikten av medvetet att leda med visionen, kommer du se ett ännu tydligare sammanhang till lagmedlemmarnas "varför". **Visionen <u>är</u> "varför".**

Sammanfattning:

Fokus på att påverka resultat eller fokus på att påverka kulturen.

Alla i en entitet vet var fokuset ligger, <u>de blir medvetna om det samma dag dem har sin första dag på arbetsplatsen</u>.

Vi har kommit fram till att bägge delar behövs i en entitet även på 2020-talet. Att ha fokus på mål behövs, att ha fokus på kulturen behövs. Dock har fördelningen förändrats.

Min bild med hänsyn till de hastiga kulturskiftena vi gått igenom landar i att ett fåtal väldigt tydliga och tidsatt mål är bra för lagmedlemmarna. Sedan skall det såklart finnas flera mål inom entiteten som skall balansera med entitetens långsiktiga strategier och visionen.

För att skapa drivkraft, motivation och engagemang för alla åldrar och kulturer är mitt recept att ha väldigt mycket fokus på att bygga en god, genuin kultur.

Du som ledare är så viktig i skapandet och upprätthållandet av kulturen. Alla i en entitet vill ha tydlighet. Alla. Tydlighet gör att känslor av stress, osäkerhet, förvirring och missförstånd minskar. Det gör att känslor av motivation, engagemang, tillit och förtroende ökar, och det främjar dessutom effektivt samarbete.

Att sätta tydliga målbilder som tydligt följs upp och tydligt avslutas, är en enkel och framgångsrik metodik för att skapa en grundläggande kontinuerlig struktur av trygghet inom entiteter.

Fokus på resultat kan garanterat ge goda kortsiktiga resultat. Fokus på kulturen kan garanterat ge goda långsiktiga resultat.

Kulturen påverkar <u>alltid</u> arbetsmiljön.

<u>*Fokus på resultat skapar en kultur som består av att skapa resultat. Fokus på kulturen skapar en miljö som når resultat.*</u>

Fokus på att påverka resultat. Med fokus på resultat är det som en cirkel där allt startar och slutar med resultat. När en lagmedlem börjar på en arbetsplats får den höra om vilka tidigare resultat entiteten uppnått och vilka mål som är satta för att överträffa de tidigare resultaten.

Detta formar arbetsmiljön och skapar i sin följd en kultur där höga förväntningar och strävan är att överträffa tidigare prestationer. Det kan ibland skapa konkurrens snarare än samarbete och kan skapa en stressig arbetsmiljö där lagmedlemmar är rädda för att misslyckas eftersom de känner sig pressade att alltid överträffa sig själva.

En stark negativ aspekt av en sådan kultur är att lagmedlemmar kan känna en kontant oro att misslyckas vilket hämmar deras

kreativitet, risktagande och hur stark stolthet de känner för
verksamheten.

*Fokus på tidigare resultat **konstruerar** en arbetsmiljö där resultat
skapar en kultur som påverkar framtida resultat.*

Fokus på att påverka kulturen. Med fokus på att skapa en kultur
där öppenhet, respekt, tillit, trivsel, mångfald och välmående
frodas skapar en arbetsmiljö där mjuka värderingar påverkar
lagmedlemmarnas vardag, beteenden, attityder och normer.

Denna påverkan genom kulturen påverkar kommunikation
och hur lagmedlemmar interagerar och agerar.

*(Jag besökte en entitet jag ledde
för tio år sedan. Jag ledde med
fokus på kulturen, vi skapade ett
otroligt starkt lag med en härlig
arbetsmiljö. Omsättningen ökade
med 73 procent på ett år med
samma artiklar, byggnad och
öppettider. Jag frågade en
"gammal" lagmedlem hur kulturen
var. Hon svarade: "Samma som vi
skapade för tio år sedan, en
avslappnad miljö med mycket
humor. Alla vi gamla är ju kvar!" Det
gör mig stolt och visar att metodiken fungerar.)*

*"Vilka är de överlägset
viktigaste faktorerna för
att en entitet skall nå god
likviditet och soliditet?*

1. Människorna i laget.
2. Människorna i laget.
3. Människorna i laget.
4. Alla andra faktorer."
- Niclas Timmerby

En arbetsmiljö som formas från en hälsosam kultur skapar
motivation, engagemang och trivsel vilket leder till mindre

personalomsättning och kännbar stress. En positiv arbetsplats-
kultur kan också med grund i följande studier sannolikt leda till
ökat medarbetarengagemang
och högre lönsamhet.

Fokus på kulturen **konstruerar**
en arbetsmiljö där en hälsosam
kultur påverkar framtida
resultat.

Forskning kring hur företagskultur påverkar olika faktorer.

*En studie utförd av Harvard Business School visade att företag
med en stark och positiv arbetskultur hade högre produktivitet
och lönsamhet. Dessa företag upplevde också en bättre förmåga
att attrahera och behålla talangfulla medarbetare.*

*En studie publicerad i Journal of Occupational and
Environmental Medicine visade att organisationer med en positiv
arbetskultur hade lägre nivåer av arbetsrelaterad stress och
bättre fysisk och mental hälsa hos medarbetarna.*

*En studie publicerad i Journal of Applied Psychology visade
att organisationer med en stark och positiv arbetskultur hade
högre nivåer av medarbetarengagemang, prestation och
kundnöjdhet. Dessutom hade de också lägre personalomsättning
och sjukfrånvaro.*

*En studie publicerad i Journal of Organizational Behavior
visade att medarbetare som känner sig trygga och uppmuntrade
att dela idéer och tänka utanför boxen är mer benägna att bidra
till organisationens innovation och framgång.*

Reflektion, avsnitt B

1. Reflektera över atmosfären i din entitet. Om du var nyanställd, hur skulle du uppfatta arbetsmiljön/kulturen?

2. Om du vore nyanställd, vad är det du direkt känner när du hör dig själv kommunicera? Är det fokus på kulturen eller är det fokus på resultat? Vad kommuniceras ut på intervjuer och i tjänstebeskrivningar, matchar det verkligheten?

3. Med bakgrund i avsnittet om kulturskiften; förstår du alla dina lagmedlemmars behov och drivkraft?

4. Anser du att du har en genuint god och sann människosyn?

5. Hur många aktiva mål har dina lagmedlemmar just nu, då syftar jag på alla som inte är tydligt och formellt stängda.

6. Vilken balans har du i ditt sätt att leda och motivera? Har du övervägande fokus på att påverka resultat eller övervägande fokus på att påverka kulturen?

7. Reflektera hur kan du påverka kulturen i din roll och i din entitet? Har du modet att vara genuin inför dina överordnade och din entitet?

C
Styrsystem eller passion och vilja

Det är <u>du</u> som förändrar kulturen, människor och resultat.
Inte dina ord, checklistor, kunskaper, erfarenheter eller CV.
Niclas Timmerby

Nu har vi avhandlat avsnitt A och B är det dags att koppla på nästa process-steg i **grunden** och jag gör stegen nu mer överskådliga. Nästa val för dig som ledare är hur du genuint vill leda din entitet; med styrsystem eller med passion och vilja?

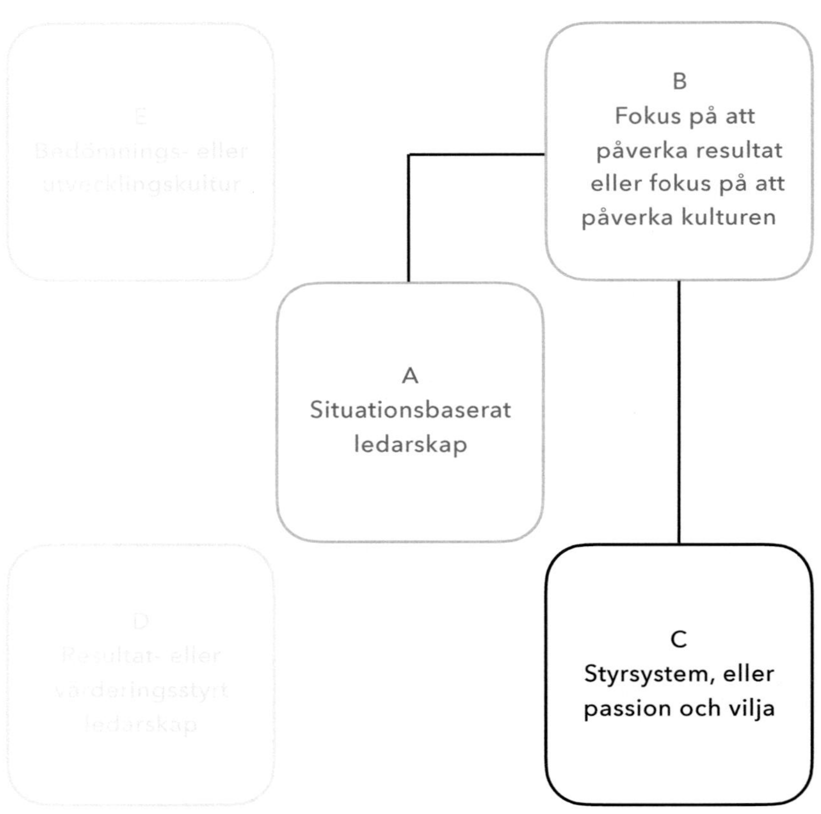

Detta avsnitt i boken är pivotal då du som ledare mer formellt och officiellt med organisationens bästa för ögonen börjar reflektera över och kanske aktivt vill förändra hur det det dagliga arbetet leds? Hur motiveras lagmedlemmar idag och öppet granska om det långsiktigt verkligen är rätt metodik?

(Senare i boken kommer ett separat kapitel om tillitsbaserat ledarskap som tydligt kan kopplas till detta avsnitt.)

<u>Detta avsnitt har följande huvuddelar:</u>
1. Många företag kommunicerar att de har en platt organisation men de leder fortfarande omedvetet (?) som en linjeorganisation.
2. Dina styrsystem viktat mot passion och vilja.

Först en inledning.

Paradigmer = en teori eller vedertagen uppfattning som blivit accepterad som en sanning.
Jag vill först belysa paradigmer då ett alltmer populärt uttryck i vardagen är paradigmskifte. Termen i sig självt används för att beskriva en dramatisk förändring eller skifte i grundläggande tankesätt, perspektiv eller sätt att tänka inom ett visst område. Ett berömt exempel på ett paradigmskifte är den vetenskapliga revolutionen på 1500- och 1600-talet, då Copernicus och Galileo Galilei ifrågasatte den då rådande geocentriska världsbilden och introducerade den heliocentriska modellen av solsystemet. Upptäckandet under samma era, att vår planet inte är platt benämns i efterhand som en betydande paradigm-förskjutning. Begreppen *paradigm*, *paradigmskifte* och

paradigmförskjutning introducerades av Thomas Kuhn i boken "The Structure of Scientific Revolutions", publicerad 1962. Kuhn argumenterar i boken att vetenskapliga paradigmer är stabila och dominerande tills de möter tillräckligt med anomalier och utmaningar som inte kan förklaras inom det befintliga paradigmet. Då kan det ske ett paradigmskifte där ett nytt tankesätt och nya teorier tar över. Som vetenskapshistoriker och filosof var hans tes att vetenskapliga framsteg inte sker gradvis och linjärt utan snarare genom periodiska förändringar och revolutioner i tänkesätt och metoder. Kuhns verk har haft en stor inverkan på vetenskapsteorin och har bidragit till en kritisk förståelse av vetenskaplig utveckling och förändring. Hans teorier har också applicerats i områden utanför vetenskapen som inom teknik, ekonomi och samhällsvetenskap.

Kan du se din entitets paradigm som den korrekta paradigmen? Efter det du läst om kulturskiften, är de metodiker som används i din entitet de mest lämpliga eller finns det några andra sanningar som bättre är i symbios med nuvarande kulturer? Är paradigmskiften eller paradigmförskjutningar aktuella?

Reflektera över vilken dramatisk resa den generation som snart skall gå i en välförtjänt pension genomgått:

För cirka 65 år växte dem upp, mitt i det kalla kriget i den industriella revolutionen och kulturen. Om de generellt började arbeta som 20 år gamla var det då 1973, ca. 1980 började nästa kultur att sakta ta över (informationssamhället) trots att det inte förrän 1991 var helt vedertaget. Cirka 2008 fick de börja anpassa sig till nästa kultur (den digitala/sociala revolutionen), och nu när de närmar sig pension får de anpassa sig till AI-revolutionen.

Kan, med beaktande av alla dessa stora betydande skiften det vara klokt och insiktsfullt att se över vad som motiverar lagmedlemmar och entiteter? Jag vill betona att jag känner det är en absolut nödvändighet, detta för att vi kan inte anta att den kultur som är övervägande idag i samhället och som styr människors behov kommer att vara en bestående paradigm över tid. Historiken och fakta visar att vi behöver vara väldigt flexibla.

Betänk synergierna med situationsbaserat ledarskap och flexibelt ledarskap som båda är absolut nödvändiga då båda fokuserar på att anpassa ledarstilen utefter aktuella omständigheter och situationer, och de behov som uppstår samt belyser vikten av att vara flexibel för att motivera lagmedlemmar och uppnå resultat.
- Du har förmågan att anpassa dig och vara flexibel.
- Du kan vara auktoritär när det krävs snabba beslut och tydliga direktiv men också deltagande och stödjande för att ge utrymme för lagmedlemmarnas behov, kreativitet och initiativ.
- Du har förmågan att koppla det flexibla ledarskapet till vilken fas/situation din entitet och respektive lagmedlem befinner sig.

Att reflektera och diskutera vad som motiverar lagmedlemmarna i din entitet är att insiktsfullt och med välmening ifrågasätta äldre sätt att tänka organisatoriskt (vars teorier och metoder kan spåras tillbaka till början av 1900-talet).

Det är över 100 år sedan. Det är hög tid att börja släppa 100 år gamla teorier och fokusera på något som harmoniserar bättre med de senare kulturskiftena. Något som idag är är mer applicerbart för både äldre och yngre, och som är mer applicerbart för lagmedlemmar med olika bakgrunder.

Vilka är dina sanningar?

Du är och har varit konstant omgiven av paradigmer hela ditt liv, du har varit runt olika typer av sanningar och blivit påverkad sedan du var nyfödd. Alla dessa sanningar andra människor haft och medvetet eller omedvetet "gett dig" har en stor del i vem du ser dig själv som idag (din identitet).

När en människa medvetet eller omedvetet påverkar en annan människa genom beteende, värderingar, livsval eller helt enkelt personlighet kallas detta prägling. *Påverkan är så stark och kraftfull att en mening kan forma en annan människas liv.*

Om du till exempel är rädd för mörker, ormar, spindlar, att tala inför människor, för havet eller döden är detta för (1) du har varit med om ett trauma eller (2) att du med väldigt stor sannolikhet blivit

"För att hitta din sanning måste du våga ifrågasätta allt du har lärt dig."
- Albert Einstein

präglad då någon i din närhet sagt att *"det där är läskigt"* eller *"det där är farligt".* Alldeles säkert i all välmening.

Vi människor föds endast med två rädslor; att falla och för höga ljud. Det innebär logiskt sett att allt annat vi är rädda för som vuxna har vi blivit präglade att vara rädda för. Vi har hört eller läst "sanningen" någonstans och det har då blivit vår sanning.

Det bekymrande med paradigmer eller sanningar är att det är väldigt lätt att föra det vidare till framförallt unga människor eftersom de ser på oss vuxna som föredömen och förebilder. Det är vår plikt som vuxna och framförallt som förälder och i en ledarroll att vara varsamma och ta ansvar över vår oerhörda kraft.

<u>Alla människor påverkar sin omgivning konstant.</u>

När jag håller i ledarskapsutbildningar eller föreläsningar tar jag redan i inledningen av utbildningen eller föreläsningen upp detta faktum för att alla i rummet skall få insikt, bli medvetna och börja reflektera över sin oerhörda superkraft:

Den superkraft vi alla människor besitter är att <u>vi kan påverka andra människor</u>, det gör oss alla till superhjältar.

Jag tänker på Peter Parkers ("Spindelmannens") farbror Ben Parker som säger till Peter: "Med stor makt kommer stort ansvar".

För dig med ett ledaransvar är Bens ord riktat rakt mot dig. Du är en ledare, du är en superhjälten alla skall följa och se upp till. Allas ögon är på dig, hur tar du ansvar genom det du sänder ut och därigenom påverkar din entitet?

"Präglingen av våra liv beror inte på vad som händer med oss, utan på hur vi väljer att reagera på det."
- Viktor Frankl

- *Vilka känslor tar du med dig in i ett rum?*
- *När du lämnar rummet, vilka känslor lämnar du kvar?*
- *Du behöver inte ens prata, du sänder ändå ifrån dig signaler hela tiden till andra människor.*
- *När du kommer till arbetsplatsen, hur påverkar du människor och kulturen genom de signaler du sänder ut?*

Din superkraft innebär att den är kvar även när du lämnar mötet, rummet och arbetsplatsen. T.o.m när du är på semester är den kvar där på arbetsplatsen, din superkraft som påverkar kulturen och människorna i den. *Din superkraft vilar aldrig.*

Det du sänder ut till andra människor är signaler i form av hormoner. Du har också neurotransmittorer som kan kallas för kemiska budbärare som överför information mellan hjärnan och din kropp. Varje neurotransmittor har en unik roll i din hjärna och kropp vilka påverkar bl.a. din aptit, sömn, ditt humör, din kognitionsförmåga och smärtupplevelse. Kemikalierna som utsöndras gör, enkelt uttryckt, att dina nervceller kan kommunicera med varandra. Det sker genom impulser.

När en nervimpuls når slutet av en nervcell skickas den kemiska signalen (neurotransmittorn) till en annan cell. Denna signal överförs genom ett synapsgap mellan de två cellerna. När neurotransmittorn når den andra cellen binder den till receptorer (strukturen på ytan av en cell som kan binda till specifika molekyler) och då påverkas cellens aktivitet. Detta kan få cellen att aktiveras och utföra sin uppgift eller det kan få den att hämmas och tillfälligt sluta fungera.

När de kommunicerar med varandra i din hjärna påverkar det som slutsats dina känslor, ditt beteende och ditt mentala tillstånd. Det är därför vissa kemikalier finns som läkemedel för att behandla exempelvis depression och ångest. Det är också därför droger, rökning och alkohol är skadligt för oss människor för ämnen inom dem påverkar hjärnans naturliga kemiska balans. Det påverkar produktionen, frisättningen och återupptaget av neurotransmittorer.

Några enkla och korta exempel. Alkohol orsakar minskad produktion av glutamat och ökad produktion av GABA. Risk: Minskad hjärnfunktion och hämning av nervsystemet. Droger ökar frisättning av signalsubstanser som exempelvis dopamin vilket ger en känsla av rus eller eufori. Risk: Minskar mängden dopaminreceptorer i hjärnan vilket kan leda till beroende och ökad tolerans, tolerans i detta avseendet innebär att mottagaren behöver öka dosen för att uppnå "samma" effekt. Kombinationen av beroende och tolerans är tillräcklig att beskriva som risk, det finns många fler. Rökning ökar produktionen av noradrenalin och adrenalin vilket kan öka hjärtfrekvens och blodtryck. Rökning minskar samtidigt produktionen av dopamin vilket kan påverka humör och belöningssystemet. Risk: De största riskerna är allvarliga lungsjukdomar och hjärt- och kärlsjukdomar. Rökning påverkar i stort sett alla viktiga organ i kroppen negativt.

Var varsam när du tänker och vad du säger till dig själv. Var snäll mot dig själv, för dina tankar påverkar det du känner.

Det din omgivning känner av är, i grund och botten, hur du pratar med dig själv vilket skapar en ostoppbar kedjereaktion i din kropp. Vissa hormoner är riktigt trevliga att ge och få på ett hälsosamt sätt som oxytocin "kärlekshormonet" och dopamin (som jag kallar för "uppfylla-mål-hormonet"). Dessa bidrar till känslor av tillit, förtroende, motivation, drivkraft, välbefinnande, glädje, ökad självförtroende och självkänsla, och minskad stress.

På den motsatta sidan finns hormoner som i fel doser påverkar en människas välmående negativt, exempelvis hormonet kortisol som påverkar ditt stressresponssystem.

Det viktiga att förstå med kortisol är att det finns naturligt i din kropp för att naturligt reglera din kropps reaktion på stress. Kortisol är bl.a. också involverat i regleringen av sömn-vakencykeln, immunsystemets funktioner, blodsockernivåer och ämnesomsättningen. Kortisol produceras i dina binjurar och nivåerna i din kropp är som högst på morgonen (det kallas morgoncortisol) och är vanligast som högst mellan 06-09. Sedan sjunker helt naturligt nivåerna under dagen, det regleras av hjärnan och hormonsystemet. Det farliga för oss människor kan vara när vi under en längre tid utsätter oss själva eller utsätts för fysisk eller emotionell stress och kronisk stress. Detta kan skapa en långvarig överproduktion av kortisol vilket kan ha allvarliga effekter på hälsan. Det kan vara sömnproblem och t.o.m. kronisk trötthet, minskad immunfunktion, viktökning, ökad risk för hjärt- och kärlsjukdomar, osteoporos och frakturer. Långvarig över-produktion kan påverka hjärnans funktion och öka risken för ångest, depression och även kognitiva effekter som minnesförlust eller koncentrationssvårigheter.

Det du tänker påverkar genom dina känslor. Dessa påverkar dina hormoner, vilka kemikalier som utsöndras i din kropp och signalsubstanser. Detta påverkar ditt välmående, dina beslut och som en följd av det också hur du når dina mål och ambitioner.

Det din entitet tänker påverkar hur de mår som ett lag, hur kulturen påverkas och i vilken takt ni når era ambitioner.

För att enkelt beskriva signalernas kraft kan jag till exempel fråga hur din kropp direkt påverkas om någon i din närhet säger: *"det är löss på dagis..."*, eller *"vår son kräktes rejält imorse, vi får hoppas det inte är vinterkräksjukan..."*. Vad du känner vid liknande tillfällen är det som kallas för *noceo*-effekten, mer vanligt benämns det som *nocebo*-effekten som är ett senare begrepp från italienskan.

Placebo-effekten är det motsatta, det finns mängder av studier kring detta. *En känd studie från 2015 (Rutherford; "Placebo response in antidepressant clinical trials." i Journal of Psychiatric Research) undersökte placebo-effekten på personer med depression. Forskarna gav hälften av deltagarna en placebo och den andra hälften en aktiv behandling. Deltagarna som fick placebotabletter upplevde en signifikant minskning av sina depressiva symtom.*

Noceo på latin betyder *"jag skadar"*, medan **placebo** på latin betyder *"jag behagar/jag tillfredställer"*.

Vad sänder du ut i form av hormoner, kemikalier, ord, tonfall eller kroppsspråk? Och gällande noceo och placebo, hur påverkar du din omgivning; behagar du eller skadar du?

Jag har i inledningen i detta avsnitt kort berättat om det som styr våra tankar, känslor och varför vi väljer att agera eller inte.

Det är fundamentalt viktigt för oss människor att stanna upp och reflektera över vad eller vilka som påverkat och påverkar oss i livet samt grundläggande om hur våra kroppar påverkas av våra tankar och intryck. Detta ingår i något som jag känner är så viktigt att det skulle ingå i undervisningen på högstadie- och gymnasienivå för att göra unga, formbara människor mer förberedda för livet och det som går att påverka. Det kallas för självledarskap där grunden är att få insikt i hur vi människor aktivt och kontinuerligt påverkar oss själva och vår omgivning med de signaler (vår superkraft) vi konstant sänder ut till oss själva och alla vi möter i vår omgivning.

Självledarskap är uppdelat i två grundläggande delar.

1. **Insikten:** För att kunna förstå och leda andra behöver du först förstå och leda dig själv. <u>Ju bättre du förstår och leder dig själv desto bättre kan du förstå och leda andra.</u>
   - Dina *tankar* påverkar dina *känslor* vilket påverkar dina *handlingar* (agerar eller reagerar du och tar du dig tid att reflektera innan?) vilket påverkar ditt *välmående* och hur och om du når dina *mål och ambitioner* i livet.

2. **Arbeta medvetet och strategiskt med dig själv viktat mot punkt 1:** (A) Du behöver ha en kristallklar insikt av *nu-läget*; var är du? Hur bra är du med full självinsikt på att förstå dina tankar och dina känslor? Hur bra är du med full självinsikt på att leda dig själv? (B) Du behöver ha en *vision* vilket du strävar mot att uppnå, vart skall du (hur vill du må, vilka mål vill du nå, vilka ambitioner vill du uppnå)? (C) Du behöver *en tydlig och klar bild* av dina strategier och hur du skall ta dig an dina strategier på dag- eller veckobasis, dvs. <u>exakt hur tar du dig från nu-läget till visionen?</u> (D) *Reflektera* över de resurser du behöver ha tillgång till i form av tid och nätverk av kontakter. (E) *Kommunikation*, när du konkret och strategiskt påbörjar din egen personliga resa inom självledarskap är det viktigt att kommunicera detta till dem som står dig närmast. Uttryck dina tankar och känslor för att skapa förståelse, varför det är viktigt för dig att göra denna resa. (F) *Viktigast av allt i processen*. Känns visionen övermäktig, ställ rimliga krav på dig själv. Var prestigelös mot dig själv och bryt ner visionen i flera steg så du kan se dig själv uppnå dina delmål.

Vill du fördjupa dig inom självledarskap kan du läsa de två böcker jag skrivit inom ämnet, varav en är översatt till engelska:
- *7 steg inom självledarskap*
- *7 steps within self-leadership*
- *100 vägar till ett genuint självledarskap*

Egenreflektion är ett bra verktyg för att bli mer medveten och självständig. Det är en enkel process då du stannar upp och med ett helikopterperspektiv reflekterar över dina egna tankar, känslor och handlingar.

Och samtidigt se dig själv från ett yttre perspektiv: vad sänder jag jag ut till min omgivning? Är det det jag vill sända ut, är det jag, är jag genuin eller vidareförmedlar/präglar jag andra människor med något som inte är min sanning?

Egenreflektion skapar insikt och en djupare förståelse för dig själv.

"Bara att du stannar upp för att reflektera just nu är i sanning en stor framgång.

Många springer genom livet och kompromissar med sina egna tankar och känslor eftersom de är upptagna att leva efter andras sanningar."
- Niclas Timmerby, om vikten av att kontinuerligt stanna upp i livet för egenreflektion

Du får en stark medvetenhet över mönster i ditt beteende och din attityd. Det kan även hjälpa dig att komma närmare dina sanna värderingar, att helt enkelt leva mer genuint som "du".

Efter denna nödvändiga inledning kommer här den första huvuddelen i detta avsnitt:

Många företag kommunicerar att de har en platt organisation men de leder fortfarande omedvetet (?) som en linjeorganisation.

Linjeorganisation är något som finns i alla organisationers DNA och det inte alls konstigt då storhetstiden *var* under större delen av 1900-talet, särskilt under den industriella revolutionen

Begreppet linjeorganisation innebär att entiteter är tydligt hierarkiskt strukturerade och har tydliga linjer av auktoritet och ansvar. Det var nödvändigt i den eran då massproduktion och effektivitet var i fokus. *Principerna och begreppet introducerades 1916 av Henri Fayol och Max Weber, det är över 100 år sedan.* Cheferna längst upp tog besluten och all information och befogenheter flödade neråt genom hierarkin i en rak linje. Det fanns tydliga befattningar och roller, och de anställda rapporterade till sina närmaste överordnade. Den hierarkiska strukturen möjliggjorde en tydlig fördelning av ansvar och kontroll över arbetsprocesserna.

Naturligt med kulturskiftena (som du läst om tidigare) har samhället och affärsvärlden förändrats. Behovet av mer flexibla och anpassningsbara entiteter har drastiskt ökat eftersom globalisering, teknologisk utveckling och snabba förändringar har skapat ett behov av ökad samarbetsförmåga, innovation och delaktighet på alla nivåer inom organisationer.

Som ett resultat har sk. "platta organisationer" och andra alternativa strukturer blivit alltmer populära och framstående i dagens samhälle. *Dessa strukturer främjar öppen kommunikation, delat ansvar och beslutsfattande på lägre nivåer. Dessa strukturer ligger helt i fas med de kulturskiften som skett.* Linjeorganisationen har fortfarande sin plats i vissa branscher och organisationer men dess dominans har minskat i takt med samhällets och affärsvärldens förändringar.

Denna förändring har också medfört att lagmedlemmar fått en mer aktiv roll i att bidra till sin entitets framgång. Istället för att följa order ges de möjlighet att dela sina idéer, ta initiativ och vara med och forma entitetens riktning. Detta leder till ökad motivation, engagemang och kreativitet hos de anställda. Den platta organisationen ökar också betydelsen och rent av kravet av transparent, öppen kommunikation. Åtgärder för att främja samarbete och vikten av att skapa delaktighet. *(Delaktighet är ett nyckelord jag kommer återkomma till flera gånger.)*

Enligt en artikel publicerad i Harvard Business Review (2019), har dagens organisationer i allt högre grad börjat omfamna en plattare struktur som främjar samarbete, innovation och delaktighet. Den traditionella hierarkiska strukturen (linje-organisationen) som en gång var den dominerande modellen har blivit mindre vanlig. Studien påvisar att i en platt organisation kan organisationer vara mer effektiva och produktiva samt att de anställda känner av en högre grad av engagemang och motivation när de ges möjlighet att ta mer ansvar och vara delaktiga i organisationens beslutsfattande. En platt organisation möjliggör en snabbare anpassning till förändringar och skapar en mer dynamisk och framgångsrik organisation i dagens snabbrörliga affärsvärld

En av de tidiga, mest kända, exemplen på en tidig platt organisation är W.L. Gore & Associates, ett amerikanskt företag som grundades 1958. W.L. Gore & Associates är känt för sin unika arbetskultur och platta hierarki där det inte finns några traditionella chefer eller hierarkiska strukturer. Istället är anställda organiserade i mindre team och har stor frihet och ansvar för sina arbetsuppgifter. Idag har många företag och organisationer antagit platta strukturer, t.ex. är Google och Zappos kända för sina platta organisationer och att stort fokus läggs på delat ansvar och beslutsfattande.

Flera studier visar att i dagens rådande kulturer är en platt organisation att föredra framför en linjeorganisation. En studie från 2017 publicerad i tidskriften "Journal of Organizational Behavior" undersökte hur olika organisationsstrukturer påverkade anställdas engagemang och prestation. Resultaten visade att anställda i platta organisationer hade högre engagemang och prestation jämfört med dem i hierarkiska linjeorganisationer. En annan studie från 2015 publicerad i "Journal of Applied Psychology" undersökte hur organisationsstrukturer påverkade anställdas motivation och arbetsnöjdhet. Studien fann att anställda i platta organisationer hade högre motivation och arbetsnöjdhet jämfört med dem i hierarkiska linjeorganisationer.

Vad jag upptäckt när jag arbetat som konsult och som anställd i olika typer av organisationer är att i många organisationer är det officiella budskapet att det är en platt organisation men att strukturen ändå är linje-organisatoriskt. *Min slutsats är att "verka som en platt organisation" är ett beslut från högsta ledningen men rädslor gör att det dessvärre inte faller hela vägen ut.*

Vissa ledare i organisationer har modet att leda med tillit, ha en öppen kommunikation och vågar lyssna och delegera på riktigt (vilket innebär att ansvaret släpps till lagmedlemmen och att detta då inte detaljstyrs, mer om detta senare i boken i kapitlet om tillitsbaserat ledarskap.)

Ledarskapet är den överlägset största faktorn för att framgångsrikt implementera en platt organisation. *Paradoxen jag upptäckt är, budskapet om implementation kommer från ledningen dock faller det oftast på att stödet från ledningen till högre chefer och mellanchefer att genomföra implementeringen är bristfällig.* Här behövs mer kunskap i ledningsgrupper kring situationsbaserat ledarskap för att framförallt stödja och coacha chefer i organisationen i deras förändringsarbete.

> *"Om ett beslut inte har förutsättningar att landa i kulturen behöver ledningen omvärdera process och förutsättningar."*
> — *Niclas Timmerby*

Jag upplever att väldigt kloka beslut tas dock ges inte alltid rimliga förutsättningar att framgångsrikt genomföra processen så att beslutet landar i linje med den befintliga kulturen.

Är inte beslutet i linje med befintlig kultur och de värderingar och normer som råder blir det obönhörligen en lång resa för organisationen och entiteterna. Med stor sannolikhet har ledningen inget annat val än att stegvis lätta på beslutet och inofficiellt och informellt gå tillbaka till en linjeorganisation.

(Den dagen (och sorgen)) robotar ersätter människor i en entitet går det att bortse från kulturen för då är vi inne i en ny, obehaglig kultur där vi människor inte ens finns i kulturen.)

Hur gör du då för att stegvis få stora/omvälvande beslut (som t.ex. att en platt organisation skall implementeras) att landa väl i linje med den kultur entiteten befinner sig i?

Reflektion för ledningsgruppen:

(A) Analysera och förstå den nuvarande kulturen. Utvärdera hur beslut och genomförande skett fram tills nu? Varför vill vi förändra, vad är syftet, vad är vinsten, vad är målbilden?

(B) Brainstorma i gruppen: Hur kommer detta att påverka människor när vi förmedlar budskapet, hur och när skall vi förmedla beslutet, hur kommunicerar vi i uppstartsprocessen och stegvis under processen? Hur följer vi upp, vilka samtalsformer skall vi ha (storgrupp, entitetsvis)? När kan vi anse att vi uppnått målbilden, vilka kriterier skall då betecknas som uppfyllda?

> *"Ett beslut har inte en chans att rubba på kulturen."*
> **- Niclas Timmerby**

(C) Med beaktning av punkt 1, vilka resurser behöver vi (Känns tidsrymden i punkt 1 genomförbar med de resurser vi förfogar över)? Vilka hinder kan uppstå och hur bemöter/hanterar vi dem? Vem/vilka, hur och när kommunicerar eventuellt externt?

Förslag på workshop för entiteter inom en större organisation för att få större beslut att landa i linje med befintlig företagskultur, kopplat till situationsbaserat ledarskap:

Räkna med en halvdag för denna workshop som består av följande fem delar:

Del 1: Introduktion.
Del 2: Reflektion över nuvarande företagskultur.
Del 3: Diskutera fattat beslut och hur det positivt kan bidra till nuvarande företagskultur samt lönsamhet.
Del 4: Implementation av beslutet.
Del 5: Sammanfattning, reflektion, behov.

Del 1: Introduktion.
- *Välkomna och och presentera syftet med workshopen.*
- *Diskutera vikten av att implementera beslut i linje med företagskulturen, vikten av delaktighet, en gemensam bild och hur det kan påverka välmående och entitetens framgång.*

Del 2: Reflektion över nuvarande företagskultur.
- *Be lagmedlemmarna att reflektera över den nuvarande kulturen och identifiera kulturens värderingar, normer och beteenden samt hur detta påverkar på individ- och helhetsnivå.*
- *Använd den metod som du känner passar bäst i sammanhanget och med var din entitet befinner sig efter vad du läst in av situationsbaserat ledarskap. Metoder kan vara exempelvis gruppdiskussioner, brainstorming eller individuella reflektioner, gärna i kombination för att skapa så öppet*

diskussionsformat som möjligt. Det är väldigt viktigt att alla får säga sin mening och att detta inte stressas igenom.

- *Anteckna under mötets gång och lyft i avslutningen de nyckelfaktorer, ord och känslor du observerat.*
- *Starta en ny öppen diskussion när du delar dina anteckningar och reflektioner. Berätta att det är viktigt att ni tillsammans diskuterar fram hur ni som en enhet kan arbeta i vardagen för att underlätta implementering av beslut i er kultur.*

Del 3: Diskutera fattat beslut och hur det positivt kan bidra till nuvarande företagskultur samt lönsamhet.

- *Presentera det beslut som är fattat av ledningen.*
- *Diskutera syftet och målen med beslutet samt hur det förväntas bidra till företagskulturen. Diskutera även fördelar kopplat till entitetens lönsamhet och om möjligt också mot konkurrenter.*
- *Koppla beslutet till er tidigare öppna diskussion hur ni bäst tar emot beslut för att det lättast skall accepteras och implementeras i kulturens värderingar, normer och beteenden.*

Del 4: Implementation av beslutet.

- *Dela, om möjligt, in entiteten i mindre grupper (helst maximalt 5-6 per grupp) be dem att identifiera hur beslutet kan implementeras på ett sätt som kan landa i linje med kulturen.*
- *Helst skall alla i grupprummet ha en roll. Förslag:*
    - *En säkerställer att allas röster blir hörda, att alla skall få möjlighet att bidra.*
    - *En säkerställer att fokus under den avsedda tiden hålls på uppdraget/uppgiften.*

*- En är tidhållare och har ansvar för gruppen hinner klart
med sitt arbete inom den avsedda tiden.*

*- En lagmedlem dokumenterar arbetet i gruppen på ett
sätt så att arbetet kan beskrivas och arkiveras.*

*- Gruppen har en eller flera personer som är redo att
tydligt beskriva vad gruppen kommit fram till.*

*- I grupprummet: (1) be grupperna diskutera hinder och
utmaningar som kan uppstå och identifiera strategier för att
övervinna dem. (2) Varje grupp skall utforma en
implementeringsplan som tar hänsyn till företagskulturen och
syftar till att säkerställa att beslutet landar framgångsrikt.*

Del 5: Sammanfattning, reflektion, behov.

- Be varje grupp att redovisa sin implementeringsplan och dela
  med sig av sina tankar, känslor och slutsatser.
- Anteckna nyckelord och nyckelstrategier. Skapa, när alla har
  presenterat, en gemensam diskussion om utmaningar,
  lärdomar och insikter som alla fått under workshopen.
- Avsluta med att sammanfatta nyckelpunkterna, dela din
  personliga bild av vad din entitet bidragit med och hur du
  känner workshopen utförts. Betona i din sammanfattning
  vikten för dig som ledare att anpassa implementeringen av
  beslut till företagskulturen, att få alla att uttrycka tankar och
  känslor samt känna delaktighet.
- Som sista punkt, betona vikten av egen reflektion, erbjud att
  du finns som stöd i form av samtal om någon känsla av
  osäkerhet infinner sig.

Sammanfattning, huvuddel 1: Många företag kommunicerar att de har en platt organisation men de leder fortfarande omedvetet (?) som en linjeorganisation.

Naturliga kulturskiften och vad dessa gör för hela länder och samhällen och hur detta sprids till politiska beslut och till ny lagstiftning, till institutioner, större och mindre entiteter, minoriteter och såklart till alla individer som lever och arbetar i kulturen vilket leder till att normer, beteenden och även värderingar förändras i en allt snabbare takt.

Det gäller för alla typer av entiteter att insiktsfullt se över hur organisationen är uppbyggd; är det övervägande en traditionell hierarkisk linjeorganisation eller övervägande en horisontell, decentraliserad platt organisation? Passar uppbyggnaden i din entitet in med rådande kulturer?

"I en platt organisation är ledarskapet inte begränsat till en enda person, utan sprids över hela organisationen.

Alla har möjlighet att vara ledare och påverka."
- Linda Hill, professor, Harvard Business School

Och finns det i medvetandet att de sista lagmedlemmarna som verkat i den industriella revolutionen, arbetar sin sista arbetsdag innan dem går i pension om cirka femton år (2038).

Är din entitet redo för framtiden? Är ledningsgruppen i din entitet förberedd? Är du redo att leda framtidens generationer i framtidens kulturer?

"Hierarkier fungerar inte längre.
Vi måste flytta från en vertikal struktur till en platt organisation där alla kan bidra och vara delaktiga i beslutsfattandet." - Tony Hsieh, Zappos

Huvuddel 2.

Dina styrsystem viktat mot passion och vilja.

Det är dags att nu bli mer konkret, vad är egentligen styrsystem i en entitet? Det kan vara exempelvis:

- Anställningsavtal.
- RACI, alt. tjänste- och ansvarsbeskrivningar.
- Roll- och ansvarsområden, alt. ansvarsöverenskommelser.
- Möten och dagliga samtal.
- Schema och bemanningsinstrument.
- Kompetensmatriser.
- MRS (mål- och resultatstyrning).
- BSC (balanserade styrkort).
- Specifik roller, exempelvis sjuksköterska, flygkapten.
- Kvalifikationer och nödvändiga erfarenheter.
- Lön, förmåner.
- Varulager.
- Inköp.
- Kostnader.
- Marginaler/BV.
- Tekniska system.
- Utbildningar.
- HR-avdelning som hanterar personalärenden.
- *(I föreningar kan det också vara exempelvis fysisk status och specifik roll inom laget eller klubben/föreningen.)*

Efter att läst punkterna ovan är det självklart att denna typen av styrverktyg, till en viss omfattning, behövs i en entitet.

Sedan är det inte punkterna ovan som gör att alla lag-medlemmar brinner för sin roll, att de känner passion och vilja. Att de vill bidra med allt de har inom sig utan att tänka på lönen, till fullo accepterar sin roll och därigenom tar 100 procent ansvar, känner att de vill "springa genom eld" för sitt lag och sin ledare, att de vill lära sig nya saker och vill bli självgående, att de är mer lösningsorienterade, att de springer lite fortare och är lite mer effektiva med ett leende på läpparna, att de är samarbetsvilliga, att de tar initiativ, att de är fokuserade på att göra det allra bästa för entiteten. Och framförallt att de uppvisar entusiasm och sprider genuin glädje och engagemang till andra.

Jag är säker på att du vill ha ut det som står ovan i kursiv stil ur din entitet. Jag är säker på att du vill ha självgående och motiverade lagmedlemmar som sprider engagemang och samtidigt skapar goda resultat.

Jag vill återkoppla till mitt citat i förordet: *"Pengar kan avgöra vad du gör. Din passion avgör hur du gör det"*.

Absolut kan styrverktyg avgöra vad du gör, dock är jag 100 procent säker på att inget av de vanliga styrverktygen jag punktade upp på föregående sida har något med genuin passion att göra. Några av styrverktygen kan absolut skapa vilja.

Du behöver både vilja och passion för att nå långsiktig framgång i din entitet men vilka är egentligen skillnaderna på att en lagmedlem känner vilja eller passion? Det är väldigt viktigt för dig som ledare att ha insyn i för att kunna stämma av känslor inom laget och veta hur du på individuell basis skall motivera din entitet. Och fråga dig själv; varför går jag till jobbet förutom att sträva mot visionen, av vilja eller passion?

Passion	Vilja
Emotionellt och djupt rotat.	Rationellt och medvetet.
En övergripande känsla av glädje och engagemang för något människan brinner för.	Inriktad på att uppnå specifika mål eller utföra specifika uppgifter.
Med genuin passion skapas energi, glädje och en stark motivation.	Behövs för att göra det som krävs och vara beslutsam i sin roll.
Ger inre motivation att fortsätta växa och utvecklas inom sitt område.	Hjälper till för att övervinna utmaningar och för att nå mål.
Djup, intensiv känsla av glädje och entusiasm för något människan älskar att göra. En naturlig och spontan känsla som skapas av människans inre drivkrafter och som leder till hängivenhet.	En medveten handling som kräver att beslutsamhet och engagemang skapas. Denna energi som skapar nödvändig vilja behöver människan ofta få från yttre faktorer som ex. lön.
Ger människan uthållighet och en stark vilja att kämpa även när det är svåra utmaningar.	Vilja är ofta kortsiktig eftersom den kräver ständig input av energi, viljan kan snabbt försvinna när människan stöter på svårigheter eller hinder.
Drivkraften är en djup rotad känsla av glädje och inre tillfredsställelse att få göra något människan älskar att göra, gärna med likasinnade.	Drivkraften är någon form av mål i form av bekräftelse eller belöning i form av pengar eller status.

Vad skapar motivation?

Med skillnaden på passion och vilja synliggjord är det lämpligt att påvisa vilka faktorer som skapar motivation och drivkraft.

Grunden i skapa motivation och inre drivkraft i dagens kulturer är att leda med ett *tillitsbaserat ledarskap*, det kommer du att läsa specifikt om i avsnitt G. Varför är för att, *tillit är en förutsättning för att skapa självgående lagmedlemmar och långsiktig motivation i en entitet idag.* Alla lagmedlemmar behöver känna tillit till dig som ledare.

Förutom tillit finns det fyra andra väsentliga faktorer som skapar inre, genuin motivation i en människa på en arbetsplats:

1. **Kompetens.** *"Jag behöver känna inombords att jag har nog kompetens för att utföra mitt arbete. **Det gör mig självgående.**"*

2. **Samhörighet.** *"Jag behöver känna mig som en del av laget och att jag är accepterad som den unika människa jag är. **Det gör att jag känner mig trygg.**"*

3. **Självständighet.** *"Jag behöver inte någon som "petar i detaljer" (detaljstyr) Låt mig få försöka och få göra fel ibland. **Det är då jag växer och utvecklas som mest och snabbast.**"*

4. **Personligt ansvar.** *"Låt mig få känna att jag är viktig och betydelsefull genom att du delegerar personligt ansvar till mig. Låt mig känna att jag kan påverka det dagliga arbetet, vår gemensamma arbetsmiljö, arbetsklimatet, kulturen och resultatet. **Det gör att jag känner mig delaktig.**"*

När du kan få alla i din entitet att känna att:
Den har nödvändig kompetens för sin roll, att den känner sig
som en i laget, att den känner sig självständig nog att klara
arbetsuppgifterna, och att den känner att den får individuellt
ansvar för att ta entiteten framåt.

Då har du en entitet som är motiverad, lagmedlemmarna:
1. är självgående.
2. är trygga.
3. tar initiativ för entitetens utvecklings skull.
4. känner sig delaktiga och därför vill bidra.

**Nu har du uppnått en fantastisk grund i ditt ledarskap som gör
att du kan börja släppa på styrverktyg och istället fokusera på
något som är mycket roligare för dig som ledare och utvecklar
både dig i din ledarroll och alla dina lagmedlemmar.** Du kan nu
börja lägga upp en struktur i ditt arbete där du frångår
styrverktyg och istället fokuserar på passion och vilja.

Passion och vilja kan vara exempelvis:
- Att leda med visionen i fokus.
- Leda med din egen personliga mission för att nå visionen.
- Effektiv delegering.
- Skapa en accepterad feedback-kultur.
- Samsyn genom värderingar och en gemensam värdegrund.
- Utveckla människor genom att du utmanar dem.
- Vidareutveckla lagkänslan.
- Utmana dem genom anpassad, individuell coachning.
- En ny djupare dimension i medarbetarsamtal.
- Mer fokus på långsiktiga ambitioner än på kortsiktiga mål.

Det är i precis detta skedet i ditt ledarskap du går från att vara en chef som använder nödvändiga styrverktyg till en ledare som skapar engagemang, passion och vilja. Du är nu på en helt annan resa med din entitet, en härlig resa som styrs av gemensam utveckling, tillit, samarbete och delaktighet.

Styrsystem, eller passion och vilja - kopplat till situationsbaserat ledarskap.

- Du vet vilka du har i din entitet, du vet vilka som är närmast balans, och du vet vilka som är mest fokuserade på uppgifter vs relationer.

- Efter workshopen du handlett dem igenom är de medvetna om vad det innebär, samt vad och hur de med din hjälp kan utvecklas.

> *"Chefen styr.*
> *Ledaren delegerar.*
>
> *Chefen fokuserar på att prata.*
> *Ledaren fokuserar på att lyssna.*
>
> *Chefen berömmer utfört arbete.*
> *Ledaren berömmer människan."*
> *- Niclas Timmerby*

- Du är mycket väl medveten om att du kontinuerligt behöver växla spår i ditt flexibla ledarskap när du kommunicerar med din entitet. Mellan styrande, stödjande, coachande och delegerande, beroende på i vilken fas dina respektive lagmedlemmar befinner sig (och vilka kulturer de verkat inom).

- Du är också medveten om vikten av att förstå, och kunna leda i ett generationsanpassat ledarskap kopplat till kulturskiftena.

Reflektion, avsnitt C

1. Reflektera över din superkraft. Hur påverkar de signaler du konstant sänder ut din omgivning hemma och på arbetsplatsen? Hur påverkar du dig själv genom dina känslor?

2. Reflektera över vilka i din entitet som går till arbetsplatsen varje dag med vilja och vilka som gör det med passion. Glöm inte reflektera över dig själv.

3. Reflektera över ditt ledaransvar över dig själv. *Ju bättre du förstår och leder sig själv, desto bättre kan du leda och förstå andra.* Har du lagt upp en strategi kopplat till självledarskap? (Var är du, vart vill du, hur skall du ta dig dit?)

4. Reflektera över ditt ledaransvar att göra din entitet motiverad och självgående. Du har en klar bild över ditt ledarskap samt var din entitet är. Du är medveten om att du behöver använda övervägande styrverktyg med en entitet som är ny, inte motiverad eller inte självgående. Du vet nu hur du skapar inre motivation och med hjälp av dina insikter i situationsbaserat ledarskap tar din entitet från ett nu-läge till ett läge där du kan styra med mjuka verktyg som skapar passion och vilja.

5. Reflektera vilken strategi du skall förbereda när en nyanställd börjar nästa gång. Hur skall du få individen att direkt känna inre motivation? Hur skall du få den att känna sig inkluderad i din entitets kultur? Så fort en ny lagmedlem börjar eller slutar förändras dynamiken direkt vilket påverkar er kultur, hur värnar du om det goda i kulturen ni byggt upp?

D
Resultat- eller värderingsstyrt ledarskap

Din människosyn är hur du ser på andra människor.
Som du behandlar andra människor, exakt så ser dem på dig.
Niclas Timmerby

Kan du se ett mönster utformas när du gör dina val inombords hur du vill leda din entitet, där grunden är ett situationsbaserat ledarskap för att förstå din entitet bättre. Från ditt första val (B); skall ditt fokus vara att påverka resultat eller kulturen? Till nästa val (C), vill du leda med styrsystem eller skapa passion och vilja genom inre motivation? Nu kommer ditt nästa val.

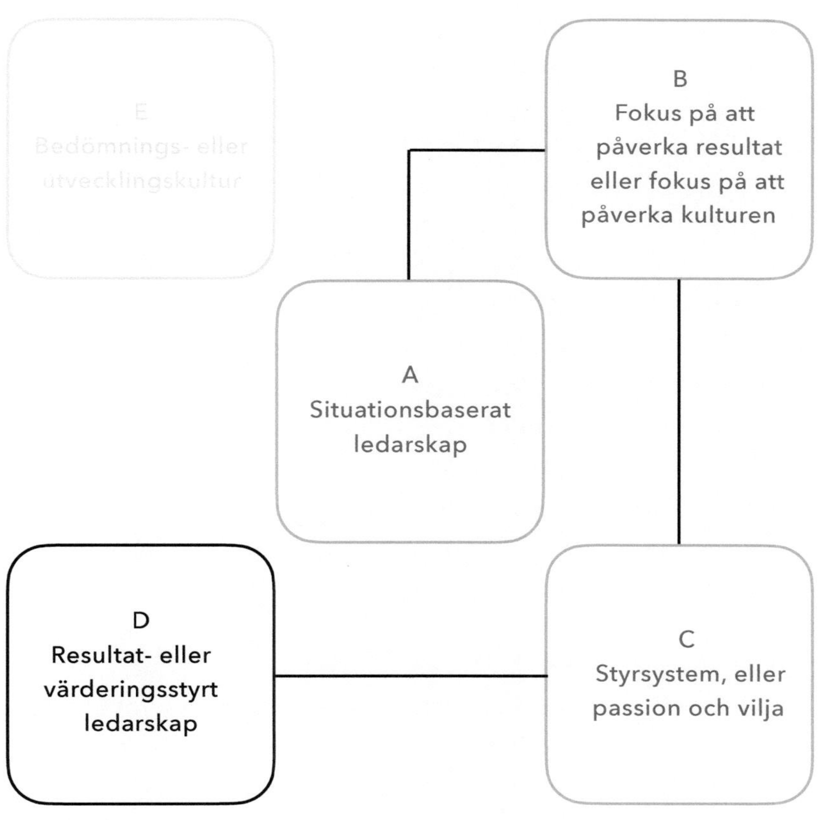

Varför är du en ledare?

Vad motiverar dig att leda?
- *Är det status, pengar och/eller makt?*
- *Eller för att du genuint från hjärtat vill göra en positiv skillnad för människors liv, för att du ser det som din uppgift i livet att få andra människor att växa inombords och utvecklas i sina roller?*

Vad har du för moral och etik?
- *Finner du genuin lycka i att du uppnår resultat efter att du tagit beslut som i slutändan gynnat dig själv och du medvetet inte tagit hänsyn till eventuella konsekvenser för andra?*
- *Eller finner du genuin lycka när ser människor du har fått att växa och utvecklas nå resultat utan att du behöver lovordas?*

Är du autentisk i ditt ledarskap?
- *Säger du "ja" utan att säga din mening trots att du ibland finner beslut orimliga i tid eller i kravställan mot förutsättningar?*
- *Eller vågar du visa dig modig och sårbar, vågar visa din autentiska sida och tar ställning för det du tror på trots att det kanske kommer att möta motstånd från ledningsgruppen?*

Hur stark är din integritet?
- *Är du beredd att vara ärlig och göra svåra val för att stå upp för dina moraliska principer och värderingar?*
- *Eller kompromissar du för att uppnå mål eller för att passa in i vissa situationer där dina principer och värderingar utmanas?*

På följande två sidor följer tio skillnader på värderings- och resultatstyrt ledarskap. Titta igenom varje punkt och reflektera insiktsfullt över hur du är i ditt ledarskap. På sidan 93-96 har du möjlighet att skriva ner dina insikter och reflektioner.

Värderingsstyrt ledarskap	Resultatstyrt ledarskap
Definition Fokus är på att upprätthålla och kommunicera organisationens värderingar och kultur.	**Definition** Fokus är på att uppnå specifika resultat och mål.
Ledarskapsstil Betonar vikten av att leda genom exempel och att skapa en positiv arbetsmiljö där lagmedlemmar känner sig motiverade och engagerade.	**Ledarskapsstil** Betonar vikten av att uppnå resultat och prestationer, och kan vara mer benägen att använda incitament och belöningar för att uppnå dessa resultat.
Kommunikation Kommunicerar entitetens värderingar och kultur på ett tydligt och konsekvent sätt.	**Kommunikation** Kommunicerar specifika mål och förväntningar för att uppnå önskade resultat.
Beslutsfattande Tar hänsyn till entitetens kultur och värderingar, prioriterar ofta lagmedlemmars välbefinnande och engagemang.	**Beslutsfattande** Fokus på att uppnå resultat och kan vara mer benägen att fatta beslut som leder till ökad prestation även om detta kan ha negativa konsekvenser för lagmedlemmarna.
Långsiktigt fokus Fokus på att bygga en stark företagskultur och skapa en positiv arbetsmiljö som främjar anställdas välbefinnande och engagemang på lång sikt.	**Långsiktigt fokus** Fokus är både kort- och långsiktigt på att uppnå resultat och prestationer även om detta kan ha negativa konsekvenser på lång sikt för entiteten.

Värderingsstyrt ledarskap	Resultatstyrt ledarskap
Prioriteringar Bygga relationer och skapa en kultur av tillit och öppenhet i entiteten.	**Prioriteringar** Uppnå specifika mål och beslut som leder till ökad prestation.
Feedbackstil Mest fokus på ett ge den svårare formen av feedback med mål att förändra beteenden och attityder som främjar värderingar och kultur.	**Feedbackstil** Mest fokus på att ge den lättare formen av feedback med mål att uppnå effektivitet och prestation som främjar specifika resultat.
Konflikthantering Arbetar för att lösa konflikter på ett sätt som är rättvist och respektfullt mot alla parter.	**Konflikthantering** Benägen att ha en auktoritär hållning (kontroll, hierarki, brist på delaktighet) för att lösa konflikter snabbt och effektivt
Utvecklingsstil Betonar öppet och transparent vikten av individuell utveckling för att skapa en positiv, trygg och innovativ arbetsmiljö	**Utvecklingsstil** Prioriterar utveckling där tyngdpunkten är att uppnå specifika resultat och prestationer för att nå kortsiktiga mål.
Uppmuntran och kreativitet Uppmuntrar kreativitet och initiativ genom att skapa en kultur där entiteten känner sig trygga att ta risker och vågar misslyckas. (Bygger tillit.)	**Uppmuntran och kreativitet** Vill ha kontroll över processer och är därför ofta benägen att fokusera på beprövade metoder. (Risk för detaljstyrning.)

Här är samtliga kompetenser. Vid varje aspekt, skriv ner dina genuina svar på 1-4, för egenreflektion och egen utveckling.

1. *Så här är jag mest idag, värderingsstyrd/resultatstyrd.*
2. *Varför är jag så här (jag är präglad av ex; erfarenheter, tidigare/nuvarande chefer, beslut, tidigare anställningar, utbildningar, jag har inte reflekterat över detta, etc.)?*
3. *Detta är min tydliga målbild.*
4. *Så här tar jag mig dit (strategier, tankar, idéer, delmål).*

Definition

1. ____
2. ____
3. ____
4. ____

____

____

Ledarskapsstil

1. ____
2. ____
3. ____
4. ____

____

____

Kommunikation

1. ____
2. ____
3. ____
4. ____

____

____

Beslutsfattande

1. ____
2. ____
3. ____
4. ____

____

____

Långsiktigt fokus

1. ____
2. ____
3. ____
4. ____

____

____

Prioriteringar

1. ____

2. ____

3. ____

4. ____

____

____

Feedbackstil

1. ____

2. ____

3. ____

4. ____

____

____

Konflikthantering

1. ____

2. ____

3. ____

4. ____

____

____

Utvecklingsstil

1. ____

2. ____

3. ____

4. ____

____

____

Uppmuntran och kreativitet

1. ____

2. ____

3. ____

4. ____

____

____

Jag påbörjade medvetet detta avsnitt väldigt tydligt och direkt för att väcka tankar och känslor inom dig.

Som avslutning i detta avsnitt finner du ett verktyg jag själv använt mig av de senaste femton åren i mitt ledarskap, jag kallar det för kvartalsreflektion vilket är en form av egenreflektion.

Vilka är dina djupaste värderingar som människa?
Det är viktigt att vid jämna mellanrum i livet fundera över våra värderingar eftersom våra djupaste värderingar är det som till stor del, som gör att "vi är som vi är". Dina värderingar är en väldigt stor del av din identitet som människa.

Din identitet är bilden du ser av dig själv. Jag skall inte gå för detaljerat in på detta i denna bok dock är det väldigt viktigt för dig som människa att bli fullt medveten om ditt *självkoncept*, vilka faktorer som psykologiskt skapar de uppfattningar, tankar och känslor du har om dig själv. Jag kan garantera att det ger livet en ny dimension av självmedvetenhet och självuppfattning.

Våra djupaste värderingar kompromissar vi inte med, vi säger *"nej!"* direkt, vi säger *"stopp!"*, vi säger: *"det där gör jag inte."*. Eller snarare, så *skall* vi inte kompromissa med våra värderingar.

> *"När du förändrar bilden av hur du ser på dig själv ändrar du din identitet i samma ögonblick. Så, vilken bild vill du se?"*
> *- Niclas Timmerby,* om vikten *av att vårda sitt självkoncept*

Dessvärre är verkligheten att många människor kompromissar i livet med sina värderingar. *Kanske för att vara till lags, för att bli omtyckta, passa in, för att vi är en man eller kvinna och saker då förväntas av oss, kanske spela en roll för att få vara med i en grupp och en roll i en annan grupp? Kanske kulturskiften påverkar också oss mer än vi tror?* Vi behöver alla kompromissa i situationer i livet och i faser i livet, men kompromissa inte med den du är. Det är som att du psykologiskt gör våld mot dig själv.

När vi kompromissar med våra egna värderingar slår det tillbaka mot oss på olika sätt, vi mår helt enkelt dåligt när vi bryter mot en egen värdering vi har djupt rotad inom oss. I mina coachningssamtal med människor har nästan alla, oberoende av varandra, sagt ungefär samma sak; *"jag får en olustig känsla inom mig", "det känns i magen", "jag får ont i magen", "jag får känslor som kan liknas vid ångest", jag känner mig stressad inombords och nästan skamsen".*

Det kanske är därför magen ibland kallas för **vår inre kompass**, eller för att det heter "gut feeling" på engelska där innebörden är en känsla, instinkt eller intuition. Likaså kan vi uppleva en god känsla i magtrakten när vi följt vår inre kompass.

Jag minns nu i vuxen ålder tillbaka till mig själv som ung, hur jag upprepade gånger gjorde våld mot mig själv. Det jag minns specifikt är när människor retade och mobbade mig i skolåldern, och så långt upp i 35-årsåldern att människor skämtade på min bekostnad, och att jag tillät det. Jag sade inte "stopp!" Eller "Lägg av med det där!" eller gick därifrån. Jag skrattade ofta med för att komma undan situationen eller för att jag ville vara omtyckt. Precis i det ögonblicket när jag skämtade med, begick jag psykologiskt våld mot mig själv.

Jag har senare i livet läst att detta inom psykologin kallas för självdegraderande humor. Dvs. att en människa skämtar om sig själv eller nedvärderar sin egen person, som att driva med sina egna brister, misstag eller svagheter.

En studie publicerad i Journal of Personality and Social Psychology fann att "personer som använde självdegraderande humor hade en lägre självkänsla och självförtroende än de som inte gjorde det".

En annan studie publicerad i Personality and Social Psychology Bulletin fann att "självdegraderande humor kan minska andras uppfattning om en persons kompetens och status."

Och en tredje studie publicerad i Journal of Personality and Social Psychology visade att "personer som använder själv-degraderande humor för att vara omtyckta av andra uppfattas som mindre kompetenta och mindre attraktiva. Dessutom kan det leda till en negativ självbild och minskad självkänsla på lång sikt."

Detta innebär att om en människa frekvent skämtar om sig själv och/eller nedvärderar sig själv kan tankarna internalisera dessa negativa tankar och utveckla en negativ självbild.

Det vi tänker skapar det vi känner inombords och det vi känner avgör om vi väljer att agera eller att bara reagera på det vi känner inombords. Denna naturliga process alla människor går igenom otaliga gånger varje dag slutar i en positiv eller negativ konsekvens för oss själva i form av mående eller uppnådda mål.

Självdegraderande humor kan också påverka hur andra ser och behandlar människan. Detta eftersom intrycket andra får kan ge intrycket av människan inte är värd respekt eller uppskattning. Det kan vara en ytterst farlig väg som kan leda till att andra människor kan utnyttja detta för att "få makt över människan som visar sig svag" och följaktligen behandla och prägla/forma människan på ett sätt som inte är önskvärt eller respektfullt.

Det är viktigt att skilja på självdistans och självdegraderande humor vilket är två helt olika sätt att förhålla sig till sig själv.
Att ha självdistans är väldigt sunt, en väldigt positiv egenskap som hjälper människan att hantera stress och svårigheter i livet. Självdistans innebär att människan från ett yttre perspektiv kan se sig själv och sina egna brister, misstag eller svagheter på ett objektivt sätt och skämta om dem utan att nedvärdera sig själv eller påverka sin självkänsla negativt. Att t.ex. kunna skratta åt sig själv på ett hälsosamt sätt och ha en avslappnad attityd gentemot sina egna brister.

Självdegraderande humor är att människan skämtar om sig själv på ett sätt som nedvärderar eller förminskar sin egen person. Det farliga är att självdegraderande humor slår rakt mot människans självkänsla. Skämtar en människa på ett sätt som bekräftar människans egna negativa tankar om sig själv eller för att få andra att skratta slår det rakt mot självkänslan.

Skillnaden mellan självdistans och självdegraderande humor ligger i intentionen och effekterna av skämten. Självdistans är mer hälsosamt och positivt medan självdegraderande humor kan vara skadligt för självkänslan och relationer.

Du som människa/ledare har ett stort ansvar.
Mot dig själv och din omgivning. Om du själv eller någon du möter på din resa i livet använder självdegraderande humor: Berätta på ett tydligt sätt till dig själv eller till människan du möter att du inte alls ser på personen på det sättet. Säg tydligt att du inte tycker om när människan (eller du själv) pratar i de termerna. Beröm istället personlighet, attityd, drivkraft, hur

människan hanterar vissa situationer eller något annat som visar att **du tror på människan**. Detta kan vara det viktigaste du gör i din ledargärning och som människa. <u>Du kan få en annan människa att förändra sin syn på sig själv</u> (sin identitet).

Allas värderingar förändras över tid, vissa stannar dock kvar för alltid. Det är viktigt att kontinuerligt reflektera över detta eftersom våra värderingar kan påverka vårt välmående och därigenom väldigt mycket av hur vi upplever våra liv.

Det finns flera studier som undersökt sambandet mellan värderingar och välmående. Bl.a:

Schwartz, S. H. Basic human values: Their content and structure across countries. I denna studie undersökte Schwartz olika värderingar och deras samband med individens välmående. Resultaten visade att "människor som lever i enlighet med sina värderingar tenderade att uppleva högre välbefinnande".

Deci, E. L., & Ryan, R. M. The "what" and "why" of goal pursuits: Human needs and the self-determination of behavior. Denna studie fokuserade på hur människors värderingar och mål påverkar deras motivation och välbefinnande. Resultaten visade att "när människor strävar efter mål som är i linje med deras värderingar, upplever de större självbestämmande och välbefinnande".

Kasser, T., & Ryan, R. M. Further examining the American dream: Differential correlates of intrinsic and extrinsic goals. I denna studie undersökte Kasser och Ryan hur olika typer av mål, som är kopplade till olika värderingar, påverkar välbefinnandet. Resultaten visade att "strävan efter intrinsiska mål, som är kopplade till personlig tillväxt och relationer var positivt korrelerade med välbefinnandet medan strävan efter extrinsiska mål som materiell framgång och status var negativt korrelerade med välbefinnandet".

Vilka är mina djupaste värderingar?

Ja, detta kan vara svårt att bara veta eller "komma på". Så här lägger jag fram det på utbildningar och föreläsningar:

1. Reflektera en stund i lugn och ro över de saker du aldrig vill kompromissa med i ditt liv. Vad du säger nej tack till. Eller den bästa frågan: *Vad skulle du aldrig göra?*

2. Nu kommer det viktiga, *varför*? Varför vill du inte kompromissa med vissa saker i livet? Det finns alltid en anledning. Du kan absolut ha blivit präglad (vilket inte är bra för då lever du någon annans sanning/liv), dock är det med största sannolikhet någon situation eller händelse i ditt liv som berört dig väldigt, väldigt djupt i ditt inre. Det kan vara ett trauma av något slag redan i din barndom som satt djupa spår på dig inombords eller någon händelse i ditt vuxna liv som påverkat dig, ofta för att du i något sammanhang valt att agera, inte agera eller vara tyst. (Dvs. *action bias* eller *inaction bias*, som du kan läsa mer om i mina böcker om självledarskap.)

3. När du kommit på det viktiga "varför", kommer det att påverka dig, för det blir som en insikt att något du *kanske* burit med dig i ditt undermedvetna har påverkat din identitet, den du är, hur du är, hur du mår, hur du pratar till dig själv och vilket beteende och attityd du visar upp till din närmaste omgivning.

4. Varje gång du medvetet eller undermedvetet tänker på en
   djup värdering du har, påverkar det dig och berör dig.

5. När du tagit fram dina djupaste värderingar kan du skapa en
   handlingsplan för dig själv hur du skall hantera dina insikter.

Mina djupaste värderingar.
Jag skall dela mina tre djupaste värderingar för att visa hur
viktigt det är att reflektera över detta. Jag delar inte detta för att
få sympati eller empati utan för att jag vill visa hur viktigt det är.

*Jag behöver verkligen kunna förstå mig själv (vem är jag och
varför är jag är som jag är?) för att kunna ha en möjlighet att
leda mig själv genom livet och mot välmående och de mål och
ambitioner jag vill uppnå och åstadkomma. Kan jag hantera
detta har jag förutsättningar att kunna förstå och leda andra.*

Min rekommendation från hjärtat till dig är att berätta om dina
djupaste värderingar för dina allra närmaste så de får vetskap.
Det gör att de får en större förståelse för vem du är och vad som
präglat och präglar dig. För vem vet, om tiden går och dina
närmaste inte vet och du en dag berättar hur du mår eller att du
vill göra något för att må bra i ditt liv kanske det då kommer som
en chock för dem. Den vanliga reaktionen är att de närmaste vill
hjälpa till, ställa frågor och "lösa ditt problem". Kan de får
vetskapen tidigare, blir det sannolikt ingen chock.

Vad jag i mina reflektioner i 35-årsåldern kom fram till att jag
aldrig kompromissat med är följande tre saker; jag alltid har

jobbat stenhårt, jag har aldrig blivit berusad så att jag riskerat att tappa kontrollen, jag har aldrig varit otrogen.

Nu kommer vi till det viktiga, att fråga sig _varför_. När jag reflekterade kom jag ganska snabbt fram till mina varför:

1. <u>Varför har jag alltid jobbat stenhårt och ibland haft flera jobb samtidigt?</u> Svar: När jag växte upp var vi fattiga, min pappa dog när jag var sju år och min mamma var själv med ett deltidsjobb och uppfostrade mina två bröder och mig. Det har på senare år blivit klart för mig varför jag aldrig vill bli uppmärksammad när jag fyller år, jag fyllde t.ex. 50 förra året och bad mina chefer att inte uppmärksamma det alls. När jag växte upp gjorde situationen att jag inte kunde bjuda någon på födelsedagskalas och när jag blev bjuden var jag "sjuk" eftersom det var dyrt att köpa en present. Samma sak när det var skolresor eller annat som kunde innebära kostnader, då var jag "sjuk". Jag har varit hyfsat bra på fotboll och älskade att spela och göra tricks (och gör det fortfarande). Jag minns att jag önskade mig en officiell EM-fotboll och visste att en äkta sådan var fruktansvärt dyr. Det gick två år sedan hittade min mamma precis en sådan boll på en utförsäljning och jag fick till sist min boll. Jag minns än idag att jag grät av lycka. Jag spelade i timmar varje dag, i sol och ösregn. Jag tog in bollen efter varje tillfälle och putsade av den. Den hade den bästa platsen i mitt pojkrum. Bollen höll i två år men till sist gick den sönder. Jag minns än idag hur ont det gjorde. Hur mycket jag grät. Det var utan tvekan det finaste jag någonsin haft i mitt liv fram till dess. Det lärde mig tacksamhet och ödmjukhet. _Så_

*svaret på varför, är för att jag undermedvetet inte vill hamna i
fattigdom.*

2. <u>Varför har jag alltid velat ha kontroll i samband med alkohol?</u>
   Svar: När jag var tonåring såg jag en berusad man slå min
   mamma med knuten näve rakt i ansiktet i vårt vardagsrum. Jag
   minns hur jag (liten och tunn) hoppade upp på mannens rygg
   för att skydda min mamma och hur han slängde in mig i
   väggen. Något bra var det med min "action bias" för mamma
   tog med oss tre barn den kvällen och vi sov på madrasser den
   natten på hennes arbetsplats. *Svaret på varför, är att jag ser
   alkohol som något farligt, något som kan skada människor.*

3. <u>Varför har otrohet aldrig funnits i mina tankar?</u> Svar: För att jag
   blivit bedragen. Så otroligt dåligt jag mådde när jag fick reda
   på det. Jag blev såklart förbannad och separerade samma
   dag men det som gjorde ondast var att jag tappade min
   identitet och mitt självkoncept (Självkoncept = Självkänsla +
   självmedvetenhet + självvärde + självförmåga + själv-
   förståelse + självbild + självideal) i det ögonblicket. Jag
   brukar beskriva det som att jag såg mitt liv spolas ner i
   toaletten, så lite värd var jag. Detta satte djupa spår i mig och
   under femton från den dagen vågade jag inte helt lita på
   människor, detta påverkade inte bara mig själv utan även min
   närmaste omgivning på ett riktigt dåligt sätt. Jag blir varje dag
   tryggare i mig själv, att jag har ett värde och är en bra
   människa sedan vet jag att jag, liksom alla människor, är i faser
   i livet när vi inte tror på oss själva eller mår dåligt. Det är så
   viktigt att ta reda på *varför* för att kunna ta sig själv framåt.
   *Svaret på varför att jag vet hur dåligt jag mådde och jag skulle
   aldrig kunna utsätta en annan människa för den känslan och de
   bestående negativa effekterna detta innebar.*

Vill du se din entitets egentliga potential?

För att se en bråkdel av din egen potential behöver du *utmana* dig själv i det du är bekväm i. Bekvämlighetszonen, the comfort zone, boxen, dina fasta vanor och rutiner, vanemässiga zonen, trygghetszonen - begreppet har verkligen många olika namn.

Jag anser bekvämlighetszon vara den mest applicerbara eftersom ordet säger precis vad det är. Det är en zon du mentalt och känslomässigt är bekväm att röra dig inom. Du känner till vad som finns i din zon, du har koll på läget där, du vet vilka rutiner och vanor som finns där.

Det gör din zon trygg, säker och mysig för rutiner är mönster av ditt vardagliga beteende medan vanor är när dina mönster av dina olika beteenden blivit automatiserade över tid.

"Livet börjar vid slutet av din bekvämlighetszon."
- Neale Donald Walsch

Detta ger dig kontroll och stabilitet.
Det är helt enkelt väldigt bekvämt där inne i zonen och det är inte direkt *utmanade* eller ansträngande att vara inne i zonen.

Utanför zonen vill vi helst inte befinna oss för där kan det finnas nya saker och beteenden vi inte känner till, därför är uttrycket status quo väldigt passande i detta sammanhang. Att hålla fast vid status quo innebär att undvika förändring och istället bibehålla det nuvarande tillståndet som är bekant och bekvämt.

Vill du se din entitets egentliga potential behöver du *utmana*
lagmedlemmarna i deras "zoner".

Som du säkert har sett har jag skrivit "utmana" och "utmanande"
i kursiv stil. Det är för att *utmana* är nyckelordet till förändring.
Du kan inte förändra en situation du befinner dig i som inte
känns bra om du inte utmanar dig själv. Om jag går tillbaka till
självledarskap (2) kommer du ihåg att du har ett nu-läge, du har
en klar målbild och det som behövs för att du skall nå din
målbild är att du lägger upp tydliga strategier för dig själv hur
du tar dig dit. Sedan är det bara en liten detalj kvar: Att utmana
dig själv, annars är risken stor att du inte kommer särskilt långt
från ditt nu-läge. Som Thomas Jefferson (1743-1826), den tredje
presidenten i USA sade: *"Om du vill ha något du aldrig haft,*
måste du vara villig att göra något
du aldrig gjort.".

"Stora saker kommer aldrig
från bekvämlighetszonen."
- Roy T. Bennett

När du kommer till avsnittet
längre fram kring anpassad
coachning kommer jag att komma
tillbaka till ordet utmana. Utmanar du inte mottagaren i
coachning är det inte coachning, då är det ett vanligt samtal.

I fornnordiskan (cirka 800-1300-talet) användes ordet "útmana"
för att beskriva handlingen att uppmana någon att övervinna
hinder, testa sina gränser eller möta en svårighet.
I latin har ordet "provocare" flera betydelser beroende på
sammanhang. I detta sammanhang kan provocare beskriva att en
människa utmanas på ett intellektuellt eller verbalt plan.

Om jag går tillbaka till dina val så här långt för att påvisa var du
kan koppla på "potential" och "utmana" kan jag visa det så här:

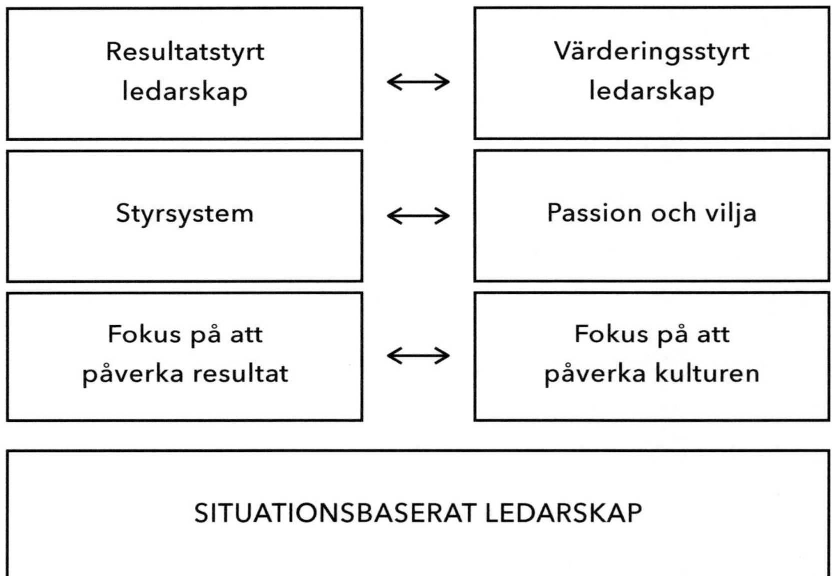

Situationsbaserat ledarskap är grunden eller fundamentet där
du genom workshopen i avsnitt A kan synliggöra var din entitet
och lagmedlemmar befinner sig. Val 1 är att du väljer att leda
genom att ha fokus på resultat eller kulturen. Val 2, valet mellan
att använda styrsystem eller att gå mot ett ledarskap som skapar
passion och vilja. Val 3 är detta avsnitt, svaren du skrev ned på
punkt 3 *(Detta är min tydliga målbild.)* på sidorna 93-96, visar
dig om du är benägen att välja vänster eller höger sida i ovan
modell.

Vänster sida utmanar inte entitetens potential medan höger sida utmanar entitetens potential.

För att få ut din potential som människa och i ditt yrkesliv behöver du utmana dig själv, du behöver utmana dina gamla sanningar/paradigmer eller göra ett paradigmskifte, dvs. att du ersätter eller lägger till en ny synvinkel till en gammal sanning, ett problem eller teori.

Går du tillbaka till skillnaden att leda genom styrsystem eller passion och vilja ser du det direkt. Att styrsystem håller lagmedlemmar kvar i zonen och följaktligen inte utmanar deras potential. För vissa av dem är det en bekvämlighetszon och om jag går tillbaka till kulturskiften är det antagligen bekvämt för de flesta av dem som verkat i den industriella revolutionen. Jag påstår inte att det är självklart för alla dock är detta sätt att leda något som känns bekant och inrutat, och styrsystem kan direkt kopplas till begreppet linjeorganisation.

För dem som inte verkat i den industriella revolutionen, alltså börjat arbeta efter 1980 är sannolikheten högre att dessa vill vara mer delaktiga, att dem vill känna mer tillit, att dem söker sätt att få inre motivation. Ju senare människan påbörjar sitt förvärv desto högre sannolikhetsgrad.

Den vänstra sidan kan relateras till begreppet: linjeorganisation som drivs av styrsystem och är väldigt relaterad till jobbsäkerhet, måltal och att få ansvar för en specifik roll eller en uppgift.

Den högra sidan kan relateras till begreppet: en platt organisation som drivs av passion och vilja, och är väldigt relaterad till delaktighet, tillit, öppen kommunikation, självbestämmande, utvecklingsmöjligheter, coachning, feedback, engagemang och inre motivation.

Ett värderingsstyrt ledarskap är en viktig faktor för att skapa en stark och hållbar kultur som främjar en positiv arbetsmiljö genom att du tar hänsyn till värderingar och etiska normer i ditt ledarskap. Du tar även hänsyn till dina lagmedlemmars individuella värderingar och arbetar för att dessa skall respekteras, för dig är det en självklarhet att alla skall känna sig inkluderade.

> *"En resultatstyrd ledare leder med måltal.*
> *En värderingsstyrd ledare leder med engagemang."*
> *- Niclas Timmerby*

Du leder värderingsstyrt för att medvetet skapa passion och vilja vilket skapar engagemang, vilket formar din entitets kultur, atmosfären ni arbetar i och framtida resultat.

Här är tre studier som påvisar ekonomiska fördelar med värderingsstyrt ledarskap:

En studie av Earley, P. C. och Mosakowski publicerad i Harvard Business Review fann att "företag med hög kulturell intelligens (inklusive värderingsstyrt ledarskap) hade en genomsnittlig ökning av intäkter med 15-30% och en genomsnittlig ökning av marknadsvärde med 20-40%".

En studie publicerad i Journal of Business Ethics fann att "företag med starkt fokus på värderingsstyrt ledarskap hade en genomsnittlig ökning av försäljningsintäkter med 5% och en genomsnittlig ökning av rörelsemarginal med 1,7%".
Källa: Waldman, D. A., Siegel, D. S., & Javidan, M.

En tredje studie av Orlitzky, Schmidt och Rynes publicerad i Journal of Business Ethics fann att företag med hög betoning på värderingsstyrt ledarskap hade en genomsnittlig ökning av aktieavkastningen med 5-7% och en genomsnittlig ökning av marknadsvärdet med 2-4%.

En berättelse från verkligheten.

En entitet jag fick förtroendet och förmånen att leda i en förändringsprocess var van att ledas ytterst resultatstyrt. Det fanns en vision och det fanns fina värderingar inom organisationen som bestod av nationella enheter men när dessa nämndes fanns inget genuint gensvar. För att beskriva det så enkelt så möjligt fanns det ingen passion, människor var helt enkelt där för lönens skull. Ett år senare med samma öppettider, samma artiklar och i stort sett samma personalstyrka hade vårt team ökat omsättningen med 73 procent.

Hur var det möjligt? I alla större team finns positiva kulturbärare och negativa kulturbärare. När du genomför ett förändringsarbete vet du efter några månader vilka dem är. Jag gav alla möjligheten att vara med i den kultur jag ville skapa byggd på glädje, tillförsikt/optimism och känslan att vi gör saker tillsammans. Mitt fokus var inte att leta rätt eller fel på människor, det är inte en ledaregenskap. De flesta av dem hade verkat i den gamla kulturen under många år och var såklart väldigt präglade. Det jag satte fokus på var, att med hela min person och kroppsspråk, visa att det fanns ett annat sätt att vara tillsammans och uppnå gemensamma mål på. Jag var där tidigt och byggde själv om i varuhuset innan någon kom dit för att visa att det är okej att ta initiativ. Jag var närvarande så mycket jag bara kunde i det dagliga arbetet, lärde känna människorna och passade på att göra personalrum och köket lite mysigare.

Framförallt i uppstarten lade jag fokus på att skapa en kultur som präglades att vi kunde ha kul tillsammans. Det finns ingen "chef" i mig, jag är exakt lika mycket värd. Det finns ingen här som är mer eller mindre värd än någon annan för vi är ett team. Efter några månader märktes det tydligt vilka som inte tyckte om förändringen och vilka som gjorde det. Det brukar vara ett fåtal starka individer som inte tycker om förändringen och så var fallet även här. Istället för att tillrättavisa eller överbevisa bara fortsatte jag att fokusera på kulturen och efter ett tag förändrade sig personalstyrkan naturligt, vissa slutade och jag fick anställa nya medarbetare.

Det gjorde jag med stor omsorg, jag såg till att hitta människor som var formbara, jag berättade om vår kultur och hade fokus på det fina i vår kultur redan i anställnings-intervjuerna. Jag hade också fokus på visionen, att visa vart vi skall tillsammans som ett lag. *Klart du skall hänga med oss dit!*

Min ledningsgrupp delade mina värderingar och moraliska principer vilket gjorde att vi på väldigt kort tid kunde göra otroliga resultat (och ha förbaskat kul tillsammans). **Det var fokus på att påverka kulturen, det var fokus på att skapa passion och vilja, och det var ytterst, ytterst värderingsstyrt.** Delaktighet och en god arbetsmiljö skapade en atmosfär medarbetarna trivdes i, de vågade ta mer och mer egna initiativ vilket jag njöt av att se (du kan läsa mer om hur du skapar en *utvecklingskultur* i nästa avsnitt), *vi slutade nästan "sälja" och istället hade vi en kultur som per automatik skapade väldigt bra försäljning.*

Och kunderna älskade atmosfären. Jag minns att det var flera gånger kunder frågade; *"Har ni bytt belysning?", "Har ni bytt uniform?", "Vad har ni gjort, det känns annorlunda att komma hit - på ett bra sätt?", "Vad kul att se er ha så roligt tillsammans."* En gång hörde jag en kund säga till en medarbetare: *"Som ni har det här, så vill jag att det skulle vara på mitt jobb!"* Det gjorde mig tårögd av stolthet för oss som ett lag, vad vi tillsammans på så otroligt kort tid kunnat skapa. Passion, genuin gemenskap, delaktighet, viljan att ta egna initiativ, glädje, humor, känslan att vi tillsammans kan uppnå och klara allt, stolthet och mycket mer.

> *"När du som ledare lägger fokus på att förändra kulturen*
> *istället för att ha fokus på att förändra människor,*
> *sker magi rakt framför dina ögon"*
> *- Niclas Timmerby*

Kunder började skratta med oss, handla för större snittköp, handla dyrare artiklar, de kom tillbaka mer frekvent. Innan kunde vi ibland ha kunder som blev irriterade eller brusade upp pga. att deras artiklar kanske var försenade, även här förändrades kundernas beteende. Det känns som att så fort de kom in i vår kultur blev de inkluderade i vår kultur.

Framförallt förändrades min entitet, vad de utstrålade när jag kom dit och när jag lämnade ett år senare för en ny roll inom organisationen var verkligen som natt och dag. Jag träffar fortfarande flera av dem på fritiden och det känns som om tiden stått stilla. *Det är verkligen magi att fokusera på kulturen, våga släppa styrverktygen för att istället skapa passion och vilja, och leda värderingsstyrt. När kulturen skapa känslan att "vi tillsammans kan åstadkomma det vi tidigare sade var omöjligt." Då har du lyckats med ditt ledarskap, för då har du fått människor att växa. De kommer aldrig att glömma dig.*

Kvartalsreflektion

Som avslutning i detta avsnitt finner du ett verktyg jag själv använt mig av de senaste femton åren i mitt ledarskap, jag kallar det för kvartalsreflektion vilket är en form av egenreflektion.

Detta har hjälpt mig massor i mitt ledarskap (och även på ett mänskligt plan, att förstå mig själv bättre) och jag hoppas det kan vara till stor nytta för dig också. Räkna med att det tar 2-3 timmar i en lugn miljö. Har du svårt att se att varje kvartal fungerar i din nuvarande vardag, gör det då varje halvår, förslagsvis före semesterperioden och före julen.

Har du en ledningsgrupp, betona också vikten för dem att ta sig tid för detta eftersom det med största sannolikhet kommer att göra att dem lär känna sig själva bättre.

Har du/när du har en självgående, mogen och trygg entitet är det väldigt fördelaktigt att även sprida vikten av egenreflektion för dem för att det är viktigt för dig som ledare att de reflekterar över sitt arbete, kulturen och välmående. Egenreflektion är ett konkret verktyg som odlar en värdebaserad kultur.

1. Egenreflektion över dig själv som människa:

- *Hur har jag hanterat stress och utmaningar under det senaste kvartalet?*
- *Vilka personliga framsteg har jag gjort under det senaste kvartalet?*
- *Vilka personliga utmaningar har jag mött under det senaste kvartalet?*

2. Egenreflektion över dig själv som ledare:

- *Hur har jag hanterat utmaningar och svårigheter som ledare under det senaste kvartalet?*
- *Vilka framsteg har jag gjort som ledare under det senaste kvartalet?*
- *Vilka områden behöver jag förbättra mig i som ledare?*

3. Egenreflektion över din roll:

- *Hur har jag hanterat min roll som ledare för min entitet under det senaste kvartalet?*
- *Vilka framgångar har min entitet haft under det senaste kvartalet och hur har jag visat min uppskattning?*
- *Vilka utmaningar har min entitet mött under det senaste kvartalet och hur har jag hjälpt dem att övervinna dessa?*

4. Egenreflektion över återhämtning:

- *Hur har jag tagit hand om min egen hälsa och välbefinnande under det senaste kvartalet?*
- *Vilka aktiviteter har jag gjort för att koppla av och återhämta mig under det senaste kvartalet?*
- *Vilka förändringar behöver jag göra för att förbättra min återhämtning under nästa kvartal?*

5. Egenreflektion över kommunikation och samarbete:

- *Hur har jag kommunicerat med min entitet under det senaste kvartalet? Har jag varit tydlig och effektiv i min kommunikation?*
- *Vilka framgångar har min entitet haft när det gäller samarbete under det senaste kvartalet, hur uppmärksammade jag dem?*
- *Vilka utmaningar har uppstått i kommunikationen eller samarbetet, och hur har jag arbetat för att lösa dem?*

6. Egenreflektion över mitt självledarskap:

- *Har jag haft min vision i fokus i mitt sätt att leda mig själv?*
- *Vilka situationer har funnits där jag känt att jag har lett mig själv på det sätt jag vill och där jag inte lyckats fullt ut?*
- *Hur har det speglat mitt beteende och mina handlingar?*

7. Egenreflektion över professionell utveckling:

- *Vilka nya kunskaper eller färdigheter har jag utvecklat under det senaste kvartalet?*
- *Har jag tagit del av några utbildningar, seminarier, mentorskap eller workshops för att förbättra mina ledaregenskaper?*
- *Vilka områden vill jag fortsätta att utveckla under nästa kvartal?*

8. Egenreflektion över mål och framsteg:

- *Har jag uppnått de mål jag satte upp för mig själv och min entitet under det senaste kvartalet?*
- *Vilka framsteg har jag och min entitet gjort mot våra övergripande mål och har jag bekräftat dem?*
- *Finns det några justeringar eller förbättringar som behöver göras för att öka sannolikheten att nå våra mål?*

9. Egenreflektion över ledarskap och feedback:

- *Hur har jag gett feedback och stöttat mina lagmedlemmar under det senaste kvartalet?*
- *Har jag skapat en miljö där uppskattande och utvecklande feedback är välkommet och uppmuntras?*
- *Vilka förbättringar kan jag göra när det gäller mitt ledarskap och min förmåga att ge feedback?*

10. Egenreflektion över tidsstyrning och prioriteringar:

- *Hur har jag hanterat min tid och prioriteringar under det senaste kvartalet?*
- *Har jag varit effektiv i att fokusera på de viktigaste uppgifterna och undvika distraktioner?*
- *Finns det några förbättringar jag kan göra när det gäller att organisera min tid och prioritera arbetsuppgifterna?*

11. Egenreflektion över balans mellan arbete och familj:

- *Hur har jag upprätthållit en balans mellan mitt arbetsliv och mitt familjeliv under det senaste kvartalet?*
- *Har jag spenderat tillräckligt med tid med min familj och tagit hand om mina personliga relationer?*
- *Finns det några justeringar eller förbättringar jag kan göra för att bättre integrera arbete och familjeliv?*

12. Egenreflektion över innovation och förändring:

- *Har jag och min entitet identifierat nya möjligheter under det senaste kvartalet?*
- *Har vi implementerat några förändringar eller förbättringar för att öka effektiviteten och produktiviteten?*
- *Vilka utmaningar har vi stött på när det gäller att driva förändring och innovation, och hur har vi hanterat dem?*

13. Egenreflektion över mitt sätt att kommunicera:

- *Hur aktivt lyssnar jag på åsikter idéer och bekymmer? Visar jag genuint intresse och empati? Kan jag lyssna mer uppmärksamt?*
- *Skapar jag en trygg miljö? Hur har jag hanterat konflikter och svåra samtal? Ger jag utrymme för mina lagmedlemmar att uttrycka sina åsikter och känslor? Lyssnar jag öppet på olika perspektiv och försöker jag förstå andras synpunkter?*
- *Skapar jag förutsättningar för delaktighet och öppen kommunikation? Hur har jag främjat en kultur av öppen kommunikation och lyssnande inom min entitet? Finns det situationer jag behövt stå upp för olikheter och jämställdhet, hur har jag hanterat dessa situationer? Har jag för att främja en värdebaserad kultur med öppen kommunikation skapat utrymme för regelbundna möten och diskussioner där alla kan dela sina tankar och idéer? Uppmuntrar jag aktivt lyssnande och ömsesidig respekt? Vilka ytterligare åtgärder kan jag vidta för att främja en stark kommunikationskultur?*

Egenreflektion: Värderingsstyrt ledarskap.

A. *Reflektera över de senaste tre månaderna och identifiera vilka situationer som har varit särskilt utmanande eller framgångsrika. Fundera över hur du agerade i dessa situationer och om det finns något du skulle ha gjort annorlunda med bas i dina moraliska principer och värderingar.*
B. *Reflektera över de utmaningar som din entitet stött på under det senaste kvartalet. Fundera över om du har agerat i enlighet med dina värderingar, varit autentisk, och om det finns något du kan utveckla.*
C. *Reflektera över vilka åtgärder du har vidtagit för att stärka den värdebaserade kulturen under det senaste kvartalet. Fundera över om det finns åtgärder du kan vidta för att främja och stärka den värdebaserade kulturen inom din entitet.*

Egenreflektion: Situationsbaserat ledarskap.

A. *Reflektera över de olika situationer som har uppstått under det senaste kvartalet där du har behövt använda ditt situations- baserade ledarskap. Identifiera vilka specifika situationer där du har använt de olika ledarskapsstilarna. Reflektera över om du har valt rätt ledarskapsstil för varje specifik situation.*
B. *Fundera på hur du har använt den stödjande ledarskapsstilen. Har du aktivt stöttat och uppmuntrat dina lagmedlemmar? Har du skapat en trygg och positiv arbetsmiljö? Fundera över om det finns några situationer där du kan bli bättre på att vara mer stödjande på individ- och entitetsnivå.*

C. Reflektera över hur du har använt <u>den coachande ledarskapsstilen</u>. Har du hjälpt dina lagmedlemmar att utveckla sina färdigheter och nå sina personliga och gemensamma mål? Har du gett feedback och stöttat dem i deras utveckling? Fundera över om det finns några tillfällen där du kan bli bättre på att vara mer coachande, kan du utmana på andra sätt som passar deras individuella behov bättre för att få dem att utvecklas och växa?

D. Reflektera över hur du har använt <u>den styrande ledarskapsstilen</u>. Har du tydligt kommunicerat förväntningar och mål för din entitet och i personliga samtal? Har du tagit beslut och gett riktlinjer för att guida din entitet? Fundera över om det finns några situationer där det krävs att du är mer tydlig och styrande.

E. Fundera över hur du har använt <u>den delegerande ledarskapsstilen</u>. Har du delegerat uppgifter och ansvar till dina lagmedlemmar för att främja deras utveckling och engagemang? Har du visat tillit för deras förmåga att utföra sina uppgifter? Finns det tillfällen då du detaljstyrt efter att du tydligt delegerat ut en uppgift med en deadline, fråga dig själv varför? Fundera över vid vilka tillfällen detta skett. Finns det ett mönster i ditt sätt att delegera som inte är fullt effektivt i en värdebaserad, tillitsbaserad miljö?

Reflektion, avsnitt D

1. Stanna upp om du får en dålig känsla i magen och reflektera; har du brutit mot dina värderingar, dina moraliska principer, din moraliska kompass? Finns svaret i dina svar på sidan 90; i moral/etik/om du är autentisk/står du upp för din integritet?

2. Reflektera över din djupaste värderingar. *Vad skulle du aldrig göra?*

3. Kompromissar du med dina innersta värderingar, hur yttrar det sig inombords och till din omgivning?

4. Reflektera över din identitet, bilden du har av dig själv. Är det den bilden du vill ha av dig själv? Kan du använda självledarskap som stöd, där du synliggör nu-läget, vilken bild vill ha/vart du vill komma/känna/se, och sätta upp egna strategier hur du tar dig dit?

5. Hur är det med din bekvämlighetszon? Utmanar du kontinuerligt dig själv genom att prova nya saker så du kan skönja din egentliga potential?

6. Leder du främst med måltal eller genom att skapa engagemang i din entitet?

7. Har du lagt upp en strategi kring värderingsstyrt ledarskap?

8. Du kan förändra kulturen, har du en plan för hur?

Du är framme vid det sista avsnittet för det jag ser som grunden. Att situationsbaserat leda på 2020-talet där hänsyn tas till kulturskiften, människors behov, och att en anpassning i ledarskapet är på plats för att kunna skapa inre motivation oavsett bakgrund eller kultur. Vi är framme vid det sista valet.

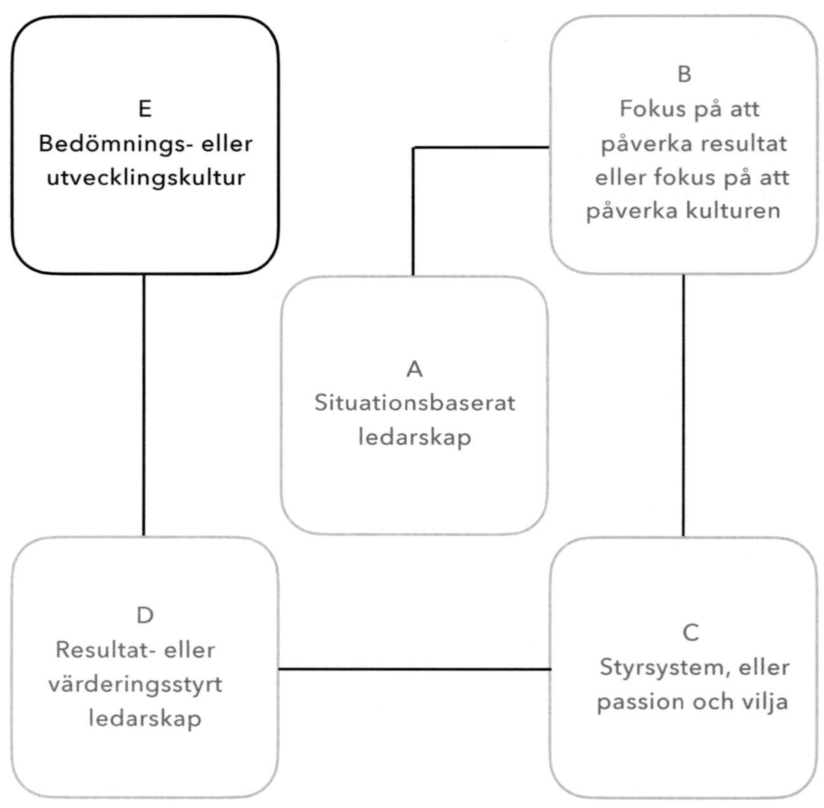

E
Bedömnings- eller utvecklingskultur

En verksamhet mår aldrig bättre än ledarskapet.
Niclas Timmerby

Detta avsnitt, precis som avsnitt C, är ett val där den organisation du är en del av styrs och leds ett specifikt sätt. Det kan vara baserat på traditioner, gamla värderingar eller nya principer som präglar hela entiteten. Men du känner dig kanske ensam, eftersom du är ytterst lojal men drivs av inre moraliska aspekter och värderingar att leda på ett annat sätt?

Det är en nästan obeskrivligt stor skillnad att leda i en bedömnings- eller en utvecklingskultur. Detta är ännu ett viktigt val för dig i ditt ledarskap. Jag vill betona *ditt ledarskap*. Det går att läsa överallt om olika ledarskapsstilar men till syvende och sist är det ju du själv som står inför ett helt övergripande val:

1. *Leder du autentiskt? Har du hittat ditt unika och genuina sätt att leda som du känner dig trygg i och mår bra i?*
2. *Eller leder du "per automatik" av andra människors sanningar, andra människors ledarskap, erfarenheter, synsätt, principer, gamla kulturer, policys eller till och med värderingar?*

Jag värnar djupt om din unikhet, det är därför jag beskriver avsnitt B-E som val. Om du inte väljer den väg du skall vandra själv, lever du efter någon annans sanning. Jag visar dig olika val sedan är det upp till dig. Var varsam i ditt ledarskap mot dig själv, välj de vägar som du känner landar tryggt sida vid sida med dina moraliska principer och värderingar, men *led på ditt sätt*. Hitta vägar och våga misslyckas så det kommer från dig, är det genuint märker din entitet att det är äkta och ärligt. Endast när du visar dig sårbar, är genuin och äkta kan du förändra människors perspektiv och därigenom kulturen.

"En verksamhet mår aldrig bättre än ledarskapet."
Jag går tillbaka till mitt tidigare citat. Ledarskap är det
snabbaste sättet att nå god arbetsmiljö, att få en entitet att vilja
sträva mot visionen, att vilja bidra, för lojala kunder, lönsamhet,
produktivitet och effektivitet.

Ledarskapet bestämmer takten för allt i en entitet, därav mitt
citat att en verksamhet aldrig mår bättre än ledarskapet. Är
ledarskapet motiverande, är lagmedlemmarna motiverade och
vice versa.

"En ledare i en utvecklingskultur är en visionär som kan se potentialen
hos sina medarbetare och hjälpa dem att växa och utvecklas.

Att skapa en kultur där lärande och utveckling är en del
av vardagen och där medarbetarna känner sig stöttade
och uppmuntrade att ta egna initiativ."
- Ken Blanchard

Om vi tar motivation som ett exempel:
Motiverar, inspirerar och stödjer ledaren sina lagmedlemmar
skapar det över tid engagemang vilket påverkar arbetsmiljön
positivt. Med en motiverande kultur och en positiv arbetsmiljö är
sannolikheten högre att entiteten kan nå framgångsrika resultat.
Det är logiskt.

Är ledaren inte motiverande, inspirerande och stödjande speglar
lagmedlemmarna denna faktor över tid vilket påverkar kulturen,
arbetsmiljön, atmosfären, passionen, viljan, och allt annat som
skapar entitetens framtida resultat . Det är också helt logiskt.

Detta gäller allt du som ledare sänder ut till din entitet.

Du som ledare är så viktig och betydelsefull. Som det väldigt gamla citatet av filosofen, talaren och politikern från antikens Rom, Marcus Tullius Cicero som levde från år 106 f.Kr. till 43 f.Kr: *"Det du sår kan du skörda"*. Så lång tid har gått, och så många historiskt har använt detta citat. För att nämna några; Mahatma Gandhi i sin självbiografi 1927, Martin Luther King Jr har använt citatet i flera tal och skrifter under 1950-1960-talet. På senare tid har bl.a. Oprah Winfrey, Steve Jobs och Michelle Obama använt detta otroligt insiktsfulla citat. Det borde sitta i en tavelram i alla hem och på alla arbetsplatser som en ödmjuk påminnelse från begynnelsen av vår tideräkning (år 1 eKr. enligt den kristna traditionen) till oss och till senare generationer.

"Det är inte det du sagt, gjort eller åstadkommit som visar hur bra du varit som ledare.

Det är hur många som vuxit av ditt ledarskap.

Ledarskap handlar inte om siffror, utan om människor."
- Niclas Timmerby

Var väldigt varsam, tänk på din superkraft.

I ditt ledarskap, vilket lag du än får den stora förmånen att verka inom som en ledare; hemma, i ditt ev. föräldraskap, på arbetsplatsen, i en förening eller bland släkt och vänner. Ta dig tid att med jämna mellanrum reflektera; *"är jag en förebild?"*, *"är jag ett föredöme?"*, *"är jag en ledare?"*.

Visualisera dig själv i din superhjältekostym och fundera över din oerhörda superkraft, att du har förmågan och kraften att påverka människor. Så vad sänder du kontinuerligt in till dig själv och ut till din omgivning? Vad vill du skörda för någonting med det du sår? Du formas av det du sänder ut och det blir en del av din din identitet. Din identitet präglas av paradigmer. Din omgivning påverkas av det du sänder ut och som ledare skapar det ditt rykte som ledare. Var varsam. **Det du sår kan du skörda.**

Självinsikt.

Jag skrev ett citat för åtta år sedan:

"Om världen skulle vända sig åt ditt håll för en dag och beakta ditt beteende och attityd; vad skulle du lära världen då?"

Det var när jag studerade den otroliga nyttan av självinsikt som ledare. Min sanning i livet fram tills dess var att självinsikt är: att vara medveten om mina styrkor och svagheter som människa. Sedan blev jag snart medveten om att det är väldigt många faktorer som tillsammans skapar en god självinsikt. Här har jag skalat ner god självinsikt till sex huvudsakliga delar.

1. *Jag är medveten om mina styrkor och svagheter, värderingar och övertygelser.*
2. *Jag kan identifiera och förstå mina egna tankar, känslor, beteenden och motiv.*
3. *Jag har förmågan att se hur mitt beteende, min attityd (mina signaler) och mina handlingar påverkar andra människor.*
4. *Jag har förmågan att ha en realistisk och klar förståelse av mig själv.*
5. *Jag kan se mig själv objektivt utan att förvränga verkligheten.*
6. *Jag är medveten om vad jag förmedlar till omvärlden.*

- *Den enda som kan ta ansvar för din självinsikt <u>är du</u>.*
- *Den enda som kan förstå, reflektera, påverka och förändra graden av din självinsikt <u>är du</u>.*

Ett fantastiskt verktyg till dig.

När jag höll i en föreläsning fick jag en fråga från en deltagare; *"Hur skall jag enklast göra för att ha god självinsikt, för det är svårt när livet bara springer förbi med alla måsten?"*

Och utan att tänka alls svarade jag direkt där i stunden, och det kan vara det klokaste jag någonsin fått insikt i:

"Om du går in i alla situationer i livet med ödmjukhet, i privat- eller yrkeslivet eller vilken annan situation som helst, får du per automatik god självinsikt på den allra högsta möjliga nivån."

För det är verkligen så, om du bestämmer dig här och nu, att nästa gång du är i kontakt med en människa oavsett om människan är i rummet eller du skall kommunicera via telefon, sms, e-post eller annat. Att när du "går in i situationen", att du då gör med ödmjukhet. *Att vara ödmjuk innebär att du är fullt medveten om att du inte är mer värd eller bättre än någon annan på hela planeten. Och empatiskt i din ödmjukhet; att du lyssnar aktivt och har förmågan att kunna sätta dig in i en annan persons känslor, perspektiv och upplevelser samt vara lyhörd och visa öppenhet och respekt för andras åsikter och synpunkter.*

Jag hörde en sådan fin berättelse om ödmjukhet och självinsikt. Jag vet inte om den är sann, men i detta sammanhang har just äktheten mindre betydelse: *En fråga ställs till en grupp vuxna; "Om ni fick ett extra par ögon, var hade ni satt dem någonstans då?" Det vanligaste svaret de vuxna gav var: i nacken. Samma fråga ställdes till ett barn som svarade; "vad skall jag med dem till? Jag har ju redan ögon, jag skulle gett dem till en blind.".*

Att vara ödmjuk kan också innebära att avstå från något för att en annan människa behöver det mer, att ha förmågan att se, uppfatta och vara medveten om andras behov och vara villig att ge upp eller avstå från något för att hjälpa eller stödja någon annan. Till exempel att ge upp en plats i kön, dela med sig eller ge upp en möjlighet för att någon annan som har mer glädje av möjligheten får ta del.

Om du som ett fiktivt exempel är ödmjuk i en affär ser du den där människan som kanske är stressad med två varor i handen som raskt försöker ta sig till kassan, med ödmjukhet har du sett människan och kan med ett leende släppa din plats först i kön. När du är på väg ut från affären ser du en folksamling som står runt en äldre människa som ligger ner på asfalten. Du går närmre och ser då att den stressade människan i affären hade köpt de båda flaskorna vatten till den äldre för att den skall kunna få i sig vätska eftersom han inte mår bra. Du ser att det är många där som hjälper till och du hör att ambulans är på väg, så du går vidare. När du nästan passerat folksamlingen ser den stressade människan dig, och nickar omsorgsfullt mot dig.

Självinsikt och ödmjukhet = Identitet och karaktär.
En av de sju faktorer som tillsammans skapar ditt självkoncept är självmedvetenhet. ***Det är intressant att både, att vara ödmjuk och att ha självinsikt ingår i självmedvetenhet.***

(Självmedvetenhet ingår, som du läst tidigare, i ditt självkoncept. Teorin utvecklades av psykologen Carl Rogers och publicerades 1951. Han beskriver i boken Client-Centered Therapy, self-concept som den bild och uppfattning en individ har av sig själv, inklusive sina egenskaper, färdigheter och värderingar. Carl

Rogers arbete har haft stor påverkan inom psykologin och terapin, och har bidragit till förståelsen om människors självuppfattning och självkänsla.)

Förutom dessa två fantastiska verktyg i livet, självinsikt och ödmjukhet, ingår även kortfattat följande i självmedvetenhet; *att vara medveten om dina värderingar, att vara medveten om dina mönster (beteenden/attityder) du omedvetet och medvetet följer i livet, och att vara medveten om de egenskaper du har som skapar din karaktär.*

Det du ser som dig själv just nu, bilden du ser av dig själv just nu, "sanningen" eller paradigmen du tänker om dig själv just nu, är din **identitet.**

Alla små, små, små egenskaper du har, skapar din **karaktär,** *din karaktär är det andra människor uppfattar och ser som du.*

Tänk att det räcker att förändra bilden av hur du ser dig själv för att förändra din identitet och din sanning. Jag tänker på hur jag för bara två dagar sedan kickade boll med ett barnbarn som bara använde högerfoten. Jag inspirerade honom att prova att använda vänster fot, han sade att *"det kan jag inte"*. Jag sade åt honom att prova och några minuter senare såg jag honom le för han kunde ju. Han bytte sanning, en liten del av hans identitet och självkoncept förändrades på några få minuter. Han kunde något han inte trodde han kunde, han bytte paradigm.

Ett annat barnbarn har precis börjat sova i sitt eget rum, det blev x antal stökiga nätter då föräldern tålmodigt fick bära tillbaka barnet. Sedan, helt plötsligt, fungerar det och barnet kan sova i sitt eget rum. En sanning är bytt till en annan sanning och det går att se stoltheten inom barnet när han glatt berättar att han kan sova i sitt eget rum. Identiteten och självkonceptet är förändrad, barnet växer i sina egna ögon, ett stort steg till självständighet. Jag skrev i "Visa Guldet": *Meningen med livet är inte att försöka förändra sig själv. Meningen med livet är att förändra synen på sig själv. Det är en väsentlig skillnad, för när vi människor försöker förändra oss själva gör vi det oftast för andras skull. För att vi vill passa in och vara till lags, för att vi helt enkelt vill vara omtyckta och älskade. När du arbetar med att förändra din syn på dig själv förändrar du i samma ögonblick ditt självkoncept (din identitet, det du ser som dig själv). När vi förändrar synen på oss själva förändras hur vi ser på oss själva och våra förmågor, och även hur andra ser på oss. Det kräver insikter och det krävs mod. Utan förändring kan det aldrig ske någon utveckling. Ju mer du utmanar dig själv och dina inlärda sanningar, desto mer växer du.*

"Vi vet att vår utveckling går framåt, när vår självinsikt inte längre kommer efteråt."
- Niclas Timmerby

Så med denna insikt, har du självinsikt?

Ödmjukhet och självinsikt är verkligen bästa kompisar. De påverkar konstant ackumulerat varandra vilket är helt fantastiskt då effekten blir väsentligt högre än om du bara tänker eller har fokus på en aspekt. *Har du fokus på ödmjukhet "får du" per automatik självinsikt. Har du självinsikt är du ödmjuk.*

Självinsikt är det verktyg som är viktigast för dig som människa och ledare. Det tar dig dit du vill vara och mot dina mål.

Du minns stegen, i punkt 2 i självledarskap: du har ett *nu-läge* och du har en glasklar **målbild** med ditt ledarskap (eller något annat i livet, för din hälsa, ekonomi, relationer eller din egna utveckling), samt **strategier** hur du stegvis tar dig till din målbild.

Jag tycker Martina Navratilova när hon stod på toppen av sin karriär visade otroligt stor självinsikt när hon sade: *"Ju bättre jag blir, desto mer inser jag hur mycket bättre jag kan bli."*

Det är därför jag har med egenreflektion för dig efter varje avsnitt och kapitel, för att skapa insikt och självinsikt. För att du kontinuerligt skall kunna utvecklas, krävs självinsikt för att du medvetet skall kliva ut från din bekvämlighetszon och se dig själv, ditt beteende, attityd och handlingar utifrån ett helikopterperspektiv.

> *"Självinsikt är början till all visdom."*
> *- Aristoteles, grekisk filosof (384-322 f.Kr.*

Reflektion är ett
ypperligt sätt att skapa självinsikt och en djupare förståelse över dig själv som människa.

Hur är min ledarskapsstil i detta sammanhang?
Leder jag i relation till en bedömnings- och utvecklingskultur?
På följande två sidor har du ett självskattningsformulär med arton påståenden där du i lugn och ro kan reflektera. Svarar du "ja" leder du idag i relation till en utvecklingskultur. Ta dig tid att reflektera över hur du kan agera annorlunda i framtida situationer när du svarar "nej" på påståenden.

1. *Jag ger regelbunden feedback till mina lagmedlemmar.*

Ja   Nej

2. *Jag tar mig tid att lära känna mina lagmedlemmar och deras behov, intressen och mål.*

Ja   Nej

3. *Jag kommunicerar tydligt och effektivt med mina lagmedlemmar och lyssnar aktivt på deras synpunkter och åsikter.*

Ja   Nej

4. *Jag uppmuntrar mina lagmedlemmar att ta initiativ och prova nya idéer.*

Ja   Nej

5. *Jag fokuserar på att identifiera och utveckla mina lagmedlemmars styrkor och positiva sidor.*

Ja   Nej

6. *Jag ger mina lagmedlemmar möjlighet att lära sig från sina misstag och växa genom dem.*

Ja   Nej

7. *Jag främjar en öppen och ärlig kommunikation där mina lagmedlemmar känner sig trygga att uttrycka sina åsikter och tankar.*

Ja   Nej

8. *Jag ger mina lagmedlemmar möjlighet att delta i beslutsfattandet och påverka sin egen arbetsmiljö.*

Ja   Nej

9. *Jag ser till att mina lagmedlemmar känner sig uppskattade och erkända för deras bidrag.*

Ja   Nej

10.Jag uppmuntrar och stödjer mina lagmedlemmars professionella utveckling och lärande, och uppmuntrar även mina lagmedlemmar att ta eget ansvar för sin egna utveckling och karriär.

Ja   Nej

11.Jag visar respekt och empati gentemot mina lagmedlemmar och behandlar dem med värdighet och integritet.

Ja   Nej

12.Jag försöker skyndsamt lösa konflikter och missförstånd på ett konstruktivt sätt och undviker att skapa en negativ arbetsmiljö.

Ja   Nej

13.Jag främjar en kultur där misstag ses som möjligheter till lärande och förbättring.

Ja   Nej

14.Jag erbjuder stöd och vägledning för mina lagmedlemmar när det behövs.

Ja   Nej

15.Jag skapar en miljö där mina lagmedlemmar känner sig trygga att utmana befintliga processer och föreslå förändringar.

Ja   Nej

16.Jag försöker ge mina lagmedlemmar möjlighet att utveckla och använda sina unika talanger och kompetenser.

Ja   Nej

17.Jag är öppen för att ta emot ärlig feedback och reflekterar över min egen ledarskapsstil regelbundet.

Ja   Nej

18.Jag tar personligt ansvar för att skapa en positiv och inkluderande arbetskultur där alla känner sig välkomna och respekterade.

Ja   Nej

Som du kunde se fanns utrymme att få göra misstag vid två påståenden. Detta är för att faktorn att skapa en kultur som främjar initiativtagande för din entitet och tillåter misslyckanden och misstag gynnar; *inre motivation, delaktighet och att känna tillit för sin ledare.* Tre otroligt fundamentala aspekter i ett ledarskap som skapar förutsättningar för att leda idag.

En utvecklingskultur gynnar arbetsmiljön i stort, ryktet för organisationen som helhet och bidrar till stolthet och att lagmedlemmar vill stanna kvar på sin arbetsplats.

Att skapa en accepterad feedback-kultur.
Varför jag skrev om feedback som påstående nummer ett *(Jag ger regelbunden feedback till mina lagmedlemmar.)* är för att feedback hänger ihop med ordet utveckling. *Kan du skapa en accepterad feedback-kultur i din entitet kommer det att skapa utveckling.* Det är som rätt nyckel till rätt lås, som att en fågel har vingar för att kunna flyga eller att hitta pusselbiten som saknas.

Den största fördelen med en accepterad feedback-kultur.
<u>Att din entitet kan ha högt i tak på riktigt, vilket innebär att alla accepterar feedback för att de vill växa i sina respektive roller.</u>

Jag vill börja med att visa på tio skillnader mellan en bedömningskultur och utvecklingskultur. Reflektera för att få ytterligare substans kring detta viktiga ämne. Självklart finns det alltid en kombination av dessa när du stöter på olika situationer och olika sammanhang i ditt ledarskap. Frågan är: vilket är ditt huvudsakliga val?

Utvecklingskultur	Bedömningskultur
Feedback Ges kontinuerligt och konstruktivt för att stödja individens utveckling. Naturligt som en möjlighet till lärande och förbättring.	**Feedback** Ges ofta i form av bedömningar och poängsättning. Formellt och mer inriktat på att bedöma prestationer och resultat snarare än att främja utveckling.
Toleransnivå och tillit: En hög toleransnivå för misstag och felaktigheter skapar hög tillit till ledarskapet. Misstag ses som en del av lärande-processen och används som en möjlighet att växa och förbättra.	**Toleransnivå och tillit:** Lägre tolerans för misstag och felaktigheter. Misstag kan ses som negativa och kan påverka bedömningen av individens prestation vilket skapar låg tillit till ledarskapet.
Kommunikation Öppen och transparent kommunikation för att underlätta samarbete.	**Kommunikation** Kommunikation kan vara mer hierarkisk och fokuserad på att rapportera resultat.
Ledarskap Ledare fungerar mer som mentorer och stödjer individens utveckling.	**Ledarskap** Ledare fungerar mer som bedömare och bedömer individens prestationer.
Egenreflektion Uppmuntrar lagmedlemmar och chefer till egen egenreflektion för att främja personlig tillväxt, samt att samtala med närmaste chef efter egenreflektion.	**Egenreflektion/Bedömning** Det som erbjuds lagmedlemmar och chefer är att dela sina tankar anonymt, vanligt är också extern digital bedömning och utvärdering.

Utvecklingskultur	Bedömningskultur
Fokus Fokuserar på att främja och stödja individens tillväxt och lärande. Det betonas att identifiera och utnyttja potentialen hos varje individ.	**Fokus** Fokuserar på att bedöma och utvärdera individens prestationer och resultat. Det betonas att mäta och jämföra prestationer med standarder eller normer.
Belöningssystem Belöningar baseras på individens framsteg, initiativ och utveckling.	**Belöningssystem** Belöningar baseras på individens uppmätta prestationer och resultat.
Arbetsmiljö En miljö som främjar lärande, kreativitet och innovation. Flexibilitet eftersträvas för att möjliggöra individens utveckling och lärande.	**Arbetsmiljö** En miljö för att upprätthålla standarder och uppnå resultat. Fokus kan vara mer på att följa förutbestämda processer och rutiner.
Karriärutveckling Erbjuder möjligheter till karriärutveckling genom att främja lärande, tillväxt och breddning av kompetenser.	**Karriärutveckling** Fokus kan vara mer på att bedöma individens prestationer och erfarenheter för att fatta beslut om karriärmöjligheter.
Långsiktigt perspektiv Fokuserar på individens långsiktiga utveckling och tillväxt. Det betonas att investera i individens potential och skapa en miljö som främjar kontinuerlig utveckling.	**Långsiktigt perspektiv** Fokuserar mer på kortsiktiga resultat och prestationer. Det kan vara mer inriktat på att bedöma prestationer baserat på specifika mål eller krav.

Sammanfattning. I en utvecklingskultur uppmuntras individens personliga och professionella tillväxt samt initiativ och intentioner, medan en bedömningskultur är mer inriktad på att bedöma och utvärdera individens prestationer och resultat.

Processen att skapa en feedback-kultur.
1. Feedback är utveckling genom omtanke,
2. Varför en feedback-kultur?
3. Det centrala inom feedback.
4. Vilken feedback-modell är att föredra?
5. De fyra nivåerna av feedback, samt insikt i reaktionstrappan.
6. Processbeskrivning/workshop för att implementera en accepterad feedback-kultur.

1. Feedback är utveckling genom omtanke.
Du ger feedback av omtanke eftersom du vill se människan växa. Om du leder genom att fokusera på att utveckla människor istället för att bedöma människor, tillåter du lagmedlemmarna att misslyckas när du delegerar en uppgift vilket de per automatik känner i utvecklingskulturen du skapat.

Du berömmer intentioner och ger stöd för utveckling genom feedback vilket innebär att entiteten vågar ta initiativ och prova saker igen = Dina lagmedlemmar och din entitet utvecklas och växer i en mycket snabbare takt än i en bedömningskultur.

När ditt fokus som ledare är på att utveckla är du redan på god väg att skapa en utvecklingskultur. En entitet som är trygg i denna kultur är redo att gå till nästa steg, en accepterad feedback-kultur.

2. Varför en feedback-kultur?

Du som ledare vill använda feedback på ett naturligt och accepterat sätt i vardagen för att få ut det bästa av dina lagmedlemmar. Du vill ärligt kunna berätta vad du ser i vardagen som kan utveckla personen.

Alla feedback-modeller är i själva verket förändringsmodeller.
Grunden i uppskattande och utvecklande feedback är att du vill:

- *Bygga förtroende och stärka relationer genom att erkänna och uppskatta prestationer, intentioner och bidrag.*
- *Skapa en positiv arbetskultur där uppskattning och positiv förstärkning främjar inre motivation, engagemang, samarbete och objektivt perspektiv hos medarbetarna.*
- *Främja lärande och personlig utveckling genom att identifiera områden för förbättring och ge konkreta åtgärdsförslag.*
- *Stödja tillväxt och framsteg genom konstruktiv kritik och vägledning för att uppnå mål och förbättra färdigheter.*

3. Det centrala inom feedback.

Det finns några centrala delar i en metodik som är viktiga att få på plats för framgångsrik feedback. Feedback följer ett tydligt mönster som känns igen. *Min rekommendation inom feedback är, krångla inte till det. Min erfarenhet är att för många saker att "tänka på" riskerar att ta bort det naturliga i att ge och ta emot feedback. Är det enkelt och naturligt att ge feedback, är det enkelt och naturligt att ta emot feedback. Feedback ges av omtanke, inte för att det står att det skall ingå i en arbetsbeskrivning. Ledarskap handlar om att få människor att växa, så även inom feedback. Det är viktigt att även du ber om feedback från människor i din närhet för din egen utveckling.*

Här är de fyra viktigaste sakerna att tänka på
för den som ger feedback:

1. <u>Ta samtalet så skyndsamt som möjligt efter situationen/
beteendet.</u>
    1. *Du kan inte komma en vecka efter situationen/
    händelsen och förvänta dig att du skall få ett lyckat
    resultat, feedback tas så snart som bara möjligt, ha i
    åtanke att det är sannolikt att mottagaren inte har tänkt
    på sitt beteende eller attityd.*
2. <u>Samtalet tas enskilt.</u>
    1. *Feedback tas med den personen det berör, ingen
    annan. Ditt fokus är att utveckla människan framför
    dig; för att öka sin medvetenhet, utveckla sina
    färdigheter eller kanske förbättra sitt arbete. Tar du
    feedback inför andra är risken stor att (1) mottagaren
    har fokus på vad de andra kanske hör, och (2) det kan
    skapa brist av tillit för dig som ledare såväl från
    mottagaren och dem som hör.*
3. <u>Använd "jag" och "du" i samtalet.</u>
    1. *Skall du få tillit från mottagaren berättar du inte vad
    andra kanske har gjort eller kanske inte har gjort, eller
    kanske sett eller inte sett. Det handlar om två personer,
    inga fler. Använd "jag-form" och "du-form" för att
    förtydliga perspektiv och ansvar. <u>Du</u> klargör att det är
    <u>din</u> personliga uppfattning, det skapar en konstruktiv
    dialog som kan ta mottagaren framåt. Du säger "du"
    för att fokus är på mottagaren och den personens
    personliga utveckling.*

4. <u>Koppla ihop situationen med det beteende du
uppmärksammat.</u>

1. *Du vill tydligt belysa händelsen eller situationen du
   uppmärksammat och du kopplar det tydligt till
   beteendet. Du gör detta för (1) du vill separera
   människan från händelsen/situationen för att på ett
   objektivt sätt undvika att mottagaren känner sig
   attackerad och då intar en försvarsposition. Samt (2)
   när du tydligt kopplar samman faktorerna kan
   mottagaren snabbt få en egen tydlig bild och
   förståelse av sitt eget beteende/sin attityd.*
2. *Efter du belyst, fråga hur mottagaren känner.*
3. *Fokusera på förslag på hur beteendet eller attityden
   kan förbättras och vad vinsten då kan bli för personens
   utveckling.*
4. *Avsluta med att be om en bekräftelse att din feedback
   har mottagits, och säg tack för att personen lyssnat.*

De fyra viktigaste sakerna att tänka på
för den som mottar feedback:

1. <u>Aktivt lyssnande.</u>

1. *Ha fokus på att lyssna och leta efter "guldet". Det är så
   oerhört lätt att hitta fel i ett samtal, letar vi fel så hittar
   vi absolut fel. Inom kommunikation pratar jag därför
   om "Guldet i varje samtal", som ett "ankare" eller
   "standard" jag vill hålla i kommunikation för att visa
   givaren respekt och för min egen utveckling. Letar jag
   efter fel utvecklas jag inte, letar jag efter "Guldet"
   utvecklas jag.*

2. <u>Öppenhet för utveckling.</u>
   1. *När en givare säger att den vill ge feedback är det en verklig gåva för mottagaren. Tänker du som mottagare att det är en gåva i form av gratis utveckling, vilket är helt fantastiskt, skapar det mottaglighet av det som skall delges i form av lyhördhet och förväntan. Lyssna efter "guldet" utan att avbryta, när du hittar "guldet" kommer du att förstå. Om du inte förstår, visa intresse och ställ följdfrågor.*
3. <u>Ställ frågor för att få nödvändiga förtydliganden.</u>
   1. *Ditt fokus som mottagare är att förstå, om du inte förstår kommer inte samtalet att ge någonting av värde för dig eller givaren. Fråga för att få klarhet; "kan du förklara mer i detalj?", "kan du ge fler exempel?", "kan du tipsa mig om konkreta steg jag kan ta för att förbättra mig?", "kan du ge en tydligare bild av vad du förväntar dig av mig?". När du ställer frågor för att du vill förstå visar du som mottagare att du är öppen för feedback på ett konstruktivt sätt.*
4. <u>Tacksamhet.</u>
   1. *Den som ger feedback har tagit sig tid att reflektera och sedan, med omtanke, velat hjälpa till att utveckla en annan människa. Det är något att vara väldigt tacksam över. Att tacka för feedbacken skapar en positiv atmosfär och att givaren får mod och stöttning att fortsatta ge naturlig feedback.*

<u>4. Vilken feedback-modell är att föredra?</u>

Det finns många olika bra modeller för feedback, min rekommendation är att undersöka kompetensen och tidigare erfarenheter inom din entitet, eller om du kan välja, välja den som du känner passar bäst för er utveckling. Det finns många bra, ex; Pendelmodellen, Sandwich-modellen, SBI (situation, behaviour, impact), 360-graders feedback och styrkemodellen.

Den modell jag fastnat för heter Appreciative Inquiry (AI) som skapades av forskarna David Cooperrider och Suresh Srivastva på 1980-talet. Modellen har genom åren fått stor uppmärksamhet och stöd från forskare och praktiker inom områden som organisationsteori, förändringsledning och positiv psykologi, samt inom utvecklande ledarskap, utbildning, socialt arbete och hälso- och sjukvård.

Modellen kan beskrivas så här:
"AI" fokuserar på att identifiera och förstärka positiva aspekter och styrkor hos individer och organisationer istället för att fokusera på problem och brister.

Flera kända entiteter runt om i världen har använt denna modell, bl.a; Apple, Google, NASA, The Coca-Cola Company, General Electric, Royal Dutch Shell, Microsoft, IBM, Boeing, Marriott International, Procter & Gamble, Ford Motor Company, Unilever, Zappos, Johnson & Johnson och Southwest Airlines.

Även flera svenska entiteter har använt AI-modellen, bl.a; IKEA, Volvo Group, Equinor (Circle K), Skanska, H&M, Vattenfall, Skanska och Skandinaviska Enskilda Banken.

<u>Korta fakta kring modellen.</u>

AI-modellen betonar att fokusera på det positiva och att identifiera och bygga vidare på framgångar och styrkor. Genom att skapa en positiv och uppskattande atmosfär kan det leda till ökad motivation, engagemang och kreativitet hos medarbetare och i organisationer.

AI-modellen följer en 4-D-process, som står för Discover (upptäcka), Dream (drömma), Design (formge) och Deliver (leverera). Denna process syftar till att identifiera vad som fungerar bra, visualisera en önskad framtid, skapa en handlingsplan och implementera förändringar. Modellen kan tillämpas inom ex; organisationsutveckling, förändringsledning, teamutveckling, konflikthantering och individuell utveckling. Den kan användas av företag, organisationer, team och enskilda individer och har visat sig vara effektiv för att främja engagemang, motivation och positiva arbetsmiljöer.

AI-modellen har vidareutvecklats, en form heter "The four feedback types" som har utvecklats av forskaren och författaren Anna Carroll (Hon har arbetat fram flera modeller, bland annat den välkända COIN-modellen.) Anna Caroll har i alla fyra nivåer av "The four feedback types" fokus på att utveckla och förbättra prestation.

Jag har stuvat om en smula och lagt till de faktorer som skapar passion och vilja (avsnitt C) samt öppnar upp för moraliska principer och värderingar när jag är involverad i förändringsarbete. Jag kallar detta *"de fyra nivåerna av feedback för alla generationer och kulturer."*

<u>**5. De fyra nivåerna av feedback, samt insikt i reaktionstrappan.**</u>
Ju högre nivå du ger feedback inom, desto mer krävs av dig som ledare i form av träning och förberedelser.

<u>*Nivå 1:*</u>
<u>**Uppskattande**</u> **feedback baserat på en god prestation/en väl utförd arbetsuppgift.** <u>**Något som har med VAD att göra.**</u>
"VAD har lagmedlemmen gjort för att du vill ge beröm?"

Denna form av feedback är jag säker på att du ger din entitet varje arbetsdag, det kan vara att ge beröm och uppskattning för exempelvis:
- En väl utförd prestation.
- Gott samarbete, kamratskap, gott ledarskap.
- Överträffande av förväntningar.
- Betydande framsteg eller förbättringar.
- Hanterande av hög arbetsbelastning.
- Uppvisande av kreativitet, varit lösningsorienterad.
- Hög grad av ansvarstagande, tagit eget initiativ.
- Håller tider.
- Förmågan att kunna prioritera.
- Kontinuitet av bra kvalitet i arbetet.

<u>*Nivå 1 stärker relationer, skapar arbetsglädje och en god arbetsmiljö.*</u>
Att säga: *"<u>Får</u> jag ge <u>dig</u> feedback?"* Och efter att du belyst situationen säger: *"<u>Jag</u> tycker det där var bra gjort av <u>dig</u>!"* skapar så många positiva synergieffekter; motivation, engagemang, stolthet, mod att prova saker utanför bekvämlighetszonen. Lagmedlemmen känner sig sedd,

uppskattad, erkänd och värderad. Ta varje unikt tillfälle som uppstår till att ge uppskattande feedback på nivå 1.

Kommer du ihåg undersökningen på sidan 50 vad medarbetare tycker är viktigast på arbetsplatsen? Det viktigaste var: "att bli sedda". Varje gång du ger feedback på nivå 1 känner dina lagmedlemmar sig sedda och bekräftade.

<u>Nivå 2:</u>
<u>Utvecklande</u> **feedback baserat på en prestation/en utförd arbetsuppgift. <u>Något som har med VAD att göra.</u>**
"VAD kan lagmedlemmen förbättra för att utvecklas?"

Med träning och en metodik framlagd på ditt eget genuina sätt är denna nivå bara marginellt svårare (tuffare) att ge än nivå 1.

Ta som exempel de tio punkterna jag skrev på nivå 1, och tänk att det är ett motsatt scenario. Exempelvis: lagmedlemmen håller inte tider, tar inte ansvar eller har svårt att prioritera.

<u>På nivå 2, belyser du att det finns en förbättringspotential.</u>
(1) Använd "jag" och "du".
(2) Belys tydligt den aktuella situationen/händelsen som inträffat.
(3) Förslag på lösning.
(4) Be om bekräftelse.

<u>Exempel på hur feedback-samtal kan se ut i de tre situationerna:</u>
En lagmedlem håller inte tider, en lagmedlem tar inte ansvar, en lagmedlem har svårt att prioritera.

"Får *jag* ge *dig* feedback? *Jag* tycker det är tråkigt när *du* inte håller tider, imorse var *du* 10 minuter sen till jobbet. *Jag* uppskattar om *du* är snäll och kommer i tid i fortsättningen. Känns det acceptabelt för *dig*?"

"Får *jag* ge *dig* feedback? När *du* pratade med kunden precis hörde *jag* att *du* inte erbjöd en komplementprodukt eller uppgradering. *Jag* vill att *du* utvecklar detta för *din* skull, för kundernas skull och för vårt företags skull. *Jag* är tacksam om *du* är snäll och tänker på det i säljprocessen."

"Får *jag* ge *dig* feedback? När *du* packade fram varor precis såg *jag* att *du* lade de nyaste varorna längst fram, då finns risken att varor behöver slängas för att dem går ut i datum. Vill *du* att *jag* går igenom rutinerna med *dig* igen, eller det räcker med detta samtalet?"

Nu har jag gått igenom de båda nivåer som ger feedback på VAD. Ett beteende eller attityd som har koppling till en prestation eller utförd arbetsuppgift. När du ger gåvan av feedback på nivå 1 och nivå 2 behöver du inte förbereda dig på något speciellt sätt, var bara naturlig. Det enda som behövs är att du förbereder din entitet för en gemensam och accepterad feedback-kultur.

Nu till nivå 3 och nivå 4 på HUR, dessa kräver mer av dig som ledare. Dessa nivåer är inga du gör i förbifarten, du behöver förbereda dig och du behöver förbereda utrymme för reflektion för lagmedlemmen i form av lämplig plats och tid.

Feedback på HUR på Nivå 3 är <u>uppskattande feedback</u> och är ett positivt samtal din lagmedlem aldrig kommer att glömma.

Feedback på HUR på nivå 4 avser <u>utvecklande feedback</u> när det inte finns något positivt exempel. Det finns inget VAD du kan "baka in" som i exempelvis sandwich-feedback där du kan "rama in" din utvecklande feedback mellan uppskattande feedback alternativt positiva kommentarer.

Du behöver som ledare <u>alltid</u> skydda kulturen och ditt lag. Därför belyser du att ett negativt beteende eller negativ attityd på en djupare nivå inte är okej och därför snarast behöver förbättras eller upphöra.

Nivå 4 rekommenderar jag dig att vänta med tills du känner dig helt trygg i naturligt ge feedback och din entitet framgångsrikt arbetat i en feedback-kultur i minst sex månader.

Det fina med att påbörja en feedback-kultur är att när du varit tvungen att ge feedback på nivå 4 och det är framgångsrikt, kan du ge samma lagmedlem feedback på de andra tre nivåerna.

Nivå 1 = Uppskattning för prestation.
Nivå 2 = Små justeringar för att skapa förbättring och utveckling.
Nivå 3 = Uppskattning för människan, innerlig stolthet.
Nivå 4 = Insikter och stor förändring, alternativt omplacering eller avslut.

Att aktivt arbeta upp en accepterad feedback-kultur kommer att skapa tid, respekt och tillit för dig som ledare.

<u>*Nivå 3:*</u>
<u>**Uppskattande**</u> *feedback baserat på en egen drivkraft, motivation och entusiasm att stärka kulturen som en förebild genom sin personlighet och karaktär.* <u>**Något som har med HUR att göra.**</u>
"HUR har lagmedlemmen agerat för att stärka kulturen"

Denna nivå är något alldeles fantastisk, det är här du på riktigt kan förändra människors liv. Det är här du kan få en människa att verkligen tro på sig själv som människa och sina förmågor, brinna ännu mer och få ännu mer passion. Detta feedback-samtal kommer din lagmedlem aldrig att glömma.

Denna feedback-nivå liksom nivå 4 kräver förberedelser av dig i form av tid och en plats där lagmedlemmen får möjlighet till reflektion om den behöver det efter samtalet. Förbered även tid för dig själv för reflektion. Både nivå 3 och 4 kan vara energislukande, trots att de är två helt olika former av samtal.

Vad du skall berömma människan för är inte vad lagmedlemmen gör sett till prestation, utan HUR lagmedlemmen stärker kulturen vilket innebär att lagmedlemmen förstärker/odlar en eller flera av följande otroligt viktiga faktorer; arbetsglädje, arbetsmiljö, engagemang, kommunikation, motivation, kreativitet, välmående och laganda.

Var och en av dessa saker påverkar effektivitet, produktivitet och fokus positivt vilket leder till goda resultat. Så ta dig tid att verkligen berätta hur otroligt betydelsefull din lagmedlem är genom feedback på nivå 3.

<u>Här är två exempel på feedback på nivå 3:</u>

"Får jag ge dig feedback? Jag såg hur du berömde och pushade x till att göra ett fantastiskt arbete och säger till x att du tror på honom/henne. Jag uppskattar dig väldigt mycket, du är så viktig för vårt team och tar stort ansvar på ett ödmjukt sätt. Tack!"

"Får jag ge dig feedback? Jag ser varje dag hur du bjuder på dig själv inför våra kunder. Du ger genuint av din egen personlighet till andra människor och jag ser också hur dem verkligen uppskattar dig. Du gör samma sak till dina kolleger. Jag ville berätta för dig här i enrum hur fantastisk jag tycker du är, tack!"

Var förberedd på att din ledmedlem kan visa väldigt mycket känslor efter att få motta det du känner i enrum, låt reaktionen få ta den tid som krävs, och var inte rädd för att visa dina känslor.

På nivå 3 kan du visa uppskattning för alla mjuka värden personen bidrar med inom din entitet, ex; beteende, attityd, passion, vision, mission, värdegrund, kultur och laganda.

(Du kan senare i boken koppla nivå tre till Maslows behovstrappa/behovshierarki och hur jag gjort om den från mänskliga behov till de behov en lagmedlem behöver känna inombords för att stegvis vilja "klättra" högre upp i trappan.)

Nivå 4:

<u>Utvecklande</u> feedback baserat på att ett beteende eller en attityd demoraliserar kulturen. <u>Något som har med HUR att göra.</u>
"HUR har lagmedlemmen agerat för att försvaga kulturen"

Du minns vad jag skrev om negativa kulturbärare i en entitet? Nivå 4 handlar om att genom feedback, på den högsta och svåraste nivån, stävja detta och få lagmedlemmen att få insikt över vad den orsakar, med ambitionen att skapa förbättring.

En människa (1st) kan demoralisera kulturen och därigenom påverkas stämningen och atmosfären och arbetsmiljön negativt.

"Det är lätt att fästa uppmärksamheten på dem som är högljudda och tar plats.

Men glöm inte de tysta, trygga och lojala. För till sist går dem - medan de som är högljudda och tar plats är kvar."
- Niclas Timmerby

Om du som ledare inte ger feedback på nivå 4 är risken väldigt stor att lagmedlemmen konsekvent fortsätter visa ett ej önskvärt beteende eller dålig attityd, brist på engagemang eller beter sig på ett sätt som underminerar förtroende och samarbete. Utefter min erfarenhet efter att ha arbetat med många lag är det vanligt att den här lagmedlemmen också försöker underminera dig som ledare. En människa räcker för att sänka hela laget. Den största risken är att de bästa, mest utvecklingsbara lag-medlemmarna du har slutar om inget görs åt dem som sakta men säkert monterar ned kulturen och arbetsglädjen.

I alla samtal jag haft med chefer och ledare (och det är många) har 100 procent av dem svarat samma sak när jag ställt frågan; *"På vilka medarbetare lägger du överlägset med tid, energi, fokus och engagemang på?"* De har alla svarat: *"De som egentligen inte vill vara på arbetsplatsen."* När jag ställt följdfrågor utkristalliseras vad det beror på, nämligen att personerna är negativa kulturbärare som genom sitt beteende och attityd påverkar kolleger och kulturen negativt.

Det är här feedback på nivå 4 kommer in i bilden. Jag har skrivit tidigare att feedback är det verktyg som gör att ni kan ha högt i tak på riktigt på arbetsplatsen. *Feedback kanske inte är den slutgiltiga lösningen, för kanske behöver lagmedlemmen och entiteten helt enkelt gå skilda vägar. Den stora du som ledare gjort är att du verkligen tydligt påvisat vad som inte fungerar, du har lyssnat, du har kommit med förslag på en lösning. Om ändå anställningen på något sätt avslutas har du som ledare varit ett föredöme och tydligt agerat för att skapa en förändring/ förbättring så lagmedlemmen kunnat fortsätta sin anställning.*

På nivå 4 använder du samma fyra grundsteg som på nivå 2. Det viktigaste är att du kan få ut vad personer känner inombords för att kunna diskutera förslag på lösning och få till en förbättring.

Här är några grundläggande förslag på hur du kan hantera fyra olika situationer genom feedback på nivå 4. Du får:
(A) Exempel på situation.
(B) Uppstart där du belyser situationen.
(C) Förslag på lösning.
(D) Avslut där du ber om bekräftelse.

(A) Brist på engagemang.

(B) Får jag ge dig feedback? Jag har observerat att du verkar ha tappat ditt engagemang i ditt arbete. Jag vill förstå vad som kan ha orsakat detta och hur vi kan arbeta tillsammans för att öka ditt engagemang. Är det något något specifikt som har hänt som påverkat ditt engagemang? Finns det något jag kan göra för att hjälpa dig att känna dig mer engagerad?

(C) Tack för att du berättar, jag förstår att du har haft svårt att känna dig motiverad och engagerad i ditt arbete när du känner att du står och trampar på samma ställe. Om du vill kan vi boka in ett möte där du och jag diskuterar dina arbetsuppgifter och ser om det finns möjlighet att delegera annorlunda eller mer utmanande arbetsuppgifter till dig?

(D) Tack för att du öppnade upp om vad som har påverkat ditt engagemang. Jag finns här för att stötta dig och hjälpa till att skapa en mer engagerande och produktiv arbetsmiljö för oss alla. Jag tycker det är väldigt bra att du och jag kan ha en öppen kommunikation. Känner du att vi kommit framåt?

(A) Samarbetssvårigheter.

(B) Får jag ge dig feedback? Jag har märkt att du har haft svårigheter med att samarbeta effektivt med dina kollegor på senaste tiden. Jag ser hur det tydligt skapar en spänning inom teamet. Det är viktigt att vi alla arbetar tillsammans för att sträva mot visionen och uppnå våra gemensamma mål. Kan du dela med dig av vilka utmaningar du stöter på när det gäller samarbete?

(C) Tack för att <u>du</u> delar med <u>dig</u> av <u>dina</u> utmaningar så att <u>jag</u> kan får en förståelse av vad <u>du</u> känner. Vi är alla olika och det behöver vi alla hantera med respekt och förståelse. <u>Jag</u> tycker detta är jätteviktigt och <u>du</u> är viktig inom teamet. Vill <u>du</u> att vi bokar in en lunch tillsammans så vi kan prata vidare?

(D) <u>Jag</u> tycker det är så viktigt att vi kan prata om allting, tack igen för att <u>du</u> berättade hur <u>du</u> mår och känner. Reflektera över detta i lugn och ro, så ses vi på lunch i övermorgon, känns det bra för <u>dig</u> att vi hade detta samtal?

(A) Negativt beteende.

(B) Får <u>jag</u> ge <u>dig</u> feedback? <u>Jag</u> har nu hört vid tre separata tillfällen att <u>du</u> har en tendens att prata illa om <u>dina</u> kolleger när de inte jobbar, om deras insats och hur de är som personer. <u>Jag</u> kan inte acceptera denna form av beteende, det skapar en negativ arbetsmiljö och det påverkar vår kultur och arbetsglädje. För <u>mig</u> är det superviktigt att vi alla respekterar varandra och skapar en positiv och stöttande arbetsplats. Kan <u>du</u> berätta varför <u>du</u> pratar illa om <u>dina</u> kolleger?

(C) Tack för att <u>du</u> förstår min bild och delar med <u>dig</u> av <u>dina</u> tankar. <u>Jag</u> vill att <u>du</u> och <u>jag</u> ses fem minuter, en gång i veckan från och med nästa vecka för att kunna prata öppet om hur <u>du</u> kan vara en förebild för vårt team genom bemötande och hur <u>du</u> kan uttrycka <u>dina</u> åsikter på ett respektfullt sätt direkt till personen det berör genom feedback. <u>Jag</u> kommer att stötta <u>dig</u>.

(D) <u>Jag</u> ber <u>dig</u> reflektera över vårt samtal och ber <u>dig</u> försöka fokusera på de positiva sidorna hos <u>dina</u> kolleger och att <u>du</u> aktivt arbetar med att bygga upp en positiv arbetsmiljö. Känns det tydligt för <u>dig</u> att <u>jag</u> vill att vi tillsammans tar oss framåt?

(A) Dålig attityd.

(B) Får jag ge dig feedback? Jag har sett att du uppvisar en dålig attityd gentemot våra kunder, senast nu för fem minuter sedan. Att du ibland himlar med ögonen åt kunder och att du inte säger ett genuint tack när de har handlat skapar en negativ upplevelse för dem och kan påverka vårt företags rykte och kundrelationer. Det är viktigt att vi alla visar respekt och uppskattning gentemot våra kunder. För mig är detta inte acceptabelt, kan du berätta varför du har har denna dåliga attityd?

(C) Tack för att du delar med dig av dina känslor. Att ha en positiv attityd gentemot kunderna är avgörande för att skapa en god kundupplevelse, för att bygga starka kundrelationer och för vårt företags rykte. Jag föreslår att du och jag har ett möte i eftermiddag där vi kan diskutera strategier för att hantera stress och arbetsbelastning på ett mer konstruktivt sätt.

(D) Jag finns här för att stötta dig och hjälpa dig. Du förstår min oro och varför jag ville ta denna feedback med dig direkt?

Jag nämner det igen av omtanke.

Feedback på nivå 4 är den svåraste och tuffaste att ge. Ta med dig in i samtalet att du ger en gåva vilket kräver stort mod av dig som ledare, och att samtalet kan skapa starka känslor både hos givaren och mottagaren. Förbered tidpunkten för samtalet så att mottagaren inte behöver gå till arbetet eller är ledig dagen efter, även om den tydligt säger att det inte är några problem.

Att få tydligt till sig som människa att den behöver förändra sig själv för att kunna fungera inom entiteten är tufft. Det fyra exemplen jag skrev ovan är önskescenarier. Du vet inte om människan stormar ut ur rummet eller höjer rösten mot dig, eller det jag är mest van vid, att människan blir ledsen. Det du ser just där i rummet behöver inte vara den slutliga reaktionen. På ett sätt är det en sorts av trauma mottagaren påbörjar en bearbetning av i det ögonblicket. Mottagaren kommer antagligen aldrig att glömma samtalet, det är av yttersta vikt att du utgår från fakta och förbereder mötet så du är så trygg som möjligt för olika scenarier som kan uppkomma. Framhäv i samtalet att en förändring <u>*kommer*</u> *att skapa en positiv utveckling. Framhäv att du finns där som stöd, att du inte vill skada utan hjälpa. Planera in tid i din kalender för ett enskilt möte med mottagaren i en snar framtid för uppföljning av mående, känslor och tankar.*

Reflektion eller rumination.

Detta är en viktig del att ha kunskap kring som ledare, och inte minst som människa. <u>Egenreflektion är en hälsosam och konstruktiv process</u> där en människa aktivt och väldigt medvetet tänker över en specifik händelse eller situation för att lära sig, växa och kunna hantera liknande händelser och situationer på ett bättre sätt i framtiden. <u>Rumination är en negativ och repetitiv process</u> som inte leder till någon lösning eller förändring. Människan skapar en inre, upprepande process där fokus är på negativa tankar, känslor, bekymmer, misstag, situationer och händelser. Det kan liknas vid att reflektera på ett överdrivet sätt som på sikt kan vara skadligt för välbefinnande och mental hälsa. Att hamna i denna negativa tankecykel där upprepande och analyserande inte upphör kan leda till ångest, stress och nedstämdhet. Det som skapar en negativ dubbel effekt är att rumination också kan hindra människan från att fokusera på lösningar och att hantera problem på ett konstruktivt sätt, eftersom den är fast i sin cykel.

Feedback på nivå 4 kan skapa reflektion eller rumination.
Det är därför det är viktigt att du lägger stor tonvikt och får
accept av mottagaren att en förändring kommer att hjälpa
människan framåt i yrkeslivet, att du är i rummet för att du vill
hjälpa genom att berätta vad du ser och att det är av genuin
omtanke. Det är av stor vikt att du bokar in upprepade möten i
närtid för att följa upp mottagarens utveckling och välmående
(På nivå 4 framför de andra nivåerna, är det ett tecken på
framsteg att mottagaren kan prata öppet och ärligt om sina
känslor för dig). I ditt uppföljningsarbete, beröm små framsteg
och intentioner genom feedback på nivå 1 och stora på nivå 3.
Du kanske behöver hjälpa personen att sätta upp delmål i era
samtal och en bra sak är att du har kommunikation med din
entitets HR-avdelning om extra stöd och insatser krävs.

Om rumination.
Den amerikanska psykologen Susan Nolen-Hoeksema
introducerade begreppet "ruminativt tänkande" (över-
analyserande, eller att fastna i negativa tankemönster) på 1980-
talet och har sedan dess utforskat dess koppling till depression,
ångest och andra psykologiska problem. Hon betonar i sin
forskning att rumination inte bara handlar om att tänka mycket
utan snarare om att fastna i negativa tankemönster och inte
kunna bryta den cykeln. Hennes arbete har gjort betydande
bidrag till förståelsen av rumination och dess effekter på mental
hälsa. Forskningen har påvisat koppling av ruminativt tänkande
med ökad risk för depression, ångest, sömnproblem och sämre
förmåga att lösa problem samt sämre återhämtning från stress
och traumatiska händelser.

Forskare som Susan Nolen-Hoeksema, Katharina Kircanski, Stefan G. Hofmann, Alice Sawyer och Edward Watkins har även gjort studier som påvisar hur en människa kan komma ur ruminitivt tänkande. Detta är något som skall hanteras av terapeuter eller psykologer eftersom alla människor som är i ett ruminitivt tänkande kräver individuellt anpassat professionellt stöd. En terapeut eller psykolog kan hjälpa till att identifiera och hantera rumination genom olika terapeutiska metoder och tekniker.

Dock finner jag det väsentligt att du som ledare som ger feedback, har inblick på en grundläggande nivå för att lättare kunna tolka signaler från dina lagmedlemmar. För att nämna några tillvägagångssätt forskning lagt fram för att bryta ruminationscykeln; KBT (Kognitiv Beteende-Terapi, ACT (Acceptance and Commitment Therapy) och MBCT (Mindfulness-Baserad Kognitiv Terapi). Väldigt kortfattat handlar det om att öka medvetenheten om rumination, att utmana negativa tanke-mönster och att lära sig att släppa taget om negativa tankar genom olika strategier.

<u>**Inledning: Insikt i reaktionstrappan.**</u>
Som en klok, okänd människa sagt; **Feedback är att en människa bryr sig om dig så otroligt mycket att den berättar vad du <u>behöver höra</u>, istället för vad du <u>vill höra</u>**...

Självklart kommer din feedback att skapa en känsla som leder till en reaktion inom mottagaren. Det kan vara därför denna "trappa" har som många olika namn, jag har hört om "aggressionstrappan", "konflikttrappan", "feedback-stegen", "eskalations- och de-eskalationsmodellen". Sammantaget är det en kombination av forskning och teorier. Grunden anses vara

lagd 1994 av den österrikiske konfliktforskaren och författaren
Friedrich Glasl när han gav ut boken "Konfliktmanagement: Ein
Handbuch für Führungskräfte, Beraterinnen und Berater". Den
lade fokus på hur en konflikt sakta eskalerar, i bästa fall når inte
konflikten alla steg. Väldigt kortfattat är det dessa sex steg:

1. Latent konflikt.
*Det finns en grundläggande oenighet eller spänning mellan
parterna. Konflikten är ännu inte uttryckt eller synlig.*
2. Upptrappning.
*Parterna börjar visa tydliga tecken på en eskalerande konflikt, till
exempel genom att uttrycka missnöje eller frustration.*
3. Öppen konflikt.
*Parterna kan nu engagera sig i öppna konfrontationer och utbyta
argument, kritik eller till och med hot. Konflikten blir alltmer
synlig för omgivningen.*
4. Dehumanisering.
*Parterna ser varandra som fiender, eller som mindre värda som
människor. Det kan leda till fördomar, hat och till och med våld.*
5. Skadebegränsning.
*Parterna har själva, eller efter inblandning av andra, insett att det
gått för långt. Detta är sista steget att förhindra uppbrott.
Parterna kan här (om de har modet) försöka hitta konkreta
lösningar eller kompromisser.*
6. Uppbrott.
*Det står klart att konflikten inte kan lösas eller hanteras på ett
tillfredsställande sätt. Ett uppbrott är ett faktum och parterna
avslutar relationen och/eller samarbetet.*

Om jag går tillbaka till det jag skrev på sidan 70 om
självledarskap (1) vill jag påvisa kopplingen: *Ju bättre du förstår
och leder dig själv, desto bättre kan du förstå och leda andra.*

Nu är jag lite tuff och kanske utmanar dig? Ditt sätt att som
ledare kommunicera och hantera konflikter har en direkt
symbios med ditt självledarskap. Ju bättre du förstår och leder
dig själv, desto snabbare märker du av latenta konflikter. Du kan
vara ärligare, rakare och effektivare vilket ger större sannolikhet
att kväva konflikter och meningsskiljaktigheter i sin linda. Ett
konkret sätt för dig som ledare är feedback på nivå 4.

Glöm aldrig bort, att ge feedback är en gåva.
Denna insikt gör det enklare och
mer naturligt att använda
feedback. Jag älskar följande citat
av Patricio Telman Chincocolo.

*"Feedback är frukten av
modiga människor som vill
hjälpa andra att växa."*
- Patricio Telman Chincocolo

Reaktionstrappan.
Själva trappans grund är att bättre kunna förstå och hantera
reaktioner vid en konflikt. Det passar ypperligt att även använda
trappan vid feedback. Jag tycker bäst om termen "reaktions-
trappan" för att den förklarar vad feedback skapar. En reaktion
-> hur den kan yttra sig -> hur du kan hantera reaktionen.

*Feedback kommer alltid att skapa något form av reaktion och
någon form av förändring/förbättring.*

Det finns många sätt att beskriva reaktionstrappan på. På
följande sidor beskriver jag en av de vanligaste modellerna.

(Jag har utvecklat beskrivningen för att underlätta för dig som ledare att enkelt applicera stegen till en praktisk verklighet.)

Steg 1: Ignorans.
I detta första steg förstår inte mottagaren eller väljer att ignorera din feedback. Reaktionen kan yttra sig som att personen inte lyssnar, inte tar feedbacken på allvar eller avfärdar den som irrelevant. För att hantera denna reaktion behöver du vara tydlig och upprepa feedbacken på ett konstruktivt sätt. Det är viktigt att du kommunicera vikten av att lyssna till mottagaren och vara det viktigt att vara öppen för att kunna utvecklas.

Steg 2: Försvar.
I det andra steget reagerar mottagaren defensivt på feedbacken. Han eller hon kanske argumenterar emot, förnekar eller försöker förklara bort feedbacken. För att hantera denna reaktion behöver du visa empati och lyssna aktivt. Detta för att du behöver veta varför, och det får du inte veta om inte mottagaren berättar hur den känner. Kan du skapa en trygg och tillåtande miljö där mottagaren känner sig bekväm att dela sina tankar och känslor är förutsättningarna stora att ni kommer vidare i ert samtal.

Steg 3: Förnekelse.
Här förnekar mottagaren väldigt, väldigt tydligt din feedback och vägrar att acceptera den. Reaktionen kan vara att mottagaren inte vill erkänna sina eventuella brister eller tycker det du säger är direkt felaktigt. För att hantera denna reaktion behöver du vara tålmodig och kunna ge specifika exempel som tydligt stöder din feedback. Vet du sedan tidigare att mottagaren har svårigheter att ta emot feedback; ge feedbacken direkt efter en specifik situation/händelse så det är tydligt och inte går att förneka. Det du vill med din feedback är att främja en positiv utveckling.

Steg 4: Reflektion.

I det fjärde steget börjar mottagaren reflektera över feedbacken och dess innebörd. (Det är därför det är så viktigt att ge utrymme för reflektion på nivå 3 och nivå 4.) Reaktionen kan vara att personen börjar ifrågasätta sitt eget beteende och attityd eller sina egna prestationer och val. Här är mottagaren väldigt mogen, resultatinriktad och prestigelös. För att hantera reaktionen, uppmuntra till egenreflektion och erbjud ditt stöd via återkommande samtal. Berätta att om mottagaren vill, kan du också ge stöd genom tätare feedback för hans eller hennes utvecklings skull. Här kan verkligen mottagaren förstå och analysera din feedback på ett djupare plan.

Steg 5: Acceptans.

I det sista steget accepterar mottagaren feedbacken och tar ansvar för förbättring. Reaktionen kan vara att mottagaren redan i samtalet visar förståelse, engagemang och ger förslag på egna initiativ för att utvecklas i sin yrkesroll och växa som människa. För att stödja denna reaktion ger du positiv förstärkning och erkänner mottagarens insatser och bidrag (gärna genom att du öppet visar genuina känslor). Mottagaren du har framför dig är en viktig pusselbit i ditt långsiktiga arbete att skapa en utvecklingskultur där feedback ses som en möjlighet till tillväxt och lärande. Människan du har framför dig är med stor sannolikhet en positiv kulturbärare för hela din entitet och de resultat ni tillsammans skapar.

Processbeskrivning/workshop för att implementera en accepterad feedback-kultur.

Jag har nu gått igenom uppskattande och utvecklande feedback på alla fyra nivåer, påvisat exempel, gett konkreta förslag, beskrivit skillnaden på reflektion och rumination samt gått igenom reaktionstrappan.

Jag hoppas du ser den enorma vinningen att implementera en accepterad feedback-kultur i din entitet vilket innebär: *högt i tak på riktigt genom att välja en utvecklingskultur framför en bedömningskultur.*

Om du i varje situation på din arbetsplats har fokus inombords att fokusera på att utveckla istället för att bedöma, är du redan på god väg att skapa en utvecklingskultur. Då tillåter du dina lagmedlemmar att växa, misslyckas och våga prova igen - vilket innebär att dem utvecklas. Du ger uppskattande feedback för att visa uppskattning för det som är bra för människan och entiteten. Du ger utvecklande feedback för att lyfta faktorer som kan utveckla människan och entiteten.

Det är nu dags för dig att sätta upp plan för när och hur du samlar din entitet för att starta igång en accepterad feedback-kultur. Mitt förslag är genom en workshop och att du individuellt följer upp alla lagmedlemmar veckorna efter igångsättningen för att ge energi, skapa engagemang och såklart, passa på att ge feedback på nivå 1 eller 3.

Förslag på workshop. Implementering och accept av de fyra nivåerna av feedback för alla generationer och kulturer.

Räkna med en halvdag för denna workshop. Förbered dig själv genom att tänka igenom varje punkt av upplägget, vad som eventuellt kommer att tas upp för diskussion och vilka specifika exempel du kan använda dig av för att illustrera poängen.

Agenda
Feedback-kultur

1. Inledning, varför feedback?
2. Fördelar för er och för arbetsplatsen.
3. Gemensamma övningar
4. Hur det kommer att gå till i praktiken.
5. Accept.
6. Reflektion och diskussion.

1. Inledning, varför feedback?

- Visa och gå igenom agendan (se förslag ovan).
- Inled med att berätta att *du vill implementera en feedback-kultur* för att främja utveckling, kommunikation, lärande, samarbete, motivation och engagemang. Nämn gärna några av de företag jag benämnde på sidan 143 för att påvisa att bruket av feedback finns i många företag och organisationer.
- Berätta att ordet feedback kan låta negativt och därför dessvärre misstolkas. *Feedback handlar inte om att leta fel utan om att stödja utveckling och framgång.* Förklara att syftet med feedback är du konkret vill hjälpa dem växa och utvecklas i sina roller.
- Använd dig själv som exempel, *säg att du vill ha feedback eftersom du också vill växa och utvecklas.* Genom att du, redan

i inledningen, tydligt vill vara högst delaktig till kulturen där feedback ses som något positivt och konstruktivt bidrar till att förändra en eventuell uppfattning att feedback är något negativt. Betona återigen att feedback är en möjlighet att identifiera styrkor och områden för förbättring och att det inte handlar om att kritisera eller hitta fel.

- *Framhäv vikten av att se feedback som en möjlighet till framsteg, lärande, förbättring och utveckling*, vilket i sin tur kan leda till ökad kompetens och framgång för *alla* i entiteten.
- Säg förslagsvis: *Idag påbörjar vi en feedback-kultur och jag vill att den skall utvecklas och bestå.*
- Förtydliga att du endast kommer att ge feedback *till den personen det berör*. Och att du kommer att ställa frågan *"Får jag ge dig feedback?"*. Då ges möjligheten att säga nej tack, och du kommer då att fråga vid ett senare tillfälle.
- Betona hur viktigt det är för dig att skapa *en trygg och tillåtande miljö* där alla lagmedlemmar känner sig bekväma med att ta emot feedback.

Avsätt tid efter inledningen för diskussion och frågor.

2. Fördelar för er och för arbetsplatsen.

- *Beskriv hur en accepterad feedback-kultur kan gynna varje lagmedlem individuellt.* Skriv gärna ut eller visa upp följande exempel på möjligheter feedback skapar: personlig utveckling och tillväxt, bygga på styrkor och förbättra färdigheter, öka självmedvetenhet och förståelse för eget beteende och prestation, få erkännande och bekräftelse, skapa engagemang och motivation, bygga högre grad av tillit och förtroende med kollegor och ledare, möjlighet att ta ansvar för sin egen utveckling och framgång, ger klarhet och riktning om förväntningar och mål, möjlighet att identifiera och förbättra områden, möjlighet att lära sig av misstag och undvika att upprepa dem.

- *Beskriv fördelarna med en feedback-kultur för arbetsplatsen och entiteten,* förbered gärna även dessa förslag på möjligheter: främja en kultur av lärande, kontinuerlig förbättring och utveckling, förbättra kvalitet på arbete och beslut, möjlighet att minska konflikter och missförstånd genom att klargöra förväntningar och ge återkoppling genom feedback, upprätthålla en positiv och konstruktiv arbetsmiljö, möjlighet att identifiera och utveckla potentialen hos lagmedlemmarna för att möta entitetens organisationens framtida behov, tidigare identifiera och åtgärda problem och brister i arbetsprocesser eller system, stärka relationer och främja en öppen och ärlig kommunikation.

3. Gemensam övning 1 - Reflektion/insikt.

- Be dina lagmedlemmar att i enskildhet *reflektera över egna mål de har eller har haft i livet och skriva upp dessa.* Det kan vara hur många mål som helst, och det kan vara mål både i privat- eller yrkeslivet. <u>Viktigt att förmedla: Det är ingenting dem behöver dela med någon annan.</u>
- Efter cirka 10-15 minuter: Be dem nu se på sina mål och, oavsett om de nått sina mål eller inte, reflektera: *hur hade feedback från en annan person kunnat hjälpa dem att snabbare, bättre eller effektivare nå sina mål, och hur skulle den feedbacken kunnat låta? ("Får jag ge dig feedback…?")*

Avsätt tid för diskussion och insikter.

3B. Gemensam övning 2 - Medvetenhet/förståelse.

- Dela in din entitet i mindre grupper, om möjligt inte mer än fyra per grupp. *De skall under 15 minuter komma på minst tio fördelar med att använda feedback på arbetsplatsen*, gärna så många som möjligt. De skriver ner fördelarna på post-it-lappar och klistrar sedan upp på avsedd plats i ert grupprum.
- De får sedan läsa upp vad de kommit fram till och under tiden skriver du live upp i presentationen i punktform så det är lätt att följa i realtid och samtidigt dokumenteras.
- Efter alla har presenterat, tacka för engagemanget och diskutera öppet i rummet vad grupperna kommit fram till. *Ställ följdfrågor till respektive grupp kring fördelar och fråga hur de kommit fram till detta.*

4. Hur det kommer att gå till i praktiken.

Det är nu dags för dig att berätta för din entitet hur du i praktiken kommer att arbeta för att främja en accepterad feedback-kultur. Att du kommer att etablera regelbundna feedbacksamtal, att du kommer att använda tydliga och konstruktiva samtal, att du kommer att skapa strukturer för att följa upp och utvärdera feedbackprocessen så att alla känner sig trygga.
Jag skrev på sidorna 141-142 de fyra viktigaste sakerna att tänka på för mottagaren av feedback. Finn ditt eget genuina sätt att förklara så att det landar väl i din entitet. Här är några förslag:

- Förklara att feedback är beroende av samarbete, skall du kunna ge feedback för att en lagmedlem skall utvecklas behöver mottagaren vara öppen för feedback och förstå att feedback bara ges av omtanke.
- Den som får feedback behöver vara öppen för att ta emot feedback, det är en form av en gåva.

- Betona vikten av att vara lyhörd för att kunna utvecklas.
- Det är en kontinuerlig process för utveckling och inte bara något som görs en gång per år.
- Det är viktigt att efter att ha mottagit feedback ta sig tid för egenreflektion *"Den här personen sade så här till mig av välmening och omtanke, hur kan jag ta till mig informationen och kunna använda det som verktyg för min utveckling?"*

5. Accept.

(Commitment, engagemang, förpliktelse. Det finns många uttryck för att beskriva accept.) Nu är tiden kommen att be om accept. Detta är ett viktigt steg inom allt förändringsarbete, ***får du inte accept från din entitet har du inte rätt förutsättningar att jobba framgångsrikt med ditt förändringsarbete.***
- Betona vikten av att ni gör detta tillsammans.
- Betona att syftet är att alla skall få möjlighet att växa i den här entiteten.
- Betona fördelarna de tagit fram i övning 3B och nämn 3A.
- Betona att du finns som stöd och att du är öppen för feedback redan nu.
- Avsluta med att exempelvis säga: *"Kan jag få allas accept i rummet att vi kör på detta nu?"* Se till att försöka få snabb ögonkontakt med alla i rummet.

6. Reflektion och diskussion.

Avsluta workshopen med 10-20 minuter för diskussion och reflektion i storgrupp, gruppvis eller om lagmedlemmar vill diskutera en och en. Visa förslagsvis upp en sista text i din presentation. *"Vad har jag lärt mig och hur kan feedback hjälpa mig för min utveckling och karriär samt i vår arbetsmiljö?"*

Varför har jag lagt så mycket utrymme på *feedback* i detta avsnitt om bedömnings- eller utvecklingskultur?

För att feedback är ett konkret och praktiskt verktyg som går att använda i alla branscher och entiteter för att främja personlig utveckling och framgång för hela entiteten. Om du går tillbaka till sidan 50 och undersökningen vad medarbetare tycker är viktigast på en arbetsplats var nummer fyra: *personlig utveckling*, sedan har en utvecklingskultur en direkt koppling till flera faktorer i undersökningen. Senare i boken kommer du att läsa om tillit, delegering och delaktighet. Dessa tre viktiga begrepp kan direkt kopplas till en utvecklingskultur som arbetar med en accepterad feedback-kultur. (Nedan: "Tillitshjulet".)

Reflektion, avsnitt E

1. Hur reflekterar du kring om du har en god självinsikt sett till de sex huvudsakliga delarna jag beskriver i avsnittet?

2. Leder du i relation till en bedömnings- eller utvecklingskultur idag, och hur reflekterar du efter avsnittet?

3. Hur bedömer du att en accepterad feedback-kultur kan utveckla dig själv som ledare och dina lagmedlemmar?

4. Om du reflekterar kring övning 3B, hur hade en implementerad och accepterad feedback-kultur kunnat förändra hur och när din entitet nått tidigare individuella och gemensamma målbilder och ambitioner?

5. Har du positiva kulturbärare i din entitet idag och hur kan du förbereda ett feedbacksamtal på nivå 3 efter en implementerad och accepterad feedback-kultur?

6. Och om du har negativa kulturbärare idag, hur kan du förbereda ett feedbacksamtal på nivå 4?

7. Känner du dig trygg med skillnaden mellan reflektion och rumination så ett nivå 4 samtal sker på ett insiktsfullt sätt?

8. Nästa gång du anställer en ny lagmedlem, har du en strategi klar för hur du redan i introduktionsprocessen kan förbereda personen för er feedback-kultur?

KAPITEL 1

Vad, varför och hur

____

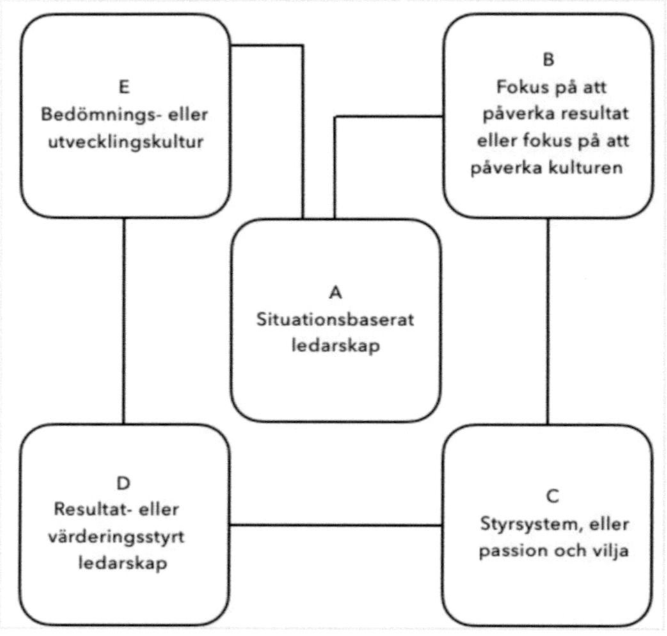

Den nödvändiga **Grunden** är lagd och som du ser är alla delar av modellen nu sammankopplade. Min ambition med avsnitt A-E har varit att bryta ner väldigt stora och komplexa områden, lägga till mina egna erfarenheter från verkligheten efter drygt 20 år som ledare och konsult, och därigenom kunna ge dig det allra mest väsentliga så du kan navigera dig själv och din entitet med trygg hand under pågående och kommande stora kulturskiften. Ditt konkreta redskap i vardagen är modet att leda i ett *situationsbaserat ledarskap*. Att du som ledare genuint och flexibelt anpassar dig till individens nu-läge med fokus på att få lagmedlemmen att växa och utvecklas genom att du i olika situationer; stödjer, styr, coachar eller delegerar.

I detta trygga ledarskap har du implementerat en accepterad
feedback-kultur för att ha allas fokus på utveckling och kunna ha
högt i tak för att hantera naturliga utmaningar inom entiteten.

<u>Sammanfattade synergieffekter av avsnitt B-E:</u>

*B: <u>Att välja att fokusera på att påverka kulturen</u> innebär att ditt
fokus är att skapa en atmosfär som gör att dem som verkar inom
kulturen skapar goda resultat. Kulturen är så otroligt stark att den
styr allt annat på arbetsplatsen och är en stor del i vilka lång-
siktiga resultat som skapas. Människorna formar kulturen och du
som ledare har störst möjlighet av alla att forma den genom din
förståelse av kulturskiften, ditt sätt att leda och i hur mycket tillit
du har skapat hos var och en av dina lagmedlemmar. Fokus på
resultat skapar en kultur som består av att skapa resultat medan
fokus på kulturen skapar en miljö som når goda resultat. Förstår
du kraften i kulturen vill du inte leda på något annat sätt.*

*C: <u>Att välja att leda människor med passion och vilja</u> skapar inre
motivation. Styrsystem som skapades i linjeorganisationer för
mer än 100 år sedan behövdes absolut då för att det skapade
yttre motivation, dvs: "jag får en lön om jag följer styrverktygen."
Frågan är om du vill att dina lagmedlemmar kommer till
arbetsplatsen och ser upp till dig som ledare för lönens skull
eller för att du skapar passion och vilja? Skapar du passion och
vilja har du en entitet som har förutsättningar att vara
självgående och trygga, som vill ta ansvar och initiativ för hela
entitetens utvecklings skull och som känner sig delaktiga och
därför vill bidra. Cirka år 2038, har de sista som har arbetat i
linjeorganisationerna fas gått i pension. Den platta*

organisationen som naturligt vuxit fram parallellt ligger i fas med kulturskiftena som har skett fram till nutid och i den främjas öppen kommunikation, delaktighet, personligt ansvar över resultat, självständighet, egen utveckling, anpassningsförmåga, jämlikhet, kreativitet och beslutsfattande på alla nivåer.

D: Att välja ett <u>värderingsstyrt ledarskap</u> skapar framtida ledare som vill vara aktiva i att göra arbetsplatsen och arbetsklimatet bättre. *När du som ledare tar hänsyn till dina egna personliga värderingar och etiska normer som människa, och låter dem ta del i ditt ledarskap främjar du en positiv och öppen arbetsmiljö där människor vågar visa vem dem verkligen är. Detta gör att de naturligt vågar berätta för dig varför de kanske inte presterar som de brukar, varför de är nedstämda eller varför de vill vara lite för sig själva. Att genuint och naturligt leda värderingsstyrt gör att du kommer närmare dina lagmedlemmar på ett sätt då du kan utmana dem (läs mer om detta i coachning längre fram). Detta gör att du kan få fram hela deras potential för att dem känner att du ser dem och då kan de springa genom eld för dig och sina kolleger. Har hela organisationen detta sätt att leda "uppifrån och ner", skapar detta otroliga synergieffekter. Oavsett, har du skapat en miljö där alla känner sig respekterade för den de är som människor istället för vad de gör i form av prestationer. Det skapar engagemang och formar din entitets kultur, atmosfären ni arbetar i och era individuella och gemensamma framtida resultat.*

E: Att välja en <u>utvecklingskultur</u> får människor att våga misslyckas och ta egna initiativ: *När alla i din entitet ser problem och utmaningar som tillfällen att växa och utvecklas har du skapat en konstruktiv arbetsmiljö där människor är bättre rustade* *mentalt att möta och hantera framtiden. Det stärker också samarbete, motivation, kommunikation och anpassningsförmåga.*

Upplägget i avsnitten B-E är inte bara för att förstå de logiska skillnaderna, utan även för att kunna koppla dessa till att förstå människors behov och *"varför människor gör som dem gör"* vilket hjälper dig i ditt situationsbaserade ledarskap och när du ger feedback. **Allt i <u>Grunden</u> är sammankopplat.**

Senare i boken ger jag dig som ledare den sista avgörande faktorn för Grunden.

Om du ser Grunden som ett hus bestående av allt som skapar kulturen behöver huset ett tak som håller ihop de andra avsnitten i huset när det blåser kallt, när förändring skakar om inne i huset eller när det är turbulens och storm på utsidan som påverkar huset. **Den sista avgörande faktorn är det som håller ditt hus på plats oavsett prövning på in- eller utsidan.**

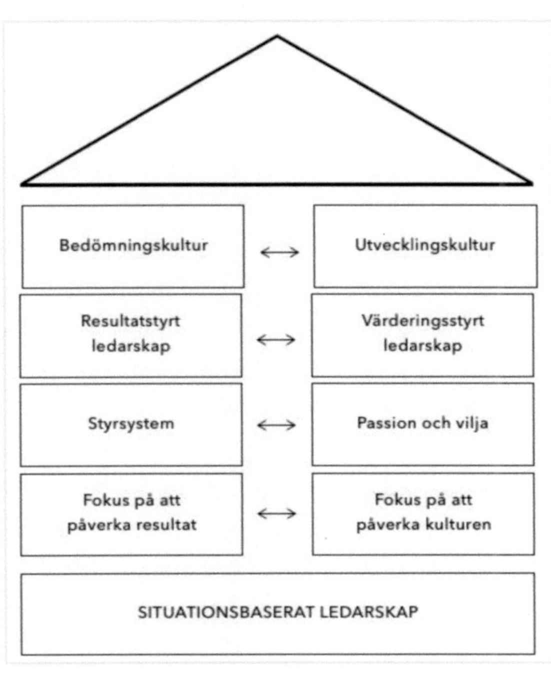

Vad jag menar med mitt citat på sidan 171 är att alla mål och ambitioner du har i livet påverkar hur du agerar genom handlingar och beslut. Alla mål och ambitioner påverkar din drivkraft, vissa mer än andra i yrkeslivet (och privatlivet).

Alla dina mål och ambitioner du har eller har haft är frukten av något annat, något mycket större och kraftfullare: Din vision. Visionen är en tydlig, kristallklar och inspirerande bild av framtiden som du strävar efter att uppnå tillsammans med din entitet. En bild inom dig, en mental bild av hur du vill att det skall vara i framtiden eller vilket syfte du strävar efter att uppnå.

Din visionär, din vägledare, som en stjärna på himlen du kan navigera efter, som hjälper dig att gå i rätt riktning för beslut och handlingar är din vision. Den skall vara utmanande, engagerande och inkluderande för att genom sina ord involvera och motivera människor att vilja förverkliga visionen.

En vision skall vara organisatorisk och aspirerande. Aspirerande innebär att visionen påvisar en väldigt hög strävan att uppnå något oerhört stort. Den aspirerande delen av visionen skall utmana den nuvarande tillståndet så att det nästan känns helt omöjligt men ändå vara nåbart.

Organisatorisk inom visioner innebär att organisationen/ entiteten är så pass välorganiserad i sina strukturer och arbetssätt att den har förmågan att uppfylla det den aspirerande delen uttrycker. Att alla lagmedlemmar känner sig betydelsefulla för dem vet att den respektive roll de har är en pusselbit för att uppfylla visionen. **Det är viktigt att visionen är synlig för alla**

lagmedlemmar i deras vardagliga arbete och aktivt
kommuniceras inom organisationen, särskilt under möten och
samarbeten mellan avdelningar. Det är avgörande att frågan _"är
vi på väg mot visionen?"_ tydligt belyses och regelbundet
reflekteras över. Då påverkas kulturen till att nå visionen.

_Självfallet kan det vara så att din entitet har en vision skapad av
er organisation eller en extern konsultbyrå. Då behöver du som
ledare förstå varför, omfamna visionen och få din entitet att
känna engagemang och motivation._

Exempel på fyra företag som tydligt har med både aspirerande
och organisatoriska delar i sin vision:

Amazon

_Att vara jordens mest kundcentrerade företag där kunderna kan hitta
och köpa allt de behöver. Amazon strävar efter att erbjuda ett brett
utbud av produkter, snabb leverans och en enkel och bekväm
köpupplevelse._

Tesla

_Att påskynda övergången till hållbar energi genom att erbjuda
innovativa och attraktiva elbilar samt förnybara energilösningar. Teslas
vision är att minska beroendet av fossila bränslen och främja en hållbar
framtid för transport och energi._

Apple

_Att skapa de bästa produkterna i världen som förändrar människors liv.
Apple strävar efter att vara ett företag som kombinerar teknik, design
och användarupplevelse för att skapa innovativa och användarvänliga
produkter._

Google

_Att organisera världens information och göra den allmänt tillgänglig och
användbar. Googles vision är att erbjuda användare snabb och enkel
tillgång till information genom sökmotorer och andra digitala verktyg._

Visionen, mål, ambitioner och strategier (Vad, varför och hur).
Ju mer kristallklar, tydlig och inspirerande din vision är, desto
mer motiverad är du och desto mer målinriktade blir dina
handlingar och beslut vilket skapar graden av din beslutsamhet
och ditt fokus i din strävan att uppfylla din vision.

Din vision representerar ditt VARFÖR, vilket driver din
motivation och styr vad du strävar efter att uppnå på kort sikt
(mål) och åstadkomma på lång sikt (ambitioner). En kristallklar
och inspirerande vision ger dig tydliga mål och ambitioner (ditt
VAD) och formar dina strategier (ditt HUR) för att nå din vision.

*Tänk på det som en karta. Om du vet var du vill åka kommer du
att välja en riktning och du följer den så noggrant och exakt du
bara kan för att nå din destination på den tid du satt upp i din
plan. Du kommer under resan att göra val och ta beslut som
hjälper dig nå ditt mål och du kommer att behöva planera före
och under resan för exempelvis när och var du skall äta, sova,
fylla på med drivmedel eller köpa biljetter.*

Du behöver en kristallklar vision (VARFÖR). Du behöver konkreta
kortsiktiga mål (VAD du vill uppnå på kort sikt) och långsiktiga
ambitioner (VAD du vill åstadkomma på lång sikt). Du behöver
tydliga, tidsatta strategier (HUR). Detta är hårda värden.

"En vision utan handling är bara en dröm.

Handling utan vision är bara tidsfördriv.

Men vision med handling kan förändra världen."
- Nelson Mandela

Värdskap, rykte och kultur. (Vad, varför och hur.)

Det finns två element som du som ledare kan motivera din entitet med för att sträva mot visionen: Som ovan med <u>hårda, konkreta värden.</u> Mål, strategier, effektivitetsgrad, bruttovinstmarginal och andra mätbara och kvantifierbara parametrar. Du behöver använda hårda värden i ditt ledarskap för att skapa nödvändig struktur och veta var du skall allokera dina resurser. Du behöver mäta konkreta värden för att säkerställa din entitets överlevnad och konkurrenskraft. <u>Du behöver dock det andra elementet.</u> *För leder du med för stor andel fokus på hårda värden finns risk att dina lagmedlemmar tappar motivation, engagemang och passion för att dem upplever arbetsmiljön och kulturen som pressad, och att trygghet och medkänsla inte får en naturlig plats.* Som du läst, är lön efter de senaste årens snabba kulturskiften inte längre en lika stark motivationsfaktor. Från 1980, när informationssamhället gjorde sitt inträde, har behovet ökat av att balansera hårda värden med mjuka värden (successivt år för år och kulturskifte för kulturskifte). Mjuka värden som lägger fokus på lagmedlemmarnas välbefinnande, att bygga hållbara relationer och en god arbetsmiljö. Mjuka värden som skapar en kultur som innehåller tillit, trygghet, öppen kommunikation, respekt, medkänsla och en naturlig balans mellan arbete och privatliv.

De mjuka värdenas VAD, VARFÖR och HUR.

Under min resa som ledare, konsult, föreläsare och utbildare har de mjuka värdena utkristalliserats för mig. Jag ser *VAD som värdskap*, *VARFÖR som rykte*, och *HUR som kultur*.

Nu påbörjar vi resan till formeln för lönsamhet.

KAPITEL 2

IV ⤳ K ⤳ YV : (E = potential$^\infty$) ⤳ R = T

Ord utan handling är som att sola inomhus.
Intentionen är säkert god men det ger inget resultat.

Niclas Timmerby

Den första delen av formeln är IV: det Interna Värdskapet.

Jag hade en ung man som anställd för cirka tio år sedan och det
var inte förrän ett drygt år efter jag lämnat det uppdraget jag
förstod vad som hade gjort så otroligt stort intryck på mig.
Han var älskad av alla. Kollegorna talade alltid gott om honom.
Alla kunder; äldre par, unga par, barnfamiljer, män, kvinnor, till
och med barnen älskade honom. Han kunde sälja precis vad
som helst till vem som helst. Hur var det möjligt?
      Han hade ett väldigt lugnt, avslappnat och till och med
fridfullt kroppsspråk. Han talade med en låg och mild röst som
skapade förtroende hos alla. När jag observerar vissa asiatiska
kulturer och framförallt tibetanska munkar som i sakta gemak
går med sin kasaya eller sangha-robes (deras karakteristiska
klädsel), tänker jag på honom.

Sedan kom jag på det,   *"Den som är ödmjuk vet det inte själv."*
hur han kunde vara   *- Martin Luther King Jr*
älskad och respekterad
av alla.

Han var omedvetet ödmjuk, vilket gav honom omedveten
självinsikt på den allra högsta möjliga nivån. Han var säkerligen
medveten om de fina signaler han skickade ut till sin omgivning
och tog fullt ansvar för dessa eftersom han fick så mycket fina
signaler tillbaka (*Det du sår kan du skörda…*).

      Den unge mannen gjorde det bästa för sin omgivning med
sin superkraft, han ödslade med den till alla han kom i kontakt
med. Han var en synnerligen positiv kulturbärare.

Du minns vad jag skrev om den superkraft vi alla har inom oss, att vi går runt här på jorden med våra superhjälteklädslar under våra vanliga kläder. Varje dag vid flera tillfällen blottar vi vår oerhörda superkraft, att vi kan påverka andra människor. Människor använder sin superkraft medvetet och/eller omedvetet som skapar positiv påverkan och dessvärre också även negativ påverkan. Bägge sorter ger följder för mottagaren.

Så fort du blir påverkad av en annan människas superkraft blir du präglad vare sig du vill eller inte. I samma ögonblick präglingen når dig påverkar det dina tankar som sätter igång en ökad produktion av hormoner och neurotransmittorer. Denna kombination av andra funktioner i din hjärna skapar känslor och reaktioner inom dig som styr dina val, beslut och handlingar.

Ibland kan du säkert läsa och höra människor säga, var positiv så löser sig det mesta. Jag tror inte på det, för livet är inte så enkelt. Livet kommer alltid att innehålla småproblem varje dag och dessvärre även större utmaningar och tragedier. Vår mänskliga hjärna behöver mängder av träning för att vi inte skall känna oss iallafall lite uppstressade över tråkiga situationer som uppkommer. Det går att träna och bygga upp motståndskraft mot småproblemen i livet så att vi inte låter dessa påverka oss i alltför hög grad genom insikten att småproblem faktiskt tillhör livet. Om en människa ställer in sig på att livet <u>skall</u> vara positivt får den sannolikt svårt att leva sitt liv i balans och harmoni. När jag föreläser brukar jag poängtera att det är betydligt viktigare att sträva efter en optimistisk livssyn och framtidstro än att fokusera på att försöka vara positiv. Det gör att människan bättre kan hantera motgångar och känna tacksamhet på ett större djup, som att vi överhuvudtaget kan gå runt på den här planeten som far runt vår stjärna, solen, i över 107,000km per timme.

Tragedier, problem, klippblock, småstenar och *no problema*.
För att kontinuerligt kunna justera det interna värdskapet krävs
en optimistisk framtidssyn vilket innebär att kunna skilja på ovan
rubrik. När jag föreläser beskriver jag *tragedier* som *klippblock*
som alltid kommer att ha en stor påverkan på våra liv och
relationer. Det är något vi alla möter i livet. Hårda saker, tuffa
saker, personliga tragedier som dödsfall och svåra sjukdomar.
Händelser som gör att du behöver finnas till hands för dina
anhöriga och finna tid för dig själv. Du behöver tid för att få vara
för dig själv, för att kunna bearbeta, vara ledsen, få tröst och tid
att trösta andra. Du behöver ägna tid åt detta för att, när du
känner dig mentalt redo, kan gå tillbaka till ditt arbete.

Problem, eller som jag kallar det: *småsten*.
Jag diskuterade den historiska betydelsen av ordet med min vän
Markus Senften. Ordet "problem" kommer från det grekiska
sammansatta ordet "*problema*". Delar vi in ordet i dess två delar
får vi det grekiska prefixet "pro-" som betyder "framför", "mot"
eller "före" och (ballein) "blema" som betyder "att kasta eller att
placera". Så ordet "problema" kan bokstavligen översättas till
*"något (en sak eller uppgift) som är kastad framför någon för att
undersökas"*. Den latinska betydelsen kan tolkas som *"något som
behöver undersökas och utvärderas för att avgöra dess
sanningshalt."* Varför jag berättar detta är för att avdramatisera
problem. Vi människor lägger så mycket energi, känslor,
engagemang, fokus och tid på småsten. Med en god portion
självinsikt förstår vi att *om vi präglas i våra tankar av en småsten
påverkar det våra känslor och våra handlingar*. Berättar vi om
småstenen för andra är det som ett dåligt trolleritrick. Tada! Och
vi har direkt präglat en annan människas tankar, känslor, fokus,

energitillstånd, engagemang och handlingar med den där
småstenen. Vi påverkar mottagaren emotionella tillstånd.

Om jag tänker mig in i hur det *kunde vara* i antikens
Grekland när människor fick ett problem framför sig sade de
kanske: *"Aha! Vi har en uppgift att lösa!"*. För **det är betydelsen
av ett problem, ett tillfälligt tillstånd innan lösningen**. Ett
problem *är* ett tillfälligt tillstånd. En tragedi är inte ett tillfälligt
tillstånd, utan ett tillstånd som alltid på något sätt kommer att
leva vidare inom människan. Det är viktigt för dig som ledare att
prata och eventuellt ge nödvändigt stöd även långt efter en
tragedi drabbat en lagmedlem. Ofta är lösningen att bara lyssna
och vara en genuin medmänniska.

*En värdefull insikt: Vikten av att själv träna på ett annat synsätt kring
problem skall inte underskattas. Träning aktiverar olika delar av
hjärnan som främjar kognitiv flexibilitet och mental skärpa. Genom att
aktivt engagera sig i sin problemlösningsförmåga stärks neurala
kopplingar som skapar nya mönster av aktivitet i hjärnan.*

När vi fokuserar på ett problem stressar vi per automatik upp
oss med följden av att vår hjärna slutar att tänka i lösningar.
Väldigt enkelt förklarat aktiveras stressrespons i amygdala och
minskad förmåga att tänka klart i din prefrontala cortex som
hämmar din kreativitet och förmåga att tänka i lösningar.
Negativa tankar och stress påverkar också hippocampus vilket
gör det svårt för dig att komma ihåg tidigare erfarenheter och
kunskaper som kan hjälpa dig att hantera, lösa eller rent av
släppa problemet. Jag kallar detta för *"det negativa skynket"* i
mina böcker om självledarskap.

Som exempel: om du skall ut och promenera och du ser att det
precis börjar regna och du fokuserar på småstenar (regnet)

istället för att direkt
fokusera på lösningen
(vilket kan vara att ta på
regnkläder, promenera
lite senare eller springa
på stället inomhus i tio
minuter), påverkar det

*"Ett problem är bara ett problem när
du ser det som ett problem.*

*Lösningen är att ha fokus på lösningen
tills du bara ser lösningen."*
- Niclas Timmerby

dina känslor, ditt mående och dina handlingar. Du kan säkert nu
direkt relatera till olika konkreta situationer i ditt privat- och
yrkesliv. *Varje gång du som ledare konkret fokuserar på
lösningar när det uppkommer småstenar i din entitet utvecklas
du, din entitet och er kultur.* Ni formar nu gemensamt en kultur
som fokuserar på lösningar.

"Locus of control" och "Need for control".

Jag har, liksom alla andra människor, faser i livet när jag inte mår
bra eller tvivlar på mina förmågor. Alla människor går med
jämna mellanrum igenom mindre kriser. Alla. Det spelar ingen
roll hur mycket pengar människan har, var den kommer ifrån
eller vilket kön den har. Alla går, viktat mot sin situation i livet,
igenom mindre kriser som rör relationer, hälsa, ekonomi och
yrkesliv. Att medvetet arbeta med sin självinsikt och själv-
ledarskap är bra verktyg för att hantera dessa mindre kriser.

När du lyssnar in dina lagmedlemmars känslor och när du
coachar är det viktigt att förstå två stora skillnader för att du som
ledare bättre skall kunna förstå och stärka relationerna med dina
lagmedlemmar. *Att förstå skillnaden på <u>locus of control</u> och
<u>need for control</u>, liksom tidigare; skillnaden på <u>reflektion</u> och
<u>rumination</u>, gör att du kan ta <u>naturliga och genomtänkta beslut i
ditt situationsbaserade ledarskap</u>.*

De psykologiska termerna "locus of control" och "need for control" benämns på svenska som "kontrollinriktning" och "kontrollbehov".

Intern, extern eller powerlessness <u>Locus of control</u>.
Locus of control, eller **<u>kontrollinriktning</u>** beskriver en människas övertygelse om var kontrollen över deras liv ligger. En människa kan ha flera olika typer av locus igång samtidigt, sk. "spektrum inom locus of control". Exempelvis en för hälsa, en för arbetet, en för privatlivet, en för ekonomin, en för relationer, osv.

1. **Intern** innebär att människan känner att den har kontroll över sitt eget liv och därigenom sina handlingar och framtid. Människan känner att de ansträngningar, den insats den gör avgör utfallet (*"det du sår kan du skörda"*). Människan drivs av övertygelsen att den kan påverka sitt eget liv.
2. **Extern** innebär att människan känner att yttre faktorer, andra människor eller rent av tur, styr deras liv och resultat. Att utfallet i deras liv och resultat beror på faktorer de inte kan kontrollera. Människan drivs av övertygelsen att den inte själv kan påverka sitt eget liv vilket kan orsaka känslor av hjälplöshet och nedstämdhet.
3. **Powerlessness** (även kallat "fatalism") innebär att människan känner ren maktlöshet att inte den själv, andra eller tur påverkar utfallet i människans liv eller resultat. Den upplever att händelserna som skett och sker i dennes liv är utom kontroll och övertygelsen är en känsla av att allt är förutbestämd. Detta kan skapa en känsla av meningslöshet vilket kan leda till att människan blir passiv och ger upp lätt vilket leder till negativa tankar, oro och stress.

Kognitiv, kontroll över andra eller situationell <u>Need for control</u>. Det finns tre stora delar som är bra för dig som ledare att grundläggande vara medveten om inom det vi oftast läser och hör om begreppet <u>kontrollbehov.</u> Den psykologiska termen beskriver en persons önskan att ha kontroll över sin omgivning, situationer och andra människor. I många fall är det en instinkt som är normal och hälsosam, att vilja ha kontroll över viktiga aspekter i livet. Men när det blir överdrivet kan det leda till stora utmaningar för människan själv och dess omgivning, privat- och i yrkeslivet. Detta eftersom överdrivet kontrollbehov på olika sätt påverkar människans beteende och handlingar.

1. **Kognitiv kontroll** innebär att människan till så stor grad vill uppleva kontroll över sina tankar och känslor att beteendet skapar ångest och stress. (Inom psykologin finns termen *adaptiv självreglering* vilket avser människans sunda förmåga att balansera kontrollbehovet genom att vara flexibel, öppen för andras perspektiv och förmåga att släppa kontrollen när det är nödvändigt. *Maladaptiv självreglering* är överdriven kontroll, svårigheter att anpassa sig till förändringar och att vara sluten för andras perspektiv. Detta kan leda till stora utmaningar i framförallt relationer.)
2. **Kontroll över andra** innebär att människan har svårt att lita på andra och därför kan göra försök att manipulera eller dominera andra, en form av martyrbeteende. Att få andra att bete sig på det sätt som människan med kontrollbehov vill.
3. **Situationell kontroll** innebär att människan vill ha kontroll över situationer och omständigheter i sin omgivning. Människor med en hög grad av situationellt kontrollbehov kan känna stor oro och stress vilket kan leda till ångest och depression.

Vad skall du vara uppmärksam på i ditt beteende som ledare?
Det är mänskligt och väldigt enkelt att se andra människors fel
och brister. Det är stort att ha förmågan att vilja utveckla sina
egna. Så med kontrollinriktning och kontrollbehov färskt i
minnet, är detta något du har tecken på? Hur kan detta då visa
sig för din omgivning genom ditt beteende, de signaler du
sänder ut och genom dina handlingar? Är detta något som till
och med påverkar din entitet negativt när det kommer till
väsentliga faktorer som tillit, energinivå och utveckling? *Hur
påverkar du som ledare det interna värdskapet?*

Detaljstyrning/micro management/mikrohantering.
*Dina lagmedlemmar upplever att du är involverad i alla små
detaljer, kontrollerar varje aspekt av deras arbete, kräver
ständiga avrapporteringar i detaljform eller fortlöpande ställer
krav på att de skall rapportera var dem är och vad dem gör.*
*Risk: Din entitet kan uppleva brist på tillit, känna sig övervakade,
känna att de inte vågar ta initiativ eller beslut, känna att de inte
kan göra pragmatiska lösningar i pressade situationer.
Sammantaget kan detta påverka motivation och prestation.*

Brist på tillit.
*Dina lagmedlemmar upplever att du dubbelkollar deras arbete
eller arbetsuppgifter, eller frekvent ifrågasätter deras utförda
arbete eller arbetsförmåga som exempelvis effektivitet,
produktivitet eller förmåga att prioritera.*
*Risk: Din entitet kan uppleva att du inte ser de goda intentioner
de har för entiteten eller inte litar på deras professionella
förmåga att utföra sina arbetsuppgifter. Sammantaget kan detta
underminera deras självförtroende och motivation.*

Brist på delegering.

Dina lagmedlemmar upplever du inte helt släpper kontrollen till dem att utföra och slutföra arbetsuppgifter eller projekt trots att de har kunskap och erfarenhet. Att du behåller allt ansvar och beslutsfattande för dig själv.

Risk: Din entitet kan känna sig begränsade och undervärderade. Sammantaget kan detta leda till att din entitet känner att dem inte får vara delaktiga, att dem inte får visa och bli erkända för sina professionella kunskaper och sin kompetens.

Svårigheter att ta emot och acceptera feedback.

Dina lagmedlemmar upplever att du avfärdar, ignorerar eller förkastar deras förslag eller åsikter, när dem ger dig feedback.

Risk: Detta går rakt på kulturen eftersom dina lagmedlemmar kan tappa motivation och

> *"Kontroll är bara ett annat ord för rädsla."*
> *- Joyce Meyer*

mod, och därför inte längre vill eller vågar ge feedback i välmening för att du som ledare eller entiteten skall utvecklas. Det är en stor risk att bra idéer i fortsättningen inte kommer fram till dig eftersom lagmedlemmarna inte känner sig uppskattade och bekräftade. Sammantaget kan detta leda till minskat engagemang, självförtroende, passion, vilja och motivation.

Överdriven betoning på resultat.

Dina lagmedlemmar upplever att ditt sätt att fokusera på måltal och att uppnå mål sätter press på dem. De upplever att dem skall prestera snabbt och effektivt utan att du tar hänsyn till deras välbefinnande eller arbetsmiljö.

<u>Risk:</u> Detta kan leda till stressrelaterad frånvaro, utbrändhet eller att lagmedlemmar aktivt säger upp sin anställning på eget initiativ. <u>Sammantaget kan detta leda till försämrad prestation och försämrad långsiktig motivation.</u>

<u>Brist på utrymme för fel och misslyckanden.</u>
Dina lagmedlemmar upplever att du har svårt att tolerera misstag och misslyckanden, även om du inte säger något så känner dem av dina signaler, ditt kroppsspråk och tonfall.
<u>Risk:</u> Detta kan leda till att inte våga ta risker, utmana gamla sätt att utföra arbetet på och experimentera, vilket är väldigt stor risk för en organisation. <u>Sammantaget kan detta hämma din entitets och hela organisationen utveckling. Lagmedlemmar kan känna minskat ansvar och engagemang för sina arbetsuppgifter.</u>

Ö-G-A-T

Alla de exempel jag tagit upp påverkar det inre värdskapet, som i sin tur påverkar kulturen. 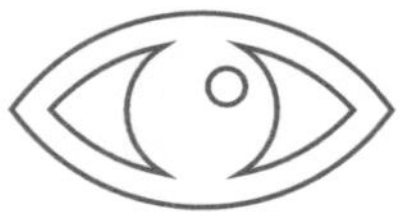

Allt du som ledare gör och sänder ut med din superkraft påverkar konkret och direkt din entitet och det inre värdskapet, och de känslor som uppkommer utav detta bidrar till kulturen.

Jag använder mig av en egen metodik (Ö-G-A-T), som jag beskrivit i andra böcker, för att komma ur en fas eller känsla som inte gynnar mig eller min omgivning. Att komma ur en fas eller känsla vi inte vill ha, handlar om en enda sak: att byta fokus. Inom psykologin nämns bland annat självmedvetenhet, egenreflektion, positiv omformulering och självomsorg. Många delar ryms i det jag skrivit om tidigare, vårt självkoncept. Att få insikt i vårt självkoncept och vår "identitet" är ett stort steg framåt. För när vi med självinsikt, ödmjukhet och egenreflektion börjar se på oss själva annorlunda får vi lättare att byta fokus. För att komma ur en fas som inte gynnar oss behöver vi förstå oss själva, våra tankar och känslor, känna mening och se vårt syfte.

<u>*Jag delar innebörden av Ö-G-A-T till dig här:*</u>
Ödmjukhet *(att gå in i alla situationer med ödmjukhet)*
Generositet *(att visa generositet i ord och handling)*
Ansvarsfull *(att jag tar fullt personligt ansvar för mitt liv, val, beslut, min tid, mina relationer och mina handlingar)*
Tacksamhet *(att känna djup tacksamhet över bra saker i mitt liv, över mina relationer och det jag har i livet).*

I avsnitt F utvecklar jag denna teori.

Värdskap och vad det kan ge din entitet.
Det svenska ordet värdskap sägs kommer från det fornsvenska ordet "verdskap", som härstammar från det fornnordiska ordet "verðskapr" bildat av orden "verðr" (värd) och skapr" (skapande, tillstånd). Ordet är en sak, innebörden är så mycket mer. Innebörden beskriver handlingen eller tillståndet att vara värd eller att vara en värd för någon eller något.

Detta kommer från den grundläggande mänskliga egenskapen som har beskrivits redan i antiken (ca. 3000 f.Kr. till ca. 500 e.Kr.) då gästfrihet i den romerska och grekiska civilisationen var en central del av samhällsstrukturen och moraliska värderingar.

Det bästa uttryck jag hört som förklarar värdskap är: *Konsten att få människor att känna sig välkomna.* Grunden sägs komma från fantastiska Maya Angelou och hennes otroliga citat nedan.

Det borde sannerligen sitta i alla hem och i alla yrkesmässiga entiteter i en guldram för den säger så otroligt mycket.

"Människor kommer att glömma det du sagt.

De kommer att glömma det du gjort.

Men de kommer aldrig att glömma hur du fick dem att må."
- Maya Angelou

Livet handlar om att autentiskt beröra människor från hjärtat. Varje gång du är autentisk i ditt privat- och yrkesliv berör du människor för dem känner att du är äkta, att du inte spelar något spel eller någon lämplig roll. Du vågar visa känslor vilket skapar djupare och mer meningsfulla relationer.

Du har kommit så långt i din egna personliga utveckling och i ditt självledarskap att du är sann mot dig själv. Det gör dig mer självständig och du upplevs som avslappnad och självsäker på ett ödmjukt sätt av din omgivning.

Du vågar uppvisa empati och medkänsla för andra människor och du gör det per automatik, utan att tänka efter. Det skapar tillit och respekt i din omgivning.

Du känner att du har ett syfte och en mening. Du vågar vara du.

Det inre värdskapet (IV).

Det inre värdskapet är hur lagmedlemmarna mår, behandlar varandra och hur dem samarbetar.

- *Att de genuint tar hand om och bryr sig om varandra.*
- *Att de har insikt i hur de tillsammans in facto är sin arbetsmiljö och därigenom är medskapare till den gemensamma kulturen.*
- *Hur mycket förtroende och tillit de har till till dig som ledare och det övergripande ledarskapet.*
- *Hur mycket förtroende och tillit de har till varandra.*
- *Hur jämlikt och rättvist arbetsuppgifter fördelas mellan dem.*
- *Hur mycket personligt ansvar de tar för sin arbetstid, sina personliga mål och sina arbetsuppgifter.*
- *Att de strävar mot visionen.*
- *Att de accepterar sin roll och har insikt i att de alla är betydelsefulla pusselbitar för entitets mående och framgång.*
- *Hur lyhörda och accepterande de är mot varandra gällande olikheter, kulturer, mående, perspektiv, åsikter och idéer.*
- *Deras grad av självinsikt och ödmjukhet när de kommunicerar.*
- *Att de accepterar utveckling genom feedback.*
- *Mod att säga det den tycker, till den person det berör med intentionen att hjälpa sin lagmedlem eller dig till utveckling.*
- *Att de strävar mot att uppfylla gemensamma mål.*
- *Hur mycket respekt de visar varandra.*
- *Hur öppna och ärliga mot varandra de är.*
- *Hur de med din hjälp hanterar spänningar och konflikter.*
- *Hur mycket de genuint berömmer och uppmuntrar varandra.*
- *Hur anpassningsbara de är/hur mycket de genuint bryr sig om, och tar ansvar för varandra och entitetens resultat.*
- *Att de delar kunskaper och erfarenheter mellan varandra.*

Grunden till hela formeln är det inre värdskapet.

Det är startpunkten som skapar grundförutsättningarna. Kulturen påverkas av det inre värdskapet vilket även det yttre värdskapet gör, och allt som följer i formeln till lönsamhet.

Som du säkert redan uppmärksammat bottnar det inre värdskapet i avsnitt B-E, det är därför jag lagt så stort fokus på *Grunden*.

Hur arbetar du som ledare med punkterna på föregående sida som påverkar hur dina lagmedlemmarna mår, behandlar varandra och samarbetar? Du som ledare är den person som överlägset mest av alla, skapar graden av den inre värdskapet. Ditt ledarskap är fundamentet till det inre värdskapet. Det inre värdskapet i sin tur påverkar:

- *Arbetsmiljö (fysiska och psykosociala förhållanden).*
- *Arbetsklimat (atmosfären och stämningen som skapas utefter hur era relationer, samarbete och kommunikation är).*
- *Kultur (det som skapas av hur ni interagerar utefter era gemensamma värderingar, normer och beteenden).*

Dina verktyg för det inre värdskapets positiva utveckling är ditt situationsbaserade ledarskap och en accepterad feedback-kultur. Vad som tillkommer som det tredje konkreta verktyget lite senare i boken är anpassad coachning.

Så allt börjar med det något som inte är mätbart, som inte är synligt eller hörbart, du kan inte köpa det för pengar och du kan inte köpa en maskin. Ditt inre värdskap är ovärderligt.

Det är därför jag skrivit tidigare, att den som börjar leda med fokus på den oerhörda kraften kulturen har kommer inte att vilja leda på något annat sätt. Att ha fokus på kulturen för med sig långsiktiga positiva synergieffekter för människor och resultat.

En tillbakablick till visionen, ledarens uppgift är att koppla visionen till det interna värdskapet så symbios uppkommer. Du vet betydelsen av visionen, det är organisationen och din entitets riktning, varför organisationen finns till, vart din entitet strävar, ert varför: varför ni går till jobbet. När jag haft ledande roller i entiteter har jag använt visionen som ledstjärna. Framförallt i utmanande och tuffa tider är fokus på visionen det som styr dig och din entitet till, eller tillbaka till, rätt riktning.

<u>Mina tre steg för att synliggöra visionen:</u>

1. Starta upp alla dagar och möten med visionen synlig.
Att påminna dig själv och dina lagmedlemmar om det övergripande syftet vid arbetsdagens början och när möten startar hjälper till att fokusera på det som är viktigt och undvika distraktioner som inte bidrar till att nå visionen. Det är också ett sätt att inspirera och motivera din entitet genom att påminna dem om det ni alla gemensamt strävar mot för att uppnå.

2. Koppla alla strategier och handlingar till visionen (leder detta oss till vår strävan?).
Att medvetet koppla alla strategier och handlingar till visionen innebär att du som ledare öppet säkerställer att alla beslut och åtgärder som tas, är i linje med visionen. Det visar att du är en ledare som strävar framåt och tydligt visar att visionen är din

ledstjärna. Detta hjälper till att säkerställa att allt arbete som görs är meningsfullt och bidrar till att uppnå det övergripande syftet. Det är också ett sätt att undvika slöseri av tid och resurser på projekt som inte är relevanta för visionen.

3. Ta svåra och stora beslut med visionen som ledstjärna.
Du som är ledare behöver ofrånkomligen ibland ta stora beslut eller ha svåra samtal, det ingår i jobbet. Här är visionen ditt ankare att hålla i. Använder du visionen som ledstjärna blir det ditt filter av sanning när du bedömer olika alternativ och väljer det du vet är bäst för att uppnå visionen. Att undvika att fatta beslut som går emot visionen är ett konkret hjälpmedel som påverkar organisationen och entiteten positivt på lång sikt. Det är också ett sätt att säkerställa att beslut som tas är i linje med ditt ledarskaps värderingar och moraliska principer.

Tre väldigt värdefulla verktyg till dig som är i symbios med visionen och ett positivt internt värdskap.
Du skall nu få tre verktyg du konkret kan koppla till visionen, din och din entitets värderingar och till dina personliga moraliska principer och värderingar. Dessa tre verktyg skapar också positiva synergieffekter till det interna värdskapet, till kulturen och till det yttre värdskapet.

<u>Verktyg 1</u>: Ledarens mission.
Oftast är visionen satt av ägare eller en ledningsgrupp, ibland också i samarbete med en extern firma vars förslag modifieras och sedan godkänns av ägare och/eller styrelse.

Du som ledare i en större organisation står bakom visionen till 100 procent och strävar mot den i allt du gör i ditt arbete.

Dock är det inte sannolikt att dina egna personliga ord finns i visionen. Sannolikhet finns att det inte helt och fullt är från ditt perspektiv. Det innebär att dina personliga värderingar, känslor, passion, vilja eller samlade reflektioner inte är synliga. När du läser upp eller visar visionen för din entitet, som är orsaken till ert varför, varför ni går till jobbet, läser du eller visar upp någon annans kloka ord. Du behöver använda dina egna ord.

Skapa din mission.
Ordet vision kommer från det grekiska ordet "horama" som betyder "syn" eller "att se".

Ordet mission kommer också från grekiskan, från ordet "missio" som betyder "att skicka iväg". Den ursprungliga betydelsen var att beskriva en resa, ett uppdrag (engelskans "mission").

Jag brukar beskriva visionen som en tydlig ledstjärna, dit skall vi alla inom entiteten och organisationen. För att få din entitet att få en klarare, tydligare och skarpare bild av visionen behöver du visa resvägen eller kartan. Och det är din mission. Din mission är ditt sätt att stå framför din entitet och tydligt peka ut riktningen där du med dina ord säger, detta är vår resväg till visionen.

Om jag tänker ut en fiktiv kort och tydlig vision för en organisation inom försäljning som skall stå stark i tuffa tider kan den se ut så här: "Vår vision är att ha den bästa kundservicen i branschen. Vi gör det genom att i varje möte se och bemöta våra kunder på ett mänskligt, professionellt och genuint sätt."
Om jag skulle haft egen entitet i organisationen med den visionen, skulle en mission med mina ord kunna se ut så här:

*"Min mission är att skapa en enastående kundupplevelse
genom att förena vår starka företagskultur, vårt sätt
att se varandra och vårt genuina värdskap.*

*Jag tror på en arbetsmiljö där var och en av er känner
sig betydelsefull och inspirerad till att bidra till era
kolleger och till våra gemensamma mål.*

*Genom att främja en öppen kommunikation och ett
respektfullt samarbete inom vårt team, skapar vi
tillsammans en atmosfär av tillit och engagemang
som genomsyrar varje enskild kundinteraktion.*

*Vi strävar efter att förstå våra kunders unika
behov och önskemål, och genom att utöva äkta
värdskap och omtanke levererar vi personliga
och skräddarsydda lösningar.*

*Vårt fokus ligger alltid på att överträffa förväntningarna
och skapa långvariga relationer baserade
på förtroende och lojalitet.*

*Med vår kultur, samarbete och värdskap,
strävar vi efter att vara branschens främsta
när det gäller att ta hand om våra kunder
på ett mänskligt och genuint sätt."*

Din mission är inofficiell, den är för din entitet. Syftet är att skapa extra tydlighet, motivation, engagemang, drivkraft och stolthet. Missionen skall berätta vad ni i er entitet gör varje arbetsdag. <u>Missionen skall kunna ge svar på följande tre frågor: Vad gör vi, hur gör vi det och vem gör vi det för.</u>

Varför?

Fantastiska Bengt och Lotta Wiström, som jag fått förmånen att gå en längre coachutbildning med, har lärt mig något så otroligt viktigt. Du har sett att jag nämnt det tidigare i boken: betydelsen av "varför". Förstår inte en människa "varför" eller en annan människas perspektiv är den dessvärre per automatik negativt inställd eller rädd, och letar sannolikt fel. <u>En lagmedlem som inte förstår varför är inte motiverad till sin fulla potential.</u>

Det kan vara en av dina allra största uppgifter som ledare. Att säkerställa att alla i din entitet till fullo förstår "varför". Varför har vi en vision, varför har vi policys och checklistor, varför har vi utbildningar, varför är det viktigt att komma i tid, varför har vi en feedback-kultur, osv.

"Det största slöseriet, och samtidigt den största potentialen på arbetsplatser är när medarbetare i vardagen gör saker utan att veta varför."
- Niclas Timmerby

Din mission är kartan till visionen. Ju tydligare din karta är, desto bättre kan dina lagmedlemmar navigera mot visionen.

<u>Verktyg 2</u>: Ge känslomässig information.
- Det här verktyget skapar delaktighet, ger alla lagmedlemmar
  en riktning och gör att dem känner sig sedda.
- Det visar att du verkligen bryr dig om dem, att du bryr dig om
  organisationen, din entitet och att du med all tydlighet strävar
  mot din mission och er gemensamma vision.
- Det skapar också tydlighet i det dagliga arbetet genom att
  ömsesidiga förväntningar synliggörs.

*För att förändra kulturer och människor behöver du prata utan
filter och utan prestige, från ditt hjärta. Att våga visa dig sårbar
genom att berätta om dina moraliska principer och värderingar
visar din entitet att du är ärlig, genuin och trygg i dig själv. <u>Ett
tryggt ledarskap skapar trygga lagmedlemmar.</u>*

*Att ge känslomässig information innebär att du på ett ärligt och
öppet sätt delar med dig av dina känslor, reflektioner,
upplevelser och önskan. Detta gör att du skapar tillit vilket är en
grund för långsiktig motivation. Detta visar att du verkligen bryr
dig om dina lagmedlemmar på riktigt, det visar också att du bryr
dig om organisationen och att du vill uppnå visionen genom din
mission. Du sätter riktningen och visar att du tar dem framåt.*

*Jag har fyra hållpunkter i ditt känslomässiga tal till dina
lagmedlemmar, jag har även lagt till ett öppet förslag under varje
punkt du gärna får använda som inspiration. Det viktiga är att du
använder dina ord och berättar det på ett sätt som är "du".*

Förbered dig och samla sedan din entitet för att:

1. Berätta om din drivkraft.

2. Berätta vad din entitet kan förvänta sig av dig.

3. Berätta om dina förväntningar på din entitet.

4. Berätta hur du ser på framtiden.

1. Berätta om din drivkraft.

Min drivkraft är att se er växa och ta ansvar för varandra. Det gör att jag med glädje kommer till vår arbetsplats varje dag. Jag är oerhört stolt och tacksam över att få vara en del av vårt lag och jag vill att denna känslan skall bestå och öka.

2. Berätta vad din entitet kan förvänta sig av dig.

Vad ni kan förvänta er av mig är att jag är väl förberedd och har med mig energi till varje arbetsdag för att ge er bästa möjliga förutsättningar att må bra och utvecklas. Vad ni kan förvänta er av mig är att jag behandlar era alla jämlikt och att jag kommer att ingripa om någon inte behandlas schysst. Vad ni kan förvänta er av mig är att jag kommer att ge feedback för att jag verkligen vill se er växa som människor och i er yrkesroll, kom ihåg att när jag ger feedback är det alltid i välmening.

3. Berätta om dina förväntningar på din entitet.

Vad jag förväntar mig av er är att ni alltid har visionen i fokus och är väl förberedda när ni kommer till vår arbetsplats. Vad jag förväntar mig av er är att ni alltid ger våra kunder, leverantörer och entreprenörer det bästa genuina mottagandet som är möjligt. Det bygger vårt rykte som lag och vår organisations varumärke. Vad jag förväntar mig av er är att ni behandlar varandra vänligt och med respekt, och att ni alla på ett bra sätt ingriper om ni ser att någon inte mår bra eller behandlas orättvist. Då är vi ett lag på riktigt idag och i framtiden.

4. Berätta hur du ser på framtiden.

Hur jag ser på framtiden är att vi mår bra i vårt lag och har riktigt kul tillsammans. Att vi fortsätter utvecklas som lagspelare och som ett lag, och att vi är stolta över varandra både vid med- och motgångar. Att vi vågar utmana varandra för att nå mål skänker oss alla glädje då vi kan se en medmänniska växa och utvecklas.

<u>Verktyg 3</u>: Er värdegrund.

Det tredje verktyget till dig som samverkar i symbios med visionen och ett positivt internt värdskap.

Att skapa en värdegrund är ytterligare ett värdefullt sätt att skapa riktning, samverkan och fokus. Min rekommendation är att varje större entitet inom organisationen har en egen framtagen värdegrund. Orsaken är enkel, människor är unika och alla människor har unika värderingar. Ju större entitet, desto svårare blir det att känna ett känslomässigt samband till värdegrunden.

Att stå bakom en värdegrund en människa inte varit delaktig i att skapa kan omöjligen innebära samma motivationsfaktor. En värdegrund skall inte vara framtaget som en PR-strategi eller marknadsföringsstrategi, jag anser inte det vara respektfullt att ta lätt på värderingar eftersom värderingar över tid har präglat och format människor.

En gemensam värdegrund tar avstamp i nuet och formar det framtida inre värdskapet och kulturen.

Varför?

Du som ledare tar fram verktyg nr 1 (Ledarens mission) och verktyg nr 2 (Ge känslomässig information), nu ger du din entitet ett tomt papper att skapa gemensamma riktlinjer och principer.

Syftet.

Varför du skapar en gemensam värdegrund där samtliga dina lagmedlemmar får vara delaktiga, har både psykologiska och motivationsmässiga fördelar vilket stärker banden mellan lagmedlemmarna och entiteten som helhet.

Att få vara delaktig och involverad i framtagandet av värdegrunden ger en bestående känsla av att allas åsikter och värderingar tas på allvar vilket skapar trygghet och engagemang.

Dina lagmedlemmar känner att dem får bidra till något meningsfullt och värdefullt vilket ger ökad motivation.

Att öppna upp för delaktighet i värdegrunden ger varje lagmedlem en möjlighet att kunna reflektera över sina egna värderingar, sin etik och moraliska principer. Frågeställningarna "Vilka värderingar är viktiga för mig och driver mig? Vilka värderingar värdesätter jag och vill leva efter?" skapar ökad medvetenhet, en möjlighet att växa genom personlig utveckling.

Att få vara med och forma något unikt och bestående skapar en känsla av ägandeskap och egenansvar.

Att tillsammans få samarbeta, diskutera och berätta om vad som är viktigt för var och en som människa öppnar upp för en öppen kommunikation mellan lagmedlemmarna vilket skapar starkare sammanhållning, förståelse och gemenskap.

Att få vara delaktig gör att lagmedlemmarna känner sig mer ihopkopplade med hela organisationens identitet vilket kan stärka känslor av samhörighet och stolthet.

Här är ett förslag på en workshop för att ta fram en gemensam värdegrund för din entitet. (Cirka 3 timmar effektiv tid.)

Om din entitet är stor, förbered grupprum eller en möjlighet för mindre grupper att få avskildhet i gruppövningen. Är din entitet under 25 personer kan ni göra övningen i ett större grupprum.

1. Inledning. Förslag: 10 minuter:
- Förklara syftet med workshopen och betydelsen av att ha en gemensam värdegrund. *Exempel:*
    - *Att skapa ett samlat dokument där alla är delaktiga till att definiera och synliggöra vad som är viktigt för oss som människor och i vårt arbete. En gemensam värdegrund skapar en tydlig riktning där våra gemensamma värderingar syns i hur vi agerar på vår arbetsplasts och hur vi tar oss an våra arbetsuppgifter.*
- Skapa en positiv, trygg och öppen atmosfär där alla känner sig bekväma och förberedda att dela sina åsikter och idéer.
- Förbered A4-papper med följande 40 exempel på värdeord och lägg gärna till fler som är viktiga för dig. Detta för att effektivare skapa inspiration till gruppövningen.

1. Ärlighet, 2. Ansvarstagande, 3. Respekt, 4. Tillit, 5. Samarbete, 6. Kreativitet, 7. Lyhördhet, 8. Jämlikhet, 9. Etik, 10. Omtanke, 11. Hållbarhet, 12. Kvalitet, 13. Kreativitet, 14. Öppenhet, 15. Lärande, 16. Passion, 17. Mod, 18. Tillförlitlighet, 19. Empati, 20. Feedback, 21. Lösningsorientering, 22. Glädje, 23. Nytänkande, 24. Professionalitet, 25. Ärlighet, 26. Inkludering, 27. Kundfokus, 28. Ödmjukhet, 29. Miljöhänsynstagande, 30. Tillväxt, 31. Säkerhet, 32. Trovärdighet, 33. Innovation, 34. Drivkraft, 35. Optimism, 36. Tolerans, 37. Ömsesidig respekt, 38. Öppen kommunikation, 39. Strategiskt tänkande, 40. Enhetlighet.

2. Brainstorming av värdeord. Förslag: 30 minuter:

- Dela nu in din entitet i grupper om ca. fem personer. De skall i gruppövningen, under 30 minuter skriva ner de tio värdeord de kommer fram till är viktigast för respektive grupp på en A3-sida (de får gärna vara kreativa och komma med egna förslag).
- När de funderar individuellt gruppvis kan det vara ord som är viktiga för dem i deras privat- eller yrkesliv, det kan vara värderingar, egenskaper, principer eller ideal.
- Det är viktigt att alla är delaktiga och att alla få komma till tals.
- Uppmana dem att diskutera när de tycker olika och våga berätta varför de kanske har starka åsikter.
- De skriver ner de tio värdeord de gemensamt i gruppen kommit fram till speglar dem bäst på den A3 de fått med sig.

3. Prioritering. Förslag: 45-60 minuter:

- Förbered under tiden gruppövningen pågår så du kan fästa alla A3 så alla tydligt får en överblick och kan ta del när ni återsamlas. Låt lagmedlemmarna öppet diskutera och analysera de olika förslagen som grupperna kommit fram till.
- Ge instruktionen att de nu skall enas om tio värdeord som tillsammans kan symbolisera allas förslag. Börja med att skriva upp de värderingsord som återkommer flest gånger och skapa sedan en öppen diskussion för att få dina lagmedlemmar att gemensamt diskutera fram vilka värdeord som skall komplettera upp till tio styck: Vilka anser de speglar människorna, känslan i entiteten, vilka är mest betydelsefulla och relevanta, vilka tar er framåt i er strävan mot visionen?
- Viktigt är att du uppmanar dem som eventuellt är tystlåtna att berätta vad de känner, deras röst är lika värdefull som alla andras. Allt för att skapa delaktighet. Du vill inte att någon ur din entitet kommer till dig efter övningen och säger att den inte kan följa värdegrunden för att den inte fått vara delaktig. Stäm individuellt av med samtliga innan du avslutar övningen.

4. Formulera värdegrunden. Förslag: 30 minuter:

- Skriv upp de tio gemensamt utvalda värdeorden fysiskt eller via PowerPoint/Keynote.
- Dela in din entitet i två, fem eller tio grupper, beroende på hur många ni är och låt sedan respektive grupp ta ansvar för fem, två eller ett värdeord per grupp. Respektive grupp har i uppgift att formulera en eller två meningar per värdeord där de blandar in sina individuella värderingar och moraliska principer. Respektive värdeord skall vara med i respektive mening. Inspirera dem till att göra sina meningar kraftfulla och väldigt motiverande. (En bra sak jag brukar använda i denna typen av workshops är att be dem tänka att det börjar två nya lagmedlemmar imorgon och de två människorna skall känna engagemang och passion av det dem läser.) Använd gärna rollindelningen per grupp som du ser på sidorna 78-79, för att få struktur och framförallt för att alla skall vara alerta och få möjlighet att vara delaktiga.
- Dela ut anteckningsmaterial samt en A3 per grupp där de kan skriva upp sina slutgiltiga meningar där de ringat in eller strukit under värdeorden.
- Återigen betonar jag vikten av att alla skall få möjligheten att vara delaktiga och får möjlighet att personligt bidra.

5. Åtagande och implementering. Förslag: 45 minuter:

- Förbered återigen när gruppövningen pågår så du kan fästa alla A3 där alla tydligt kan få en överblick när ni återsamlas.
- Tacka alla för deras arbete, läs sakta igenom alla meningar och öppna upp för reaktioner efter varje mening. Är någon mening inte komplett när ni återsamlas, brainstorma då gemensamt fram en komplett mening så allt blir slutfört när alla är samlade där i rummet.
- Diskutera öppet mening för mening vilka situationer och uppmaningar som kan uppstå i det dagliga arbetet där

värdegrunden kan vara en vägledning, ett stöd och rent av en lösning.

- Berätta att det är ett värdefullt arbete dem gjort som du som ledare kan använda vid exempelvis anställningsintervjuer, du kan då säga: *"Detta har lagmedlemmarna gjort, detta är var de känner och vad de tycker. Detta är deras riktlinjer för hur arbetet skall skötas och hur de behandlar varandra."*
- Berätta också att du kommer att skriva ut värdegrunden och sedan kommer be alla att skriva under, det skapar personlig lojalitet till den gemensamma värdegrunden. När alla skrivit under sätter du upp den till exempel i ett samlingsrum eller personalrum. Er entitets värdegrund är inofficiell.

Förbered dig på att göra om de tre verktygen cirka var tredje år eller när en betydande del av din entitet slutat och ersatts av nya lagmedlemmar. Dina tre värdefulla verktyg som är i symbios med visionen och ett positivt internt värdskap är:
1. Ledarens mission.
2. Ge känslomässig information.
3. Er värdegrund.

Varför är värdskap viktigare än någonsin idag?

Värdskap har varit med oss sedan innan vår tideräkning, det ligger i vår mänskliga natur att få människor att känna sig välkomna. Sedan har det aldrig varit tydligare än nu hur betydelsefullt värdskap är. Konkurrensen är hårdare än någonsin, världen har precis genomgått en flerårig pandemi, ett hemskt krig i Ukraina pågår i detta nu. Detta sammantaget har orsakat ökade energipriser, oro på aktiemarknaden, ett ökat antal konkurser per år och ett högt inflationstryck vilket driver upp räntor och priser, och påverkar valutor. Detta påverkar investeringar, ekonomisk tillväxt och handel negativt.

Värdskap i sammanhanget av försäljning.

Om du säljer till kunder kan du precis allt om dina produkter eller tjänster. Allt dina kunder frågar dig om kan du svara på.

Fantastiskt! Men det är antagligen inte den faktorn som gör att kunderna kommer tillbaka till just dig gång på gång, och som gör att de rekommenderar dig och din verksamhet till alla de träffar. <u>För någonstans förväntar dem sig att</u>, om dem tar sig tid och energi att åka till din verksamhet och är villiga att betala för dina produkter eller tjänster så skall de få svar på sina frågor..
(Människor kommer att glömma det du sagt.)

Du springer nästan benen av dig när du säljer till kunder för att tillmötesgå deras önskemål. Kunderna har aldrig stött på någon så otroligt serviceinriktad som direkt ordnar det dem behöver.

Otroligt! Men det är antagligen inte den faktorn heller som gör att kunderna kommer tillbaka till just dig gång på gång, och som gör att de rekommenderar dig och din verksamhet till alla de träffar. <u>För någonstans förväntar dem sig att</u>, om dem tar sig tid och energi att åka till din verksamhet och är villiga att betala för dina produkter eller tjänster visar säljaren engagemang..
(De kommer att glömma det du gjort.)

För att skapa lojala kunder som handlar för större belopp än genomsnittskunden, som kommer tillbaka gång på gång på gång, som bara vill göra affärer med dig, dina lagmedlemmar och din verksamhet. Som pratar gott om och rekommenderar dig och din verksamhet till alla dem träffar, krävs något annat. <u>Du behöver få kunden att känna något de inte känner hos era konkurrenter, du behöver ha sänt genuina, äkta signaler.</u>
(Få dem att må på ett sätt de aldrig kommer att glömma.)

Du behöver överträffa kundens förväntningar.

- Du behöver skapa en varm, genuin atmosfär som människor hela enkelt bara trivs i. En miljö människor vill vara i.
- Atmosfären behöver få kunden att känna sig genuint välkommen, avslappnad och bekväm.
- Kunden behöver känna sig sedd och uppmärksammad så fort som möjligt på ett genuint och naturligt sätt.
- Kunden behöver känna att den är i centrum av ditt fokus.
- När ni påbörjar ert samtal behöver kunden känna sig genuint uppskattad att den kom just till er.

Om ni överträffat kundens förväntningar känner den att den fått ett mottagande och en upplevelse utöver det vanliga.
Jag brukar säga att kunder idag direkt känner av när en säljare ler för att det "står i tjänstebeskrivningen" att den skall möta kunden med ett leende, och när en säljare genuint ler för att de verkligen uppskattar människan som kommer just till dem.

Vi vet alla hur det känns om någon ber oss le för att ta ett fotografi, en aning krystat och tillgjort kanske? Eller när vi ler i vardagen för att vi ser något glädjande och ett spontanfoto tas? Det syns stor skillnad på de bägge fotona, när det är genuint och äkta, och när det är för syns skull.

Det är exakt den här skillnaden som kunden känner in när den pratar med en säljare eller expedit som ler för att det förväntas av den, eller ler genuint med hjärtat.

Försäljning förr och nu.
Varför värdskap är viktigare än någonsin idag är för att sättet att sälja på är i konstant förändring och med stora mjuka penseldrag naturligt följer de stora kulturskiftena. <u>Att förstå kulturer är att förstå människors behov. Inom försäljning anser jag, att det är det en ren överlevnadsfaktor att förstå kulturer.</u>

(I nästa kapitel "Ryktet" berättar om jag om den otroligt stora skillnaden på att sträva efter "nöjda kunder" och att sträva efter "lojala kunder". Vilket är valet mellan överlevnad och lönsamhet.)

Den gamla synen på försäljning.
Idag när jag skriver detta är det 2023, årtalet 1898 inföll för 125 år sedan. Jag repeterar.

År 1898, för 125 år sedan. Mitt i den industriella revolutionen som startade för cirka 260 år sedan, kom den första skriftliga beskrivningen av <u>försäljningstratten</u>. Artikeln skrevs av <u>E. St. Elmo Lewis</u> och publicerades i tidningen "The Inland Printer". Denna tidskrift trycktes i USA mellan år 1883-1922.

<u>Att bemöta invändningar</u> och <u>empati-teknik</u> beskrevs tydligt i skrift första gången 1936 i boken *"How to Win Friends and Influence People"* av <u>Dale Carnegie</u> (också i den industriella revolutionen)

<u>AIDA-modellen</u> (Attention, Interest, Desire, Action) som leder en potentiell kund genom hela köpprocessen beskrevs första gången 1925 av <u>E.K. Strong</u>.

Går vi ännu längre tillbaka beskrevs <u>övertalningsteknik</u> av <u>Aristoteles</u> i boken *"Retorik"* på 300-talet f.Kr. <u>Auktoritetsteknik</u> av <u>Cicero</u> i boken *"De Oratore"* (betyder på svenska: om talaren) år 55 f.Kr. <u>Behovsanalysteknik</u> av <u>Benjamin Franklin</u> år 1758 i hans bok *"The Way to Wealth"*. Detta är bara några exempel.

Många år har gått, generationer har passerat, samhällen har förändrats och vi har passerat flera stora kulturskiften. Med detta har människors behov naturligt förändrats.

Den gamla synen på försäljning kan ses som fokus på två huvudsakliga faktorer:
- <u>Servicebaserad försäljning</u>: Som vikten av har funnits beskriven i århundraden.

- <u>Varumärkesbaserad försäljning</u>: Den första dokumenterade reklamannonsen publicerades 1836 i Frankrike. Tidningen hette "La Presse" och denna banbrytande annons var den första som inte bara informerade om en produkt eller vara, den använde varumärket "Dubonnet" som en central del av annonsen. Vad varan var? En fransk läskedryck.

Den gamla synen på försäljning har fokus på att med bra <u>service</u> informera och berätta för kunden varför den skall köpa precis det här <u>varumärket</u>.

Tittar du i en bokhandel eller i en nätbokhandel idag på utbudet om försäljning handlar titeln på de överlägset flesta om *hur* du skall sälja. Ytterst få handlar om psykologin bakom *varför kunden tar det slutgiltiga beslutet att köpa* (vilket till 100 procent i slutändan alltid grundas i någon typ av känsla. Detta innebär att du alltid kan påverka en kunds köpbeslut, om du förstår kundens behov och de signaler den sänder ut.).

Det finns flera tillfällen jag funderat på budskapet som sänts ut, om det verkligen rimmar med människors behov. Ett exempel är reklam för tvättmedel som visades väldigt frekvent på tv tidigare. I alla reklamfilmer visades smutsig tvätt som blev ren, barn som kanske råkade spilla men plagget blev rent efter en tvätt. Det är ju magiskt bra. När jag dock av nyfikenhet frågat människor; "Vad är det första du gör när tvätten är klar och du öppnar tvättluckan?" Då har alla i någon form svarat: "Luktar på det första plagg jag får tag på för att se om tvätten luktar gott." - "Så du kollar inte om plagget är rent?" - "Bara om det är en specifik fläck jag vill bli av med, att det skall bli rent förväntar jag mig". (Jag luktar också på det första plagget...)

Först nu på senare år ser jag tvättmedelsföretag fokusera mindre på det kunderna förväntar sig; att tvätten blir ren, och istället fokusera på värdehöjande faktorer kunden vill betala mer för.

Dagens nödvändiga syn på försäljning kan ses som fokus på dessa huvudsakliga faktorer (som båda introducerades 1994):
- <u>Mekanisk försäljning</u>: Den 11 augusti 1994 köptes den första produkten på internet, det var på en webbsida skapad av Dan Kohn på Stanford University. Kunden var Phil Brandenburger och han köpte en CD-skiva, "Ten Summoner's Tales" av Sting.
- Den 27 oktober 1994 publicerades den allra första reklamannonsen på internet. Det var det globala telekommunikationsföretaget AT&T som med en enkel liten

klickbar bannerannons på en webbsida gjorde det möjligt för användaren att klicka sig till deras sida. Detta är en markant händelse som öppnade upp för digital marknadsföring som utvecklade teknologiska plattformar. Den 11 augusti till den 27 oktober 1994 föddes mekanisk försäljning.

- <u>Värdebaserad försäljning</u>: Diskussion kring detta begrepp har funnits en tid. Den första gång en inflytelserik författare öppnade upp för detta begrepp var 1994, Michael Bosworth i sin bok "Solution Selling". I boken introducerade Bosworth begreppet <u>värdeproposition</u> (VP) vilket kan beskrivas som vikten av att förstå och kommunicera det unika värde en produkt eller tjänst kan erbjuda en kund. Att för kunden betona de fördelar och lösningar produkten eller tjänsten har som kan lösa kundens behov eller problem.

(Värdeproposition som förkortas <u>VP</u> skall inte förväxlas med <u>USP</u>, "Unique Selling Proposition" vars begrepp myntades i Rosser Reeves bok "Reality in Advertising" som publicerades 1961. VP beskriver det värde och nytta en produkt eller tjänst ger till en kund. USP beskriver unika fördelar och egenskaper en produkt eller tjänst har mot andra produkter eller tjänster.)

USP = fokus på produkten eller tjänsten. VP = fokus på värdet.

Dagens nödvändiga syn på försäljning har fokus på att <u>mekaniskt</u> och <u>värdebaserat</u> väcka känslor inom kunden som gör att den tar kontakt, ställer frågor eller själv tar köpbeslut.

Reflektion, kapitel 2

1. Hur hanterar du småstenar idag? Hur påverkar det dina
   känslor och vilka signaler du sänder ut till din omgivning? Dvs.
   hur präglar ditt sätt att hantera problem din omgivning? Hur
   påverkar detta din egen utveckling och hur kan du träna på att
   tänka i vardagliga situationer för att byta fokus till lösningar?

2. Hur kan ditt sätt att konkret, direkt fokusera på möjliga
   lösningar påverka din entitet positivt; deras utveckling,
   beslutsförmåga, handlingar, motivation, energitillstånd,
   engagemang, fokus, effektivitet, produktivitet och resultat?

3. Har du insikt i de tre delarna inom kontrollinriktning och de
   tre delarna inom kontrollbehov, och hur insikten kan hjälpa
   dig som ledare att lättare förstå dina lagmedlemmar samt
   med mer säkerhet veta vilken typ av situationsbaserat
   ledarskap du skall tillämpa för bäst långsiktig effekt?

4. Har du reflekterat över ditt beteende och de signaler du
   sänder ut, samt hur dem påverkar din entitet? Finns det någon
   risk att du vill en sak inombords men sänder ut andra signaler
   som din entitet upplever eller tolkar annorlunda?

5. Hur påverkar du din entitet i vardagen för att skapa ett positivt
   inre värdskap när du reflekterar över punkterna på sidan 193?
   Finns det något du kan göra annorlunda?

6. Hur skulle en högre grad av genuint inre värdskap i samverkan
   med de tre verktygen påverka din entitet och er arbetsmiljö?

KAPITEL 3

IV ⇢ K ⇢ YV : (E = potential^∞) ⇢ R = T

---

*Det räcker att en människa går in i ett rum
för att förändra kulturen till det bättre.*

Var den människan.

Niclas Timmerby

**Kulturen = Atmosfären, de mänskliga förutsättningarna
människorna i entiteten tillsammans kontinuerligt skapar.**

*Det interna värdskapet skapar kontinuerligt atmosfären
människorna i entiteten befinner sig i. De mänskliga
förutsättningarna är att människorna på arbetsplatsen genom
sina värderingar, moraliska principer, beteenden, signaler/
attityder och normer samt hur de agerar och interagerar med
varandra, tillsammans påverkar atmosfären.*

Det är min tolkning av hur kulturen skapas, oavsett om det
exempelvis är; *ett team på en arbetsplats, en skolklass, ett
idrottslag, familj/släkt, kompisgäng, en styrelse eller
ledningsgrupp, en politisk organisation, en religiös församling,
en konstnärlig förening, en välgörenhetsgrupp, en
studentorganisation, en militär enhet, en musikgrupp, en
sjukvårdsorganisation, en miljöorganisation, en teaterensemble,
en bostadsrättsförening, en fackförening. Eller två människor
som påverkar varandra, för dem har också en atmosfär, en kultur.*

Även en högst tillfällig entitet som till exempel träffas på en fest,
en resa, en konsert eller på en matlagningskurs skapar också en
kultur uppbyggd av det människorna tillsammans bidrar med för
att forma atmosfären.

Atmosfären/Kulturen är konstant i rörelse, den står aldrig still.
Din uppgift som ledare är att långsiktigt vårda och upprätthålla
det inre värdskapet med din mission (din karta) med visionen i
fokus, med värdegrunden, genom att ge känslomässig
information och andra verktyg du fått i boken.

Struktur, checklistor, regler och rutiner skapar väldigt lite utveckling. Att bygga en kultur gör att människor växer.
Själva ordet kultur säger egentligen allt, det latinska ordet "cultura" ursprungliga betydelse var: att beskriva odling och bearbetning av mark.

Att bygga en hälsosam och utvecklande kultur gör att människor har förutsättningar till välmående på arbetsplatsen, att de helt enkelt känner att dem är på en bra plats i livet. Här följer fyra studier som påvisar psykologiska och mentala fördelar med en hälsosam kultur på arbetsplatsen:

2005: "The Impact of Organizational Culture on Employee Well-being: Evidence from a Cross-sectional Study". Denna studie påvisade att: "en positiv och stödjande företagskultur är kopplad till bättre psykiskt välbefinnande hos anställda."

2017: "Organizational Culture and Employee Mental Health: A Multilevel Model". Studien påvisade att: "en positiv och hälsosam företagskultur är kopplad till lägre nivåer av stress och psykiska besvär bland anställda."

2019: "The Impact of Organizational Culture on Employee Engagement. I denna studien undersöktes sambandet mellan kultur och anställdas engagemang. Resultaten visade att: "en positiv och stödjande företagskultur främjar högre engagemang och bättre psykologiskt välbefinnande hos anställda."

2016: "The Relationship between Organizational Culture and Employee Job Satisfaction in the Public Sector" Denna studie påvisade att: "en positiv och hälsosam företagskultur är kopplad till högre nivåer av jobbtillfredsställelse och psykologiskt välbefinnande hos anställda."

När du vårdar det interna värdskapet, påverkar du kulturen.
Ledarskap handlar väldigt lite om vad *"jag"* gör, ledarskap
handlar om vad mitt ledarskap kan göra för andras utveckling.

Den första som beskrev ledarskap var den grekiske filosofen
Platon i en av hans mest kända verk "Staten" (ibland även
benämnd "Republiken") som skrevs cirka 380 f.Kr. Platon ansåg
att en god ledare bl.a. skall vara rättvis, klok, modig, ha fått en
utbildning i filosofi och moral, ha förmågan att fatta kloka beslut,
har förmågan att kommunicera effektivt med människor, måste
kunna inspirera andra att följa och ha förmågan att se bortom de
omedelbara konsekvenserna av sina handlingar.

I takt med de stora kulturskiftena jag beskrivit i boken har
begreppet ledarskap utmanats och förändrats, vilket är helt
naturligt. Här är en kort inblick.

*Frederick Winslow Taylor (1856-1915) anses vara en pionjär inom
begreppet ledarskap. Han myntade begreppet <u>Taylorismen</u> i
slutet av 1800-talet och hans metodik hade stor inverkan på
arbetsmetoder och ledarskap under <u>den industriella
revolutionen</u>. I metodiken är fokus bl.a. på att maximera vinsten,
optimera arbetsprocesser, öka produktivitet, belöningssystem
baserat på prestation, noggrant tidsatta arbetsmoment för
maximal effektivitet. Allt övervakat av en tydligt hierarkisk modell
där chefer hade ansvar för att övervaka och styra arbetet.*
    *Under <u>informationssamhället</u> var den mest framträdande
metodiken inom ledarskap <u>Transformationellt ledarskap</u>. Den
togs fram av historikern och forskaren James MacGregor Burns.
Han beskrev att ledarskapet skall fokusera på att inspirera och*

*motivera medarbetare att nå gemensamma mål. Metodiken
betonar också vikten av att skapa en vision och att kommunicera
den på ett inspirerande sätt samt stödja medarbetarnas
potential. James MacGregor Burns betonade vikten av att
anpassa sig till snabba förändringar, främja innovation och
kreativitet, och skapa en engagerande arbetsmiljö.*

*Vårt senaste stora kulturskifte, innan AI-revolutionen som
pågår, var <u>den digitala/sociala revolutionen</u>. Den mest
framträdande metodiken var <u>Agilt ledarskap</u> som utvecklats av
flera forskare och experter, dock ingen specifik person. Agilt
ledarskap är en flexibel och responsiv stil som betonar
anpassning till snabba förändringar och samarbete. Fokus är på
att skapa en kultur av tillit, innovation och lärande. Fokus är också
på att främja snabbare beslutsprocesser. Agilt ledarskap främjar
delaktighet och en platt organisation.*

Varför jag förordar <u>situationsbaserat ledarskap</u> är för att den
fungerar oavsett vilken form av ledarskapsstil som präglat
entiteten du verkar i, fram tills idag. Med denna modells
uppbyggnad kan du oberoende av lagmedlemmars individuella
behov baserat på kulturskiften och ålder, utveckla dem och din
entitet. Ledarskapsstilen innebär att du som ledare anpassar dig
efter varje specifik situation och lagmedlemmens mognadsnivå.

Du utvecklar dig själv i ditt situationsanpassade ledarskap i varje
unik situation och samtal. När du utvecklas finner du snabbare
balansen mellan; kravställningen på arbetsuppgiften och
lagmedlemmens förmåga och inre motivation, och hur du kan
utmana lagmedlemmen och få den att växa och utvecklas.

Att sedan kombinera ditt situationsbaserade ledarskap med anpassad coachning i en accepterad feedback-kultur, gör att det du kanske trodde var omöjligt, gör du själv möjligt.

Det som gör er kultur synbar i ord, är er värdegrund.
Värdegrunden är skapad av lagmedlemmarna själva. Alla har fått vara delaktiga och i ett anpassat sammanhang haft möjlighet att bidra med sina individuella moraliska principer, känslor och värderingar. Värdegrunden visar en tydlig riktning, med lagmedlemmarnas egna ord, hur dem förväntas behandla varandra, hur dem förväntas agera och genomföra sitt arbete. Det är självfallet av stor betydelse att du som ledare också har skrivit under och följer din entitets värdegrund.

Om kulturen är hälsosam och atmosfären är behaglig att vistas i följer lagmedlemmarna värdegrunden.

"En stark kultur är en som är baserad på gemensamma värderingar och normer, och som genomsyrar alla aspekter av organisationen, från rekrytering till beslutsfattande."
- Charles Handy

Om kulturen känns olustig och atmosfären spänd att vistas i, bryter en eller flera lagmedlemmar mot värdegrunden.

Alla känner av er kultur.
Jag lovar. Du, alla dina lagmedlemmar och människor som tillfälligt besöker er entitet *känner direkt av atmosfären.* Atmosfären visar direkt hur du som ledare mår, hur lagmedlemmarna mår, hur dem behandlar varandra och hur de samarbetar. Hur ni gemensamt mår, är den grundläggande faktorn som skapar ert gemensamma bidrag till organisationen.

Ledaren behöver stå upp för kulturen.
Du har i boken fått de långsiktiga verktygen som konstant verkar för dig och din entitet i bakgrunden.

Men vad gör du om du har negativa kulturbärare som med sina negativa superkrafter dränerar atmosfären genom:
- att dem inte förstår konsekvensernas av sina signaler, sitt beteende eller sin attityd.
- Att dem inte accepterar sin roll.
- Som inte vill förstå "varför", klagar och tar energi.
- Som inte är lagspelare, som agerar utefter sina egna regler.
- Som öppet visar att dem inte bryr sig om sina lagmedlemmar och/eller mål och resultat.
- Som inte är ödmjuka och sätter sig själva i centrum.
- Som saknar självinsikt och manipulerar sina lagmedlemmar för att påverka kulturen på det håll de vill.
- Som utmanar dig som person och ditt ledarskap i korridorerna (för de vågar sällan göra det ansikte mot ansikte).
- Som själva förstår att dem är på fel arbetsplats men ändå är kvar och sprider dålig energi.

Skyddar du inte kulturen är ditt ledarskap i en farozon.
Du behöver skydda kulturen, du behöver stå upp för den atmosfär entiteten gemensamt byggt upp. Här behöver du visa handlingskraft och tydlighet för att visa alla i entiteten att du inte tvekar en sekund på att skydda din entitet och dess värderingar. Genom att tydligt ta ställning och påvisa handlingskraft skapar du förtroende och tillit från den del av din entitet som vill växa med organisationen, och du visar de negativa kulturbärarna att deras beteende och attityd inte är acceptabelt.

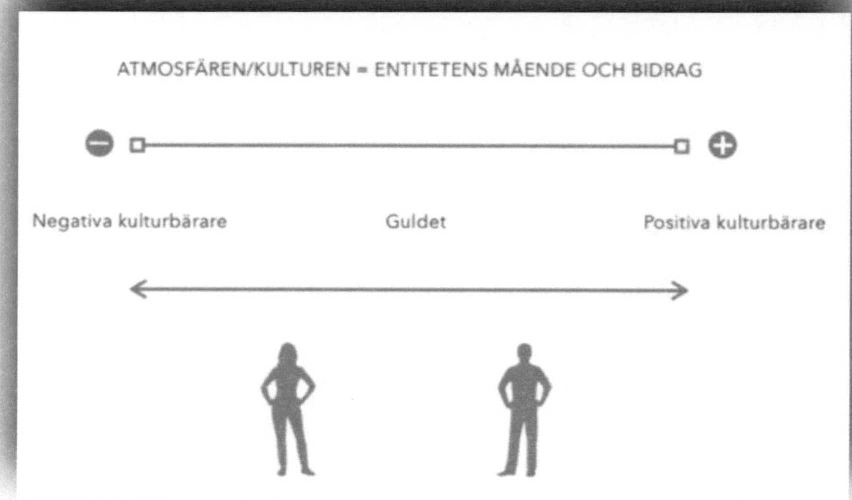

Atmosfären/Kulturen = entitetens mående och bidrag.

Utkomsten av er atmosfär/er kultur inverkar direkt på lagmedlemmarnas välbefinnande och deras bidrag till resultat och framgång. En hälsosam, trygg och trivsam atmosfär främjar samarbete, produktivitet och engagemang. En osund atmosfär fylld med olustiga spänningar påverkar kommunikation, arbetsmiljö, arbetsklimat, prestationer och resultat negativt.

Om du reflekterar och sedan markerar med ett streck på den översta linjen. Hur är atmosfären/kulturen just nu? (Längst till höger är målbilden: en hälsosam, trygg och trivsam atmosfär.)

Negativa kulturbärare, Guldet och Positiva kulturbärare.

Den dubbelriktade pilen symboliserar den konstanta rörelsen i din entitet, hur dina lagmedlemmar formar, påverkar och upprätthåller den översta linjen vilket är er kultur och atmosfären människorna verkar inom. Kulturen står aldrig still. Atmosfären är, liksom vinden, mer eller mindre alltid i rörelse åt något håll.

<u>*Positiva kulturbärare*</u> *sprider genuin värme omkring sig till andra. De vågar visa känslor och öppet bry sig om, pusha och berömma andra.* <u>*De sprider glädje, optimism och entusiasm.*</u> *Känslan att vara nära en positiv kulturbärare är trygghet och tillit. För de lyssnar in andra, tar stort ansvar, tar ställning när något inte är jämlikt eller rättvist och respekterar öppet olikheter. De märks att dem vill vara delaktiga i att skapa en miljö där alla känner sig bekväma att vara sig själva och kan dela åsikter och idéer.*

Se bilden som att de positiva kulturbärarna fysiskt med all sin kraft och med ett stort leende drar kulturen i rätt riktning.

<u>*Negativa kulturbärare.*</u> *Dessvärre finns det oftast också motsatsen i alla entiteter. Du kanske till och med kan se deras ansikten i bilden, hur de fysiskt, beslutsamt och envist gör allt de kan för att dra kulturen till den vänstra sidan.* <u>*Det skall vara på deras sätt.*</u> *Det är viktigt att ha insikt i att den negativa kulturbäraren kanske inte är medveten om vad den gör, hur den påverkar andra och hur den underminerar hela entitetens mående och prestation.*

Undermineringen sker genom att lagmedlemmen ex. har en bristande samarbetsvilja, sprider missnöje, orsakar spänningar och konflikter, bygger upp en känsla av misstro och osäkerhet i atmosfären, har bristande ansvarstagande, påvisar låg arbets-moral, sprider negativa kommentarer och skapar missförstånd mellan lagmedlemmar som du som ledare behöver hantera.

Sedan har vi <u>*Guldet,*</u> *vilka är alla* <u>*dem som är lite mitt emellan*</u>*. De har av olika anledningar inte mod att följa de positiva kulturbärarna som med all kraft vill dra loket (kulturen) framåt, och de tycker det är läskigt med de negativa kulturbärarna som med all kraft håller i nödbromsarna i tåget.*

Hur skall du som ledare leda för att skydda, vårda, upprätthålla och ta kulturen framåt?
På sidan 152, innan nivå 4 av feedback berättade jag vad chefer och ledare svarat när jag frågat dem vilka medarbetare de lägger överlägset med tid, energi, fokus, resurser och engagemang på?

De svarade: "De som egentligen inte vill vara på arbetsplatsen." När jag ställt följdfrågor utkristalliseras vad det beror på, nämligen att personerna är negativa kulturbärare som genom sitt beteende och sin attityd påverkar kolleger och kulturen negativt.

Så, om den bild jag fått i mitt yrkesliv stämmer med den generella verkligheten ute på arbetsplatser är det rent av sorgligt. Risken är stor att de bästa till sist slutar om inte ledaren tydligt står upp för en hälsosam och trivsam kultur.

Glöm inte de positiva kulturbärarna.
Det kan vara mänskligt, för de springer ju bara fram där i full fart med energi och engagemang med sitt leende på läpparna.

De gör det dem skall göra och de gör så mycket mer.
De är medskapare av en positiv kultur och atmosfär.
De lyfter andra, de har stor påverkan på välmående och resultat.

Men till sist tröttnar de kanske för att dem drar loket utan att på riktigt bli erkända för det bidrag de gör. Nummer ett på undersökningen du har på sidorna 49-50: vad medarbetare svarade när de fick frågan: "Vad är viktigast för dig?" var:

"Att bli sedda".

Hemligheten till att få en kultur att gå i rätt riktning är 3+1.

1. Positiva kulturbärare kräver lite = Feedback och Signaler.
2. Guldet kräver tydlighet = Feedback.
3. Negativa kulturbärare kräver att du markerar = Konsekvenser.

En positiv kulturbärare behöver så lite för att fortsätta springa och bidra. Stanna den när den sprider som fortast och säg: "Jag tycker du är fantastisk". När den skall gå hem från arbetet en dag så stanna den och säg: "Jag uppskattar dig väldigt mycket". Berätta när du har möjlighet att du uppskattar personen som människa, dess attityd, signaler, egenskaper och personlighet. Fortsätt ge uppskattande feedback och fortsätt ge signaler som visar att människan är viktig, värdefull och betydelsefull.

Guldet. Dessa är dem du skall ha mest fokus på för att få kulturen att gå i rätt riktning. Orsak (1) är att flest lagmedlemmar oftast befinner sig i denna delen av entiteten då negativa- och positiva kulturbärare oftast är en mycket mindre andel av det totala antalet människor i entiteten. Orsak (2) är att dessa människor är mest formbara: De följer de negativa kulturbärarna vid vissa tillfällen för att det är enkelt, det kräver ingen insats av en människa att vara negativ. De följer väldigt sällan de positiva kulturbärarna eftersom det kräver mod och mycket av egen mental insats att gå från "Guldet" till att vara en positiv kulturbärare. Det är här du kan göra stor skillnad.

Guldet är, naturligt sett, de som behöver mest tydlighet och riktning för att få modet och den mentala styrkan att bli en positiv kulturbärare. Att prata mycket med dem om de långsiktiga verktygen som vision, din mission, värdegrunden, att du ber dem ge dig feedback om din känslomässiga information.

Det överlägset mest tydliga verktyget är feedback, inget kan bli mer tydligt än feedback. Att arbeta med nivå 1 och nivå 2 gör att du medvetet och med välmening kan styra dem "åt höger", åt att vilja ta mer och mer naturlig positiv plats i entiteten.

Att säga åt en människa som är formbar att: "Du, just du kan förändra atmosfären på vår arbetsplats. Jag tror på dig. Hur är ditt drömscenario på känsla du vill ha när du kommer till jobbet en vanlig dag?". Att ge feedback till Guldet är ditt mest effektiva recept till en hälsosam kultur och hela entitetens utveckling.

Tänk dig tillbaka till den dubbelsidiga bilden på sidan 222, att negativa kulturbärare drar åt vänster, samtidigt som de positiva drar åt höger. Det är i konstant rörelse, och så har du det formbara Guldet i mitten. Ditt mål för att skydda och vårda kulturen är att förmå Guldet att röra sig till höger med små, små, små steg. Dessa små steg skapar en massa som snart kommer att påverka de negativa och de positiva. Bägge sidorna känner att något som inte går att stoppa är på väg att hända. Och det enda du egentligen gör som ledare är att du arbetar konsekvent med din feedback-kultur (som du tydligt sagt du skall göra i workshopen) och så säger du till dem, att du tror på dem.

<u>*En negativ kulturbärare.*</u>
En av ledarens viktigaste insikter är att alla människor kan förändra sig. All förändring innebär utveckling.

*En negativ kulturbärare **kan förändra sig** och bli en positiv kulturbärare. En egoist **kan förändra sig** och bli din allra bästa altruistiska lagmedlem. En pessimist **kan förändra sig** och bli en optimistisk lagmedlem.*

*Du minns mitt citat från sidan 51? **"En sann ledare vet att det inte är människor det är 'fel på'. Den vet att det är kommunikationen mellan människorna det är fel på".** Din uppgift som en sann ledare är att först reflektera över er kommunikation. Hur kan du förändra <u>din</u> kommunikation, <u>ditt</u> kroppsspråk, <u>ditt</u> tonfall? Kan <u>du</u> lyssna mer lyhört utan att döma för att försöka se den andra människans perspektiv?*

Har du försökt gett feedback på alla fyra nivåer? Visar du att du är den vuxna i samtalet som med ditt lugn, tonfall och kroppsspråk tydligt tar nivån på samtalet framåt? Hur visar du det, ser du hur din kommunikation landar hos mottagaren?

Fungerar inget av detta återstår inget annat än får förbereda dig för att ge en konsekvens. En konsekvens ger du för att påvisa att ett beteende inte är acceptabelt på arbetsplatsen. Du får påbörja att tydligt dokumentera vid de tillfällen lagmedlemmen underminerar kulturen med orsak, datum och tid. Det kan vara exempelvis att inte hålla tider, att inte följa uppsatta regler, policys och rutinlistor, att göra saker på ett eget sätt, att behandla sina lagmedlemmar respektlöst, att agera på ett sätt som skadar entiteten, organisationen eller varumärket.

Konsekvensen kan vara en muntlig eller skriftlig varning. Eller att du vid en allvarlig händelse säger åt lagmedlemmen att han eller hon får gå hem resterande tid av denna dag med full lön och är personen är välkommen tillbaka påföljande dag, du informerar att du kommer att informera lagmedlemmens fackförbund om händelsen och hur du agerat.

Lämpligt vid varje händelse du funderar på att ge en konsekvens, är rådgivning med din arbetsgivarorganisation.

3+1 = Anpassad coachning

Den fjärde faktorn du kan använda är anpassad coachning. Det fantastiska med detta verktyg är att coachning är lämpligt för alla i din entitet; negativa- och positiva kulturbärare och Guldet.

Du som ledare har två otroligt starka verktyg för att påverka dina lagmedlemmars utveckling både kort- och långsiktigt. Du har tidigare fått verktyg nummer 1: *"De fyra nivåerna av feedback för alla generationer och kulturer".*

Verktyg nummer två är *anpassad coachning.* Coachning innebär att du genuint, med en god människosyn tror på människans förmåga till utveckling.

Verktyg 1: Feedback = Det som gör att du kan ha högt i tak på riktigt i din entitet.

Verktyg 2: Anpassad coachning = Det som gör att du slipper göra allt själv, och ändå säkerställa den kvalitet du eftersträvar.

Feedback på alla fyra nivåer utvecklar din entitet och får människor att växa. Din avsikt med feedback är att påvisa att en människa utvecklas eller blir bättre i något avseende om det ändrar ett beteende eller attityd.

Med anpassad coachning behöver du inte vara en en chef som styr människor med styrmedel. Ditt fokus är på att lita på människors förmåga till utveckling och genom coachning utveckla entiteten så att de inte behöver styrmedel.

Din avsikt som coach är att påvisa att du tror på en människas eller entitets tro på möjligheten att nå ett nytt läge från det befintliga nu-läget. Du tror på att människan eller entiteten kan bli självgående och att du finns där som coach för att utmana.

Riskerna med att inte använda feedback och coachning.
Potentiell risk 1: Du kommer inte att orka.
Potentiell risk 2: Du ägnar mer tid åt att släcka bränder än att leda, motivera och utveckla.

Att använda feedback och coachning som verktyg i ditt dagliga ledarskap är bra för ditt välbefinnande. Det är lätt att hamna i fällan att med strukturella styrmedel nästan per automatik styra lagmedlemmar till att göra det som krävs för att din verksamhet skall fungera. *Det innebär dock att du då börjar ta <u>för mycket ansvar för vad andra människor skall göra</u> när du skall följa upp om styrmedel genererat resultat, vilket innebär att du kommer att hamna i tidsbrist och uppleva stress eftersom dina egna arbetsuppgifter kommer i skymundan.*

> *"En chef styr människor genom styrmedel.*
> *En ledare utvecklar människor, lag och verksamheter.*
> *En mentor utvecklar ledare."*
> *- Niclas Timmerby*

Risken är också överhängande att det inte blir som du tänkt dig trots väldigt tydliga styrmedel, och att du ibland tänker *"Äh, jag gör det själv och jag skall göra det så otroligt tydligt så att dem andra förstår hur det skall göras!".*

<u>Då behöver du ställa dig två frågor:</u>
1. Vad har du dina anställda till?
2. Vad är din roll?

För visst, du kan säkert under flera år ta ansvar för sådant du egentligen kan (skall) delegera ut för att sedan ge feedback och coacha lagmedlemmen till önskat resultat. Dock är sanningen att gör du saker själv, du egentligen kan lära andra att göra under alltför lång tid finns två potentiella risker. De båda du ser på föregående sida.

För du då? Vad händer min din utveckling, den målbild du satt upp i ditt självledarskap (sidan 70), dina personliga mål och ambitioner om du inte använder coachning och feedback?

Risken är uppenbar, att utan feedback och coachning får du ständigt släcka bränder och ha utmaningar att uppnå de förväntningar du satt upp på dig själv. Jag ber dig att vara snäll mot dig själv. Träna på, använd och reflektera över ditt självledarskap för att ta kloka beslut i ditt liv och yrkesliv.

Din målbild är kanske väldigt hög, du vill inte stanna vid att vara en ledare. Du vill bli en mentor som skapar nya ledare, som visar dem vägen. Det är fantastiskt bra, världen behöver många nya mentorer som visar chefer vägen till att bli en ledare. *Bemästra feedback och coachning, och du skapar dig verktyg, tillit till dig själv och ryktet som krävs för att vara en mentor.*

Skillnaderna på feedback och coachning

Det finns två väsentliga skillnader som är viktiga för dig att känna till innan du strategiskt börjar coacha och ge feedback.

Hur många kan jag ge feedback/coacha samtidigt?

Feedback ges till en person, till den personen det berör.

Du kan coacha en person och en hel grupp människor.

När skall jag ge feedback, och när skall jag coacha?

Feedback är att belysa *något som har hänt*.

Coachning är *det som händer i nuet eller mot en målbild*.

Feedback, sammanfattning:

- Du ger feedback för att du vill belysa ett beteende du har sett hos mottagaren genom uppskattade eller utvecklande feedback för att hjälpa lagmedlemmen utvecklas.
- Du ger det för att undvika missförstånd och för att tydligt visa riktningen (vart skall vi? Vilken standard skall vi ha?).
- Det skapar effektivitet.
- Med feedback förtydligas varför, vad, hur och när.
- Du ger uppskattande feedback på nivå 1 och 3 för att få mer av ett önskvärt beteende, attityd eller prestation. När du ger beröm förstärks beteenden. Det tar människan, entiteten och organisationen framåt.
- Du ger utvecklande feedback på nivå 2 och 4 för att göra mottagaren medveten om ett beteende, attityd eller hur den presterar hämmar mottagaren. Du påvisar att du tror på mottagaren, att den kan utvecklas. Utvecklande feedback gör att ett ej önskvärt beteende, attityd eller prestation minskar. Det tar människan, entiteten och organisationen framåt.

<u>Coachning:</u>
- Du coachar från det faktiska nu-läget till en specifik målbild, eller i nuet (mer vanligt inom idrott.) Ditt fokus är framtiden.
- Du utmanar människor med frågor så den själv kan komma fram till svaren och då utvecklas.
- Efterhand att din entitet utvecklas med coachning kommer det att skapa mer tid för dig som ledare.
- *Gör i kombination med feedback på alla fyra nivåer lagmedlemmar och entiteten självgående.*

Varför kan inte alla vara som jag!
Jag är säker på att du tänkt ungefär det sättet någon gång under din ledarskapsresa. *"Tänk om alla jobbade lika snabbt, lika effektivt, var lika bra som jag med kunder, sålde lika mycket, hade så bra hand om entreprenörer och underleverantörer, kunde skriva så bra avtal med våra leverantörer."* Tänker du så kanske du inte skall vara en ledare? Du kanske inte ens skall vara en chef? Tänker du så skall du kanske istället specialisera dig på det du gör allra bäst och skapa dig en framgångsrik yrkeskarriär den vägen.

Du är en ledare för att du utvecklar människor. Jag är jag, du är du, och vi är helt unika. Varje gång du har en lagmedlem framför dig så tänk att den säger till dig: *"Utveckla mig, ta fram det allra bästa i mig, visa mig hur bra jag kan bli!"* Det är din uppgift som ledare. Att utveckla människor, lag och verksamheter. Vad kan människan bli? Med feedback och coachning kan du synliggöra mer och mer av den dolda potentialen.

Att vara en ledare som coachar innebär konstant utveckling för dig och alla i din entitet. Anpassad coachning innebär att du tar hänsyn till alla lagmedlemmars individuella behov, och det är ingenting som går att stressa fram. Har du fokus på den snabba lösningen fokuserar du på var människan är idag, ofta innebär det att du själv ger svaren för att det skall gå fort. Det är inte coachning. *Coachning är fokus på människans utveckling, vad kan den bli? Hur kan jag utveckla människan framför mig så den kan göra den här arbetsuppgiften själv nästa gång, och kanske till och med bättre än hur jag hade gjort det?*

Du kommer behöva träna länge för att bli en trygg coach, det går inte över en natt. Att coacha medvetet genom anpassad coachning innebär att du som ledare har börjat arbeta med dig själv i ditt självledarskap. Du har börjat få insyn i dina egna värderingar (det som undermedvetet styr dig och dina val) och dina moraliska principer blir klarare och skarpare för varje månad som går. ***Det du ser hända med dig själv och i dig själv (din utveckling) är att du i realtid skapar ett ansvarstagande ledarskapsperspektiv vilket gör att du är väldigt medveten om hur du påverkar andra människor genom de signaler du sänder ut/din attityd, hur ditt beteende smittar av sig på andra, hur du präglar dina lagmedlemmar. Du har nu ett helikopterperspektiv och har förmågan att se dig själv från andras perspektiv.***

Varje gång du reflekterar över dina egna värderingar, ditt beteende och din attityd, får du inte bara en djupare förståelse över hur du fungerar som människa och varför du "är som du är, och agerar eller reagerar som du gör", utan även hur andra människor fungerar. Som bonus nummer 1 blir du mer ödmjuk, som bonus nummer 2 ökar din självinsikt.

Ingen är som du, alla är unika.
För att vara en framgångsrik coach är det viktigt att förstå och hålla två nyckelfaktorer i åtanke: skiljelinjen och människosynen.

Skiljelinjen är den tydliga gräns du alltid behöver hålla mellan mottagaren och dig. När du träder in i coachrollen är ditt fokus två saker: <u>mottagarens framgång och organisationens resultat.</u> Din roll är inte, jag repeterar, inte att att vara en kompis eller vän. Som coach behöver du se situationen eller hindren till målbilden ur ett neutralt perspektiv.

En god människosyn är att alla människor vill och kan utvecklas om de ges förutsättningar att lyckas. Dina grundläggande värderingar och hur du ser på andra människor genomsyrar ditt bemötande mot andra människor. De signalerna kommer oftast fram vid stress eller när du är arg. Vilken människosyn har du, är det en god människosyn?

Dina lagmedlemmar ser dig som den som har ansvaret och som sitter inne med alla svar och lösningar. Du skall visa vägen.

Men som du vet hinner du inte alltid vara på plats i alla situationer för att visa vägen eller berätta vad dina lagmedlemmar skall göra.

Det är här coachning är lösningen, att du utvecklar människor genom att utmana dem vilket gör dem självgående.

<u>Du kan coacha i två olika scenarier:</u>

- *Målstyrande coachning:*
När du sätter personliga eller gemensamma mål. Eller att du i samtal eller möten uppmanar dina lagmedlemmar sätta mål, personligt eller för hela entiteten.
- **Problemlösande coachning.**
När en lagmedlem kommer till dig med ett problem. Då står du inför ett dilemma som sannolikt händer dig i vardagen:
- *Antingen ger du svaret, och lagmedlemmen får den enkla och kortsiktiga lösningen serverad på ett silverfat = människan är kvar i sin bekvämlighetszon där ytterst lite utveckling sker.*
- *Eller ställer du frågor och utmanar lagmedlemmen = människan utvecklas, tar mer personligt ansvar och får förutsättningar till att på sikt bli självgående.*

<u>Alla som verkar som ledare har en fantastisk möjlighet till utveckling varje gång en lagmedlem kommer med problem.</u>

Valet för dig som ledare är enkelt: du kan (1) utvecklas och utveckla din entitet, eller (2) själv lösa problemet med de potentiella risker det innebär som jag beskrev på sidan 229:
- *I längden kommer du inte att orka.*
- *Du ägnar mer tid åt att släcka bränder än att leda, motivera och utveckla.*

Du minns hur jag beskrev paradigmer/sanningar.
Du som coach vill förändra tankemönster genom att du utmanar de gamla inpräglade sanningarna/paradigmerna. Du gör det för att du vill se och få ut hela människans potential. Du gör det

naturligt och genuint av 100 procent välmening för du har en god människosyn och vill se människan växa och blomstra.

Du minns det viktiga "<u>varför</u>" jag beskrev på sidan 199?
Coachning, som är ditt redskap som får fram dina lag-medlemmars "varför" är en insikt som hjälpt mig massor som ledare: *Det finns alltid ett varför.* Du har ett "varför" till varför du beter dig i olika situationer. Alla i din entitet har olika "varför" till varför de beter sig på olika sätt i olika situationer.

Det är precis <u>här</u> du kan vända en egoist i din entitet till en altruist. Det är precis <u>här</u> du kan vända en pessimistisk lagmedlem till en optimistisk. Det är precis <u>här</u> du kan motivera en negativ kulturbärare till att reflektera istället för att ruminera. Från att kritisera till att istället ta ansvar för beteende, attityd, tid, arbetsuppgifter och för sin entitet.

Det är precis <u>här</u> du kan få "Guldet" att våga ta små, små, små steg till att bli positiva kulturbärare i din entitet.

Kan du som coach få mottagaren att berätta sina "varför", kommer du med stor sannolikhet närmare den människan än de flesta andra gjort tidigare. Det skapar förtroende och djup tillit.

ALLA har ett isberg.
Alla människor har ett isberg, du har ett isberg, alla dina lagmedlemmar har ett, alla i din familj och din släkt har ett, osv.

Jag ser isbergen som människors "varför".

Ibland ser du saker som "stör dig". Beteenden och attityder som inte är bra, acceptabla eller att du reagerar på dem för de inte stämmer överens med din sanning hur människor "skall vara". *(Varför kan inte alla vara som jag!)*

De beteenden, attityder, kroppsspråk och handlingar du ser ovanför vattenytan säger **ingenting** om "varför".

Din uppgift som coach är att ta reda på vad som finns under vattenytan, människans "varför". Här är några exempel.

Medan feedback är ditt verktyg för att justera och korrigera till utveckling, är coachning ditt verktyg för kunna gå djupare och skapa verklig förändring i människan. Tänk vilken gåva det är som ledare, att ha möjligheten att på riktigt förändra människors syn på sig själva och få dem att öppna upp sig.

Det är enkelriktad.

Människor får entiteter och hela organisationer att utvecklas och nå framgång. Det kan bara gå på det hållet. Det är *människor* som skapar förutsättningar att nå ett resultat. Sedan kan mycket väl frukten av resultatet gå tillbaka till att investera i människorna och sedan börjar det om, att människorna skapar nya bättre förutsättningar för att skapa bättre resultat.

> *"Endast saker du är engagerad i lämnar avtryck till människor och till din eftervärld."*
> *- Niclas Timmerby*

Anpassad coaching är ett fantastiskt verktyg för en organisation att investera i, för det ger inte bara resultat i siffror, det får också lagmedlemmar att må bra och utvecklas.

Coachning är inget du kan gå halvhjärtat in i och förvänta dig resultat. Att bygga upp en givande coachningsrelation tar tid och måste få ta tid eftersom alla människor har en startpunkt och olika varför. Ju bättre förberedd du är, ju bättre du lyssnar, ju mer du utmanar och ju mer energi och genuint engagerad du är i coachsamtalet, desto mer avtryck kommer samtalen att ge.

I tidskriften "International journal of mentoring and coaching" och boken "Coachologi; laganda, lust och lönsamhet" påvisas följande positiva synergieffekter av coachning: 24% mindre personalomsättning på ett år, 4,5% minskade sjukskrivningar på ett år, 19% ökad produktivitet på ett år.

Coachning eller konstgjord andning?

På utbildningar inom coachning berättar jag att det är väldigt vanligt att människor tror att de coachar, när de i själva verket ger konstgjord andning. Det är så lätt att falla in i ett vanligt samtal för att vi människor är rädda för att utmana människor.

<u>Vad är konstgjord andning?</u>
- Du ger svaren till mottagaren.
- Du har fokus på var mottagaren är idag eller mottagarens förflutna.
- Du utmanar inte mottagaren.
- Du har fokus på en snabb lösning.

<u>Vad är coachning?</u>
- Du ställer frågor och lyssnar.
- Du har fokus på mottagaren målbild.
- Du får mottagaren att berätta vilka hinder den ser.
- Du utmanar genom att ställa frågor som tvingar mottagaren ur sin bekvämlighetszon. Att utmana en människa är som att ge en fin gåva, gåvan att utvecklas.
- Ditt fokus är inte var mottagaren är idag utan vad den kan bli, hur långt kan den nå, vad är potentialen, hur når den dit?

För att coacha framgångsrikt.
1. Ju mer du förstår mottagarens "varför", desto bättre kan du coacha, leda och utveckla din lagmedlem.

2. Du behöver skapa förtroende, och helst tillit. Stressa inte.
3. Du behöver under samtalen utmana mottagarens gamla inpräglade sanningar.
4. Tänk på din roll, fast det känns tufft ibland så fortsätt utmana.
5. Ta pauser om det uppkommer emotionella saker eller minnen som mottagaren behöver bearbeta.
6. Säg innerligt tack efter varje coachningssamtal.

A. I dina första coachningssamtal, ställ frågor kring yrkesrollen så att det blir lätt för mottagaren att svara. Några exempel:

- *På vilket sätt utmanas du i din nuvarande yrkesroll? Finns det några områden där du känner att du kan växa och utvecklas? Vad ser du för eventuella hinder, hur kan du övervinna dem?*
- *Vilka specifika mål eller resultat vill du uppnå i din yrkesroll och hur kan du utmana dig själv för att nå dessa mål? Vad ser du för hinder och hur kan du övervinna dem?*
- *Vilka är dina styrkor och hur kan du använda dem ännu mer effektivt i ditt arbete?*
- *Vilka områden känner du osäker eller behöver mer kunskap eller färdigheter i? Hur kan du utmana dig själv för att fylla dessa kunskapsgap? Vilka eventuella hinder ser du och hur kan du övervinna dem?*
- *Hur kan du ta mer ansvar och initiativ inom din yrkesroll? Finns det några områden där du kan ta på dig mer utmanande uppgifter eller projekt? Vilka eventuella hinder ser du och hur kan du övervinna dem?*
- *Hur kan du använda dina tidigare erfarenheter för att växa och utvecklas ännu mer? Hur kan du utveckla andra och genom det växa själv?*

B. Här går du djupare genom att ställa frågor kring mottagarens
   drivkraft och motivation. Några exempel:
- *Varför går du till jobbet? Vad är din huvudsakliga drivkraft?*
- *Vilka är dina övriga motivationsfaktorer? Varför har du dessa
  motivationsfaktorer? Finns det andra faktorer som egentligen
  kan motivera dig mer? Vilka eventuella hinder ser du och hur
  kan du övervinna dem?*
- *Finns det något som hindrar dig från att känna dig motiverad
  och engagerad i ditt arbete? Hur kan du övervinna dessa
  hinder och hitta nya drivkrafter?*
- *Vilken roll spelar feedback, beröm och erkännande för din
  drivkraft? Hur ofta vill du jag ger dig feedback för att du skall
  utvecklas och få mer drivkraft och motivation?*
- *När känner du som mest drivkraft eller motivation på jobbet,
  när är du som allra bäst? Hur kan du utmana dig själv för att
  hitta nya sätt att upprätthålla och förstärka den motivationen?*
- *Har du några egna mål du satt upp för dig själv och hur
  kopplas dem till din inre drivkraft? Kan du utmana dig själv och
  sätta ännu mer ambitiösa och inspirerande mål?*

C. Efter att du gått igenom A och B är det dags att gå ned på
   den djupaste nivån, mottagarens egna värderingar och
   moraliska principer. Du har säkert fått vissa delar i de tidigare
   samtalen som mottagaren och du kan ha stöd i nu.

*Det är här du kommer din lagmedlem som närmast, kan den
berätta om personliga händelser eller situationer som präglat
och format människan till den identitet den har idag och du
utmanar, kan fantastiska saker ske i människans utveckling i
dessa samtal. Här kan människan utmana sin prägling och*

*identitet den kanske levt i under väldigt lång tid. På C behöver
mottagaren ha väldigt stort förtroende eller tillit till dig.*

Några exempel:

- *Vad är viktigt för dig i livet? Varför tror du det är så?*
- *Vad är viktigt för dig som människa? Vad har skapat den
  känslan inom dig?*
- *Vad kompromissar du aldrig med? Vilka situationer i livet har
  skapat dessa djupa värderingar inom dig?*
- *Vad vill du förändra i ditt liv? Vilka hinder ser du och hur kan du
  övervinna dem?*
- *Hur kan du använda dina värderingar och moraliska principer
  för att skapa större mening i ditt liv och yrkesliv? Hur kan du
  utmana dig själv för att aktivt söka och skapa möjligheter som
  är i linje med dina värderingar och principer, även om det kan
  innebära att du måste göra svåra val?*
- *Hur hanterar du dilemman som uppstår här på arbetsplatsen
  när det finns en konflikt mellan dina egna värderingar och
  organisationens mål, eller i dina relationer med dina kolleger?
  Vilka hinder ser du och hur kan du övervinna dem? Kan du
  utmana dig själv för att hitta sätt att lösa sådana dilemman på
  ett sätt som är både moraliskt riktigt för dig och samtidigt är
  hållbart i dina relationer?*
- *Hur kan du använda dina värderingar och moraliska principer
  som en vägledning för att skapa en positiv, etisk arbetsmiljö
  och samtidigt leva efter vår gemensamma värdegrund? Hur kan
  du utmana dig själv för att vara ett föredöme och en förebild,
  och påverka andra att agera i enlighet med vår gemensamma
  värdegrund och kloka moraliska principer?*

Berätta vad du vill.
Du skall få mitt allra bästa tips jag använder när jag coachar.

Ordet "**_vill_**".

Först en bakgrund: Ibland, kanske ofta, kommer människor i ditt privat- eller yrkesliv och säger hur de mår. Och överlägset oftast berättar de hur dåligt de mår eller hur dåligt något är. I nästa kapitel kan du läsa mer om "social identitet" vilket kan vara en förklaring till varför människor vill ventilera negativa saker. Som coach behöver du ibland bryta mönstret eller byta fokus om samtalet inte går i en framåtlutad riktning.

Alla människor går igenom tragedier som förlust av nära anhörig, svåra sjukdomar, livslånga skador eller svåra traumatiska händelser. Det är inte dessa saker detta avsnitt handlar om. Detta handlar om faser eller tillfälliga tillstånd i livet som uppkommer i form av problem, motgångar och bekymmer.

Alla har <u>mindre</u> kriser som berör ekonomi, relationer, yrkesliv eller hälsa. När människor kommer till dig för att prata i ditt privat- eller yrkesliv, eller om du är i ett coachsamtal kan jag till 100 procent lova att om problem, motgångar eller bekymmer uppkommer är det i en eller flera av dessa fyra områden.

För att komma förbi dessa kriser i livet behöver människor ibland hjälp. Det är en stor styrka att be om hjälp från andra människor. Men skall vi verkligen kunna hjälpa människan framför oss behöver vi utmana människan.

Om en människa säger till dig: *"Jag mår inte bra."* Vad kan du göra då? Det du gör inombords är att du tycker synd om människan, du kanske svarar: *"Vad tråkigt. Usch, vad hemskt. Vad*

*orättvist. Vad synd om dig det är. Du har/haft sådan otur. Är det
inte det ena så är det andra. Kämpa på."* Detta hjälper inte
människan ett dugg så att den kan komma ur sitt nuvarande
tillstånd eller fas. Det är för att det är fasligt svårt för dig att
utmana en människa oavsett situation när den säger hur den
mår. När en människa säger något negativt påverkar den
ofrånkomligen dig och hur du kommer att svara. Framförallt om
det är en nära anhörig, får då bryr vi av naturliga orsaker oss
ännu mer om människans välmående.

Får du en sådan kommentar kan du svara. *"Hur **vill** du må?"*

*Kan du få människan i ett samtal eller coachningssamtal att svara
på den frågan så tar det människan framåt. Något magiskt
händer när en människa skiftar fokus från ett nuläge till ett önskat
läge. För säger den hur den _vill_ må, sätts funktioner igång i både
mottagarens och din hjärna.*

*Ni börjar tänka i lösningar, prefrontala cortex aktiveras vars
funktioner är problemlösning, beslutsfattande, kreativitet och
planering. Även andra områden i hjärnan aktiveras som helt
plötsligt gör det möjligt att dra nya slutsatser, se andra
perspektiv och anpassning till nya situationer.*

Ordet _vill_ är den snabbaste vägen till egen utveckling.
När du själv har en fas eller är i ett tillstånd du inte trivs är dina
dominerande tankar på hur du mår. Du kan använda detta när
som helst. Skifta ditt fokus till hur du _vill_ må.

*Kommer du inte ur känslan, prata med en människa du känner
tillit till och be om hjälp. Exempelvis:*

- Kan jag prata med dig om en sak?

- Absolut.

- Jag vill inte att du tycker synd om mig, okej?

- Okej, om du vill så.

*- Berätta om fasen du befinner dig i, och att du vill komma
vidare. Be människan att komma med förslag på lösningar.*

*(När ni är två är möjligheten större att komma ur fasen än om du
är själv. Glöm inte att utmana, annars skapas ingen förändring.)*

**Här är några exempel på vill-frågor i coachningssamtal för att
bryta mönster och byta fokus från nu-läge till önskat läge:**
- Hur vill du må?
- Vad vill du uppnå? (Målbilder.)
- Vad vill du åstadkomma? (Ambitioner.)
- Hur mycket vill du sälja för per dag, vecka, månad, år?
- Hur vill du kontoret/butiken/personalrummet skall se ut?
- Hur vill du göra klart dina utbildningar?
- Hur många kundbesök vill du göra?
- Hur snabbt vill du göra klart "den här delen" av arbetet?

Reflektion, kapitel 3

1. Reflektera över atmosfären inom din entitet, vilka är positiva respektive negativa kulturbärare? Hur kan du använda feedback och coachning för att forma en bättre atmosfär?

2. Reflektera över dina lagmedlemmar, känner du till deras mänskliga behov? Vad påverkar deras beteende och insats?
    1. Varför går dem till arbetet?
    2. Vad behöver dem för att stanna kvar.
    3. Känner de lojalitet till dig?
    4. Känner de sig trygga med dig och sin entitet?
    5. Vad behöver dem för att växa och utvecklas?
    6. Förstår alla det viktiga "varför": visionen, missionen, värdegrunden, feedback-kulturen.
    7. Känner de stolthet och engagemang, om inte, varför?

3. För att kunna coacha framgångsrikt:
    1. Din viktigaste ambition när du coachar är att ta reda på vad som finns under vattenytan på "isberget", att du förstår "varför". Vilka är orsakerna och bakgrunden till varje lagmedlems unika beteende, signaler/attityd och agerande?
    2. Är du genuint intresserad i varje lagmedlems liv?
    3. Är ditt mål att utveckla en genuin, unik relation till varje lagmedlem?
    4. Observerar du kontinuerligt lagmedlemmar och entiteten som helhet för att se hur du kan förbättra samarbete och kemin mellan dem?

KAPITEL 4

$$IV \dashrightarrow K \dashrightarrow YV : (E = potential^{\wedge}\infty) \dashrightarrow R = T$$

Nöjda kunder kan få en verksamhet att överleva.
Lojala kunder får den lönsam.
Niclas Timmerby

Kulturer är det starkaste som finns.
- Kulturer inverkar och påverkar alla som befinner sig i kulturen.
- Kulturer formar människors identiteter, hur människor förhåller sig till varandra inom kulturen och till omvärlden (det som finns utanför respektive kultur).
- Kulturskiftena vi har levt i, rotas i samhällen vilket gör samhällskulturen till "det normala", det som förväntas av oss.
- De dagliga kulturerna vi lever och arbetar inom är rotade, vilket gör kulturen till "det normala", det som förväntas av oss.

Åker du till ett land finns där en kultur, åker du till ett grannland finns där en annan kultur, du känner av olika kulturer överallt: Länder, samhällen, byar och städer, stadsdelar, kvarter i jämförelse med andra kvarter, olika yrken har olika kulturer, osv.

Du har en egen atmosfär du "lever i", sedan när du kommer i kontakt med en människa, om det så bara är för en minut har ni tillsammans skapat en ny gemensam kultur, kommer en tredje person till förändras dynamiken direkt. Det påverkar hur ni pratar till varandra och hur ni beter er mot varandra.

Om en nyanställd börja på din arbetsplats imorgon känner den *direkt* av er atmosfär. Det är osynligt men det påverkar den nya lagmedlemmen omedelbart, människor behöver inte ens prata för den känner det genom de hormoner och kemiska signaler ni sänder ut. Det är därför jag beskriver kulturen som atmosfären. Och det kommer mer intryck för den nyanställde: Den har känt av hur ni behandlar varandra, hur ni samarbetar, energinivån, engagemangsnivån, generellt kroppsspråk och tonfall, vilka ord ni generellt använder, vilket tempo ni arbetar i, osv.

Kulturen/Atmosfären blir per automatik det yttre värdskapet.
Jag har beskrivit hur det interna värdskapet skapar kulturen.
Kulturen, som jag liknar vid atmosfären är där människor vistas
och präglas. Det yttre värdskapet är en spegelbild av kulturen.

*Tänk dig att du knackar på hos en främmande familj för att
berätta att det en katt sitter i ett träd i deras trädgård och jamar
för att den inte kan komma ned. Några sekunder från att de
öppnat dörren och du hunnit sagt det du vill säga känner du det:
det yttre värdskapet. Hur deras inre värdskap över tid format
deras kultur, atmosfären som du nu känner i deras yttre värdskap.
Du känner väldigt tydligt om du direkt vill säga hejdå och gå
därifrån eller om att du per automatik känner att du på något sätt
redan är med i deras kultur, att du nästan är en av dem. De har
bjudit in dig och välkomnat dig utan att säga det i ord. Deras
yttre värdskap, det atmosfären sänder ut till dig, har gjort jobbet.*

*Tänk dig att du är sugen på att handla ett nytt klädesplagg och
du går in i en butik du inte besökt tidigare. Några sekunder efter
att du gått in i butiken känner du det, det yttre värdskapet. Ingen
har sagt något, och det behövs inte. Deras inre värdskap har över
tid format deras kultur och du känner den, vare sig du vill eller
inte. Den sänds ifrån dem som en osynlig signal, vare sig de vill
eller inte. Kulturen, som du känner efter några sekunder påverkar
dig. Deras gemensamma superkrafter som skapat det yttre
värdskapet påverkar dig, och det påverkar ditt köpbeslut.*

*Blir du positivt påverkad av en genuin signal som påvisar att
människor trivs på sin arbetsplats gör det att du blir påverkad att
vilja handla. Eller är det tvärtom, att du får en signal som inte är*

positiv. Våra hjärnor är så oerhört avancerade men du kan bara känna av ett positivt eller ett negativt värdskap, det finns inget mittemellan. Så fort det yttre värdskapet påverkar dina känslor påverkar det dig (i detta fallet ditt köpbeslut).

I affären.

Om du känner av positiva signaler från en välmående kultur.
Då triggar känslan du får inom dig mycket sannolikt igång frisättning av **dopamin** *(ger dig en känsla av tillfredställelse kopplat till belöning och glädje) vilket kan öka din motivation att handla.* **"Klart jag är värd en ny tröja, eller kanske två!"**

Likaså frisätts sannolikt det så kallade "kärlekshormonet" **oxytocin.** *Du tycker om atmosfären och trivs i atmosfären, det räcker för att trigga oxytocin som är kopplat till positiv social interaktion (måste vara genuin) och närhet vilket gör att du känner dig genuint välkommen och omhändertagen. Detta gör att du känner förtroende och din benägenhet att göra ett köp ökar.* **"Men jisses vilken härlig och kul stämning de har här, här hade jag kunnat jobba. Jag köper nog en extra tröja!"**

Sedan kommer det härliga hormonet **serotonin** *som triggas av samma signal/atmosfär som de andra välgörande hormonerna trivs i. Känner du dig tillfreds och glad frisätts detta hormon vilket gör att du fylls av en känsla av välbefinnande och positivism som sannolikt påverkar ditt sinnelag till att genomföra ett köp.* **"Jag går bara runt och ler här, hmm, här finns ju riktigt snygga byxor som matchar tröjorna......"**

Om du känner av negativa signaler från en ohälsosam kultur.

Känslan du får inom dig vid en negativ atmosfär sätter igång helt andra hormoner. Stresshormonet **kortisol** *som du läst om tidigare i boken frisätts när du känner dig obekväm och/eller stressad. Så känner du av att atmosfären i affären är lite tryckt, att du känner av låga nivåer av engagemang och energi innebär det att du inte tycker om känslan du får inom dig i butiken, och då frisätts med allra största sannolikhet kortisol. Kortisol gör i detta sammanhang dig uppmärksam på potentiella risker och då börjar du tänka på eventuella negativa konsekvenser.* **"Tröjan är snygg, men färgen passar inte riktigt mina röda skor, den kan jag inte köpa. Jag kanske inte skall handla alls idag."**

Adrenalin, som liksom hormonet kortisol, är kopplat till kamp-eller-flyktresponsen som aktiveras som ett svar på att du får en känsla av en hotfull eller stressad situation. I samma sekund aktiveras det sympatiska nervsystemet som frisätter även detta stresshormon som ökar ditt blodtryck, hjärtfrekvens och blodsockernivåer. Samtidigt som adrenalin åker ut i din kropp aktiveras även **noradrenalin** *(norepinefrin) som en konvertering. Adrenalin frisätts snabbt som en del av den initiala stress-responsen medan noradrenalin är mer involverat i att reglera ditt blodtryck och humör. Och fullt naturligt får du inte särskilt mycket köpsug i denna atmosfär.* **"Jag mår inte bra här, känner mig lite dålig, nästan yr, jag får nog gå härifrån."**

Det yttre värdskapet är en signal som berättar hur människor mår, hur de trivs, hur mycket passion och engagemang de känner, hur mycket ansvar de tar och hur de behandlar varandra.

Valen du som ledare gjort i avsnitt B-E, och hur du arbetar med de kort- och långsiktiga verktygen du fått av mig är receptet mot långvariga doser av kortisol, adrenalin och noradrenalin. Du kan aldrig hindra att hormoner som är negativa påverkar din entitets kultur och därigenom era resultat. Men verktygen du fått samt ditt strategiska arbete gör att du i ett tidigt skede kan motverka dessa hormoner som påverkar det yttre värdskapet. *Detta är jätteviktigt eftersom det yttre värdskapet självfallet faller tillbaka till det inre värdskapet. Det är ofrånkomligt.* Det är därför kulturen/atmosfären är starkare än allt annat, för att allt hänger ihop. Ditt fokus som en ledare som förstår den oerhörda kraften av kulturskiften och kulturer, hur det påverkar människor och deras behov, som sedan påverkar ett inre värdskap, som skapar en kultur, som är den atmosfär andra direkt känner av.

Ledarens målbild av vad genuint värdskap ger, är lojalitet. <u>Ledarens målbild är lojala kunder och lojala lagmedlemmar.</u> Dina lagmedlemmar är dem som skapar resultatet, för du kan ju inte göra allt själv. Ett genuint medvetet arbete för ett gott värdskap ger så otroligt mycket tillbaka, här är några exempel:

125% mindre utbrändhet (HBR), 51% högre omsättning (Gallup), 43% högre produktivitet (HayGroup), 33% högre lönsamhet (Gallup), "Arbetsgrupper som upplevde hög nivå av värdskap hade bättre samarbete, kommunikation och konfliktlösning, vilket ledde till bättre resultat." (The Impact of Hospitality on Team Dynamics), "Arbetsplatser som främjade värdskap hjälpte sina anställda att uppnå en bättre balans mellan arbete och privatliv, vilket ledde till ökad trivsel och minskad stress" (The Effects of Hospitality on Work-Life Balance).

Hur skapar och bibehåller du lojala lagmedlemmar och kunder?
Om jag tillfälligt tar ett företagarperspektiv är det självklart att
en människa som driver en verksamhet behöver arbeta
operativt. *Det jag märkt när jag arbetat som konsult ute i
verksamheter är två faktorer som hämmar företagets tillväxt och
lönsamhet. (1) Det läggs alldeles för lite tid på strategiskt arbete
och planering. (2) Aspekten av egen utveckling och lärande
nämns sällan.* Det är så mycket fokus på det operativa att det
strategiska och utvecklande får stå på "hold".

<u>Det är precis samma tre delar som behövs inom ledarskap.</u>
Många springer operativt i full fart och är exceptionellt duktiga
på det, men lägger för lite tid på strategiskt ledarskap och på
utvecklande ledarskap. *Reflektera i två minuter: För om en
medarbetare ber dig om att få tid att få reflektera över planering,
strategier och egen utveckling och lärande i sitt arbete är det ett
väldigt sunt tecken. Då har du en lagmedlem framför dig som ser
hela bilden, som arbetar med visionen i fokus istället för lönen
och som vill utvecklas själv för att bli bättre och därigenom kunna
bidra ännu mer till organisationen.* **Hur stora andelar av din tid
lägger du som ledare operativt, strategiskt och utvecklande?**

<u>Annars då, när skall "hold-knappen" släppas"?</u>
När det är logiskt att *det som skapar tid* är att medvetet planera
väl, göra upp tydliga och tidsatta strategier och utveckla det
som gör människan bättre, mer trygg och effektiv.

*<u>Finns en tydlig plan på hur och när du exempelvis:</u> följer upp
lagmedlemmars välmående och utveckling, följer upp resultat-*

och balansräkning och jämför mot budget, gör konkurrent- och marknadsanalyser. Och, analyserar din egen verksamhet.

<u>Finns tydliga och tidsatta strategier för exempelvis</u>: Så här många möten skall jag ha per år som fokuserar på kulturen och så här många på resultat. Så här skall jag tydliggöra och strukturerat arbeta med visionen, värdegrunden och missionen under det kommande året. Så här ofta skall jag ha coachningssamtal för att utveckla min entitet, osv.)
<u>Och egen utveckling och lärande? Exempelvis</u>: hur mycket tid och när varje månad skall avsättas till det? Vad kan jag bli bättre på, vad vill jag bli bättre på, vad kan mest gynna min entitet och resultatet om jag blir bättre eller effektivare på det? (Arbetsrätt, coachning, feedback, mötesstruktur, Office/iWork/ Google-verktyg. Kan jag bli mer kunnig i Business intelligence, business personell, business systems eller bemanningssystem?

"Var medveten i ditt ledarskap. Det är inte vanor och rutiner som utvecklar människor. Grunden till all utveckling och framgång är kontinuerliga utmaningar i människors vanor och rutiner."
- Niclas Timmerby

Låt mig sammanfatta det du hittills fått till dig som dina verktyg i ditt ledarskap för ditt strategiska ledarskap. (Du kommer att få fler senare i boken.)

Dessa strategiska verktyg är det som hjälper dig som ledare att forma och vårda kulturen. De utvecklar dig och dina lagmedlemmar i era respektive roller och tar entiteten framåt.

Långsiktigt:

- Visionen.

- Missionen (Din tydliga karta till visionen.)

- Värdegrunden.

- Känslomässig information.

- "Varför"

- Utmana dig själv och dina lagmedlemmar för att synliggöra
  potential när människan "tvingas" ur som bekvämlighetszon.

- Passion och vilja.

Kort-och långsiktigt.

- De fyra nivåerna av feedback för alla generationer och
  kulturer."

- Anpassad coachning

- Inre, genuin motivation (Kompetens, samhörighet,
  självständighet, personligt ansvar.).

- Acceptans av roller.

Det du sänder ut som människa.

- Mänskliga budbärare och påverkare i form av hormoner och
  kemiska substanser.

- Värderingar.

- Moraliska principer

För dig själv.

- Självledarskap.

- Insikter som skapar förändring och utveckling.

- Återkommande reflektioner över din ledarskapsstil och
  medmänsklighet (att du vågar visa dig mänsklig, omtänksam

och sårbar) skapar rätt form av hormoner och kemiska signaler
som vårdar och leder kulturen i en hälsosam riktning.
- Du har kännedom om de hormoner som gör att kunder, lag-
medlemmar och du riskerar att må dåligt i atmosfären.

<u>Din superkraft.</u>
*Som väl är kan de trygga signaler du som ledare konstant sänder
ut till din omgivning skapa mer av de "goda" hormonerna som
då motverkar igångsättning av kortisol, adrenalin och
noradrenalin. Din superkraft, hur du påverkar alla i din
omgivning, är ditt viktigaste dagliga verktyg som ledare och i
ditt dagliga ledarskap. När du påverkar atmosfären påverkas <u>alla</u>
som vistas i och tillhör kulturen. Din superkraft påverkar
människor, människor som skapar resultat och lönsamhet. Vilka
signaler tar du med in i ett rum och sprider omkring dig, vilka
signaler lämnar du kvar i rummet för andra att vistas i när du
lämnar rummet? Hemma, på din arbetsplats, etc? Till och med
när du är ledig, lever de signaler du sänt ut i atmosfären kvar
och påverkar entiteten. Ju mer insikt du har i detta, desto mer
kommer du att betänka detta, och ju mer kan du påverka
människor på ett sätt som gynnar dem, dig och organisationen.*

*Du minns mitt citat på sidan 128: "Om du går in i alla situationer
i livet med ödmjukhet, i privat- eller yrkeslivet eller vilken annan
situation som helst, får du per automatik god självinsikt på den
allra högsta möjliga nivån." Använd ödmjukhet som ett konkret,
medvetet verktyg för att påverka kulturen.*

Här är exempel på en neurotransmittor som påverkar dig, samt fyra hormoner som bidrar till att motverka kortisol, adrenalin och noradrenalin:

- **Oxytocin** *hjälper till att minska känslor av stress och ångest när hormonet ökar känslor av avslappning och välbefinnande. <u>Hur kan du öka känslan av en trivsam arbetsmiljö, minska på stresspåverkan och uppmärksamma dina lagmedlemmars goda insatser och bidrag på ett mänskligt och genuint sätt?</u>*
- **Dopamin** *hjälper till att minska känslan av stress när hormonet ökar känslan av belöning och motivation. <u>Hur kan du skapa motivation och mål som genom att de är tydliga skapar möjlighet att ge beröm genom feedback på nivå 1 och 3?</u>*
- **Serotonin** *motverkar stressrespons och ångest när hormonet (som även är involverat i regleringen av humör, sömn och aptit) ökar känslor av välbefinnande och lugn. <u>Hur kan du skapa trygghet, framförallt i stressiga situationer, genom ditt sätt att vara; de signaler du sänder ut kemiskt, i ditt tonfall och i ditt kroppsspråk? Finns möjlighet till att bjuda in människor som berättar om vikten av sömn och kost? Lyssnar du på människor när dem pratar eller du har fokus på andra/annat samtidigt? Stänger du av din telefon när du har möten eller är i samtal med en människa, eller det plingar/burrar till och du tar upp telefonen? (Till och med att ha telefonen synligt framme på ett möte "Phubbing" kan medvetet och undermedvetet framkalla stressrespons som triggar adrenalin, noradrenalin och kortisol.</u>*
- **Endorfiner** *motverkar känslor av stress när endorfiner ökar känslan av välbefinnande. Hormonet frisätts i din kropp vid fysisk aktivitet, glädje och njutning. <u>Upplever du att alla kan ha kul och känna glädje på arbetstid, hur stämmer du av och</u>*

<u>uppmuntrar till fysisk aktivitet? Känner alla att dem är och får vara med i laget och att de accepteras som dem är, finns det en öppen kommunikation, känner alla att de kan prata med dig om de känner ett behov, känner alla att du ser dem? Ges feedback på nivå 1 och 3, finns det nåbara, relevanta och applicerbara personliga målbilder som du coachar lagmedlemmar till? Finns det möjlighet att skapa en bättre balans mellan arbete och privatliv genom hybridarbete och flexibla arbetstider, känner alla att de utvecklas?</u>

- **Gamma-aminosmörsyra** *eller "**GABA**" är en neurotransmittor, en kemisk substans som överför signaler mellan nervceller i din hjärna som minskar överaktivitet i ditt sympatiska nervsystem vilket främjar känslor av avslappning och lugn. Så viktigt för dig som människa och i ditt ledarskap. GABA är väsentlig för alla människor (forskning pågår fortfarande för att försöka förstå i vilken utsträckning GABA påverkar hormoner och vice versa) eftersom den är inblandad i hormonreglering. GABA påverkar bl.a. emotionell bearbetning och reaktioner på stress och rädsla i amygdala, och inlärning och minne i hippocampus. Motorisk kontroll och rörelse i, vanligtvis fem till antalet, basala ganglierna som är grupper/ansamlingar av nervceller nära hjärnans mittpunkt. Som en liten notering för att förstå komplexiteten i våra kroppar och funktioner har den mänskliga hjärnan cirka 100 miljarder nervceller (neuroner) och uppskattningar visar att din hjärna har upp till 10 gånger fler gliaceller, som kan liknas vid celler som ger näring som skyddar och reparerar dina neuroner. En människokropp har uppskattningsvis cirka 30-40 biljoner celler.*

I all välmening vill jag återigen betona kraften i din superkraft. Hur den påverkar dig och hur dina tankar påverkar dina känslor som påverkar ditt beteende, din attityd (det du sänder ut till andra) och dina handlingar. Och hur detta påverkar människorna i din omgivning. Det inre värdskapet -> Atmosfären/kulturen -> Det yttre värdskapet. Du som ledare är fundamentet som skapar din entitets välmående, prestationer och resultat.

Ditt ledarskap är den mest avgörande faktorn för att skapa och upprätthålla en kultur med lojala medarbetare.

Skillnaden på en nöjd kund och en lojal kund.
I citatet i början av detta kapitel skrev jag att nöjda kunder kan få en verksamhet att överleva medan lojala kunder får den lönsam. Låt mig berätta en fiktiv historia:

Du är riktigt sugen på mjölk (eller kanske havredryck). Så du åker till affären. Du går in i affären, hittar <u>exakt</u> den vara du var ute efter, det är lite kö till kassan, expediten betjänar dig <u>exakt</u> som du förväntade dig och du åker hemåt. Väl hemma tar du fram ett stort glas och du häller upp det du köpt i glaset. Konsistens och färg motsvarar <u>exakt</u> det du förväntade dig. Du tar en stor klunk och det smakar <u>exakt</u> som du förväntar dig att det skall smaka.

Vad är du då? Svar: Nöjd.

Men det innebär inte att du ställer dig utomhus och skriker så alla grannar i de närmaste kvarteren hör: "JAA, JAG FICK MJÖLK!!!" Det innebär inte att det första du gör när du kommer till arbetet nästa dag är att du säger: "Ni kan inte gissa vad jag var med om igår kväll... Jag köpte mjölk".

En kund som är nöjd berättar inte det för någon annan. Ingen. Om den inte får en direkt fråga som: "- Köpte du mjölk igår kväll? - Ja. - Är du nöjd? - Ja.

<u>Att vi får det vi förväntar oss, är ett normaltillstånd.</u>
Vi människor berättar *inte* för andra om vi är nöjda över ett köp om vi inte får en direkt fråga om köpet, och anledningen är att vi har fått <u>exakt</u> det vi förväntade oss. Inget mer och inget mindre.

Blir vi dåligt behandlade eller om varan/tjänsten inte motsvarar det vi förväntar oss berättar vi **med stor sannolikhet** detta, även om vi inte blir tillfrågade. Det beror på en kombination av olika psykologiska och sociala mekanismer.

*Vi vill känna ett **socialt stöd** från andra människor i vår upplevelse, en form av bekräftelse att vår reaktion är rimlig. Att klaga eller dela en negativ upplevelse kan genom ett **emotionellt utlopp av känslor** lindra människans egna inre negativa spänningar.*

Alla grupper av människor har en egen form av kultur eller atmosfär. Inom psykologin benämns detta som **social identitet.** En stark social identitet gör att människan känner tillhörighet i gruppen, denna tillhörighet kan skapa välbefinnande och även bidra till en god självkänsla. Så även att dela negativa upplevelser *är* en social identitet som skapar känslor av gemenskap och samhörighet, och därför blir negativa upplevelser ett samtalsämne alla kan samlas till för att ventilera.

Det skapar en form av social sammanhållning och är något
naturligt. Skulle en lagmedlem i denna sociala identitet sluta
prata om negativa upplevelser skulle dynamiken i gruppen
förändras i samma sekund. *(Jämför social identitet med
exempelvis supporterkulturer inom idrott och när människor
jämför Apple och Samsung, vad stark denna identitet är och vilka
starka känslor av samhörighet detta kan skapa. Andra sociala
identiteter är nationaliteter, etniciteter, religioner,
könstillhörighet, yrke, etc.)*

Många känslor kan uppkomma och spridas vidare när en
människa inte får det den förväntar sig vilket kan påverka ryktet.

<u>*Om jag ändrar några saker i den fiktiva historien.*</u>

*Du är riktigt sugen på mjölk (eller kanske havredryck). Så du åker
till affären. När du går in i affären möts du av leende personal
som håller fram en liten tallrik med små bitar av nybakade
kanelbullar, de säger ett glatt "hej" och säger skämtsamt med
glimten i ögat "vad kul att just du kom nu när vi bakat
kanelbullar." När du går in i butiken och går mot mejeri-
avdelningen nickar flera i personalen mot dig med ett leende, du
känner en god känsla inom dig, att du slappnar av för att du trivs
i miljön. Du hittar <u>exakt</u> den vara du var ute efter, det är lite kö till
kassan, du hör expediten glatt säga till kunden före dig som
betalar "Ha en härlig dag, du kan spara på kvittot som ett minne".
Expediten frågar dig medan havredrycken åker på rullbandet "Är
det sol ute nu? Jag ser inte ut härifrån.". "Ja, det är soligt ute nu"
svarar du med ett automatiskt leende eftersom hon ler genuint åt
dig". När du betalar säger hon glatt "Du, njut lite extra av solen*

idag för min skull är du snäll, och ha en fin dag!". När du tar din havredryck hör du henne säga till nästa kund "Är du här idag? Vilken tur, då är min dag komplett nu.". På vägen ut ler dem som gav dig ett smakprov på vägen ut och önskar dig en trevlig dag.

<u>Vad var skillnaden?</u>

Skillnaden var att människorna i butiken nu genuint <u>bjöd på sig själva</u> vilket gjorde att dem delade med sig av signaler som påverkade dig. *Sannolikheten att de alla genuint bjuder på sig själva är nästintill noll, om inte arbetsplatsen har en hälsosam kultur vilket gör att de tillsammans skapat en atmosfär människor trivs i. De gav dig följande hormoner som en gåva:*

- *Du fick* **oxytocin** *flertalet gånger då du kände av en trivsam miljö och fick genuina leenden.*
- *Du fick* **dopamin** *då du fick en "belöning" i form av en liten bit av en kanelbulle och när expediten i kassan gav dig ett personligt, specifikt och nåbart mål; att njuta lite extra av solen.*
- *Du fick* **serotonin** *eftersom expediten hade fokus på dig i kassan så du kände dig sedd och bekräftad.*
- *Du fick* **endorfiner***, dels av genuina leenden som skapar en känsla av välbefinnande, att du trivs. Men också att personalen och expediten var personlig och skämtade vilket skapar glädje och en form av njutning. (Att du fick fler endorfiner eftersom du fick gå inne i affären, fysisk aktivitet, är en liten bonus.)*
- *Dessutom, eftersom du kände dig avslappnad eftersom du trivdes i miljön har det högst sannolikt en positiv påverkan på din hjärnas produktion av* **GABAA***, vilket gör att ditt besök i affären kan ha en positiv påverkan till att minska överaktivitet i hjärnan och till och med förbättra sömnen. (GABA är neuro-*

transmittorn, medan GABAA är en receptor som interagerar
med GABA och hjälper till att reglera dess effekter.)

- *Kulturen skapar atmosfären.*
- *Människor som är i en ohälsosam kultur bjuder inte genuint på*
  sig själva om de inte är väldigt, väldigt starka inombords.
- *Bjuder inte personal genuint på sig själva missar dem*
  möjligheten att påverka kunden och få fina signaler tillbaka.

När jag handlar och får ett sämre bemötande än jag förväntat
mig tänker jag att det inte är människan framför mig som är
orsaken, det är kulturen och
ledarskapet.

"Det är inte det vi ser eller hör som
sätter det största avtrycket i våra liv.
Det är vad vi känner inombords."
- Niclas Timmerby

Om en människa blir
positivt påverkad
inombords vid ett köp,
skjuts hormoner, kemiska signaler ut i människans blod. Att
människan mår bra kan också påverka ökad produktion av andra
positiva hormonliknande substanser som prostaglandiner och
cytokiner som reglerar inflammationer, immunfunktioner,
blodtryck, matsmältning, smärta, humör och mycket mer.

Tänk tanken oavsett vilken typ av entitet du verkar inom:

Vilka fantastiska följder för människors välmående en positiv
kultur skapar. Att en välmående, positiv, utvecklande och
hälsosam kultur sedan skapar det andra känner som vistas i
atmosfären, det yttre värdskapet, är <u>den största dolda
potentialen inom försäljning</u>.

Vad är en lojal och lönsam kund?

Den genomsnittlige lojala kunden är återkommande, handlar för ett högre snittköp än genomsnittskunden, är mindre priskänslig och har en långsiktig positiv inställning till en av flera av följande faktorer; ert varumärke /er entitet / era lagmedlemmar.

Det globala konsultföretaget Bain & Company har i studier tagit fram följande intressanta siffror kring lojala kunder:
- Lojala kunder står för mer än 60 procent av den totala försäljningen.
- Lojala kunder spenderar upp till 67 procent mer varje gång de handlar.
- Efter tio köp har en lojal kund rekommenderat dig till sju potentiella kunder.

Här är färska siffror från 2023 kring kundlojalitet:

1. 72% av globala kunder känner lojalitet gentemot åtminstone ett varumärke eller företag. (Zendesk)
2. 88% säger att det krävs tre eller fler köp för att bygga upp varumärkeslojalitet. 37% säger att de behöver göra fem eller fler köp innan de förbinder sig till ett varumärke, medan endast 12% säger att de är redo att binda sig efter två. (Yotpo)
3. 56% av globala konsumenter säger att kundservice är "mycket viktigt" vid val av varumärke och lojalitet. (Microsoft)
4. 61% av globala konsumenter har brutit kontakten med ett varumärke på grund av dålig kundservice. 48% avslutade banden med ett varumärke det senaste året på grund av problem med kundservice. (Microsoft)

5. 36% av amerikanska konsumenterna bytte varumärken under
COVID-19-pandemin. (McKinsey)
6. Varumärken som investerar i kundlojalitet strävar efter flera
positiva utfall. Att attrahera nya kunder är det vanligaste
målet, 65% av varumärkescheferna nämner det som ett
toppmål. Andra önskade utfall inkluderar att bygga starka
känslomässiga kopplingar till varumärket (57%), att få insikter
om kundpreferenser (50%). (Harvard Business Review)
7. I samma studie som punkt 6 uppgav 42% av varumärkes-
cheferna att deras strategier för kundlojalitet är effektiva.

*Det jag direkt kopplar till potentialen av fokus på det yttre
värdskapet är; potential att skapa lojala kunder om 88 procent
säger att det krävs tre eller fler köp. Kontakt med någon typ av
kundservice är ännu en potential eftersom "<u>service</u>" för mig är
<u>någon typ av aktiv handling gentemot kunden</u>. <u>Värdskap</u> för mig
är <u>att skapa en sinnesstämning människor trivs i</u>. Kan värdskapet
speglas i kundens kontakt med kundservice är sannolikheten att
kunden upplever samtalet som positivt högre.*

*Punkt 6 påvisar att varumärkescheferna i denna studie
fortfarande strävar mer mot att attrahera nya kunder än att
bibehålla lojala kunder, detta finner jag något anmärkningsvärt. I
samma studie säger 57 procent av varumärkescheferna att de vill
bygga starka känslomässiga kopplingar till varumärket, det finner
jag väldigt klokt. Sedan i punkt 7 anser endast 42 procent av
samma varumärkeschefer att deras strategier är effektiva.*

**Jag sammanfattar: Potentialen av ett välmående yttre värdskap
är fortfarande väldigt, väldigt stor inom försäljning.**

Ett exempel på hur värdskap kan skapa stora resultat.
Den 13 mars 1974 öppnade ett köpcentrum i Skåne som gång
på gång hamnar högt i undersökningar om vilket köpcentrum
som är bäst i Sverige. Trots att det fortfarande till stor del är lågt
i tak, som köpcenter byggdes förr i tiden innan det började
byggas flådiga glasfasader och avancerade byggtekniska
lösningar för att skapa ett fashionabelt yttre. *Köpcentrumet har
vunnit NCSC Sweden Awards för "Best Shopping Center" år
2000, 2012, 2018 och 2022. Dessutom utsågs köpcentrumet till
"Nordens Bästa Köpcentrum" 2013.*

Jag skriver om Väla Centrum i Ödåkra strax utanför Helsingborg.
Vad är det som gör Väla Centrum så speciellt, hur kan ett 50 år
gammalt köpcentrum vinna dessa priser i konkurrens med helt
nybyggda köpcentrum? Mitt svar, eftersom jag med mina
"värdskapsögon" besökt många köpcentrum i Sverige, är att det
yttre värdskapet i Väla Centrum verkligen känns inombords och
påverkar frisättning av många positiva hormoner så fort
människor kommer innanför dörrarna och upplever atmosfären.

Nå kundens båda hjärnhalvor för att skapa ännu lojalare kunder.
Såklart samarbetar de båda hjärnhalvorna konstant. Det kan
dock vara väldigt klokt för en organisation och dess tillhörande
entiteter att minst en gång varje år stanna upp för att reflektera:
*"Vad är det våra kunder upplever och känner? Når vi kundernas
bägge hjärnhalvor? Förstår vi hela kundens perspektiv? Vad kan
vi strategiskt och mekaniskt sätt göra bättre? Vågar alla bjuda på
sig själva, skall vi ha fler feedback- och coachningssamtal?"*

Du är säkerligen medveten om att vänster hjärnhalva är mer involverad i logiskt tänkande, kritiskt tänkande och människans analytiska förmåga medan höger hjärnhalva är mer involverad i känslor, intuition, kreativitet och människans emotionella förmåga. Samtidigt som hjärnhalvorna samarbetar finns det en halva som är dominerande beroende på vad kunden tänker i nuet och vad den har med sig för tankar och känslor in i situationen när den besöker just din verksamhet.

Så för att skapa maximalt antal lojala kunder är det väldigt viktigt att ha strategier för att nå den dominerande hjärnhalvan av de besökande kunderna. Några fiktiva exempel:

<u>Om vänster hjärnhalva dominerar.</u>
- Kunden har sannolikt redan klart för sig exakt vilken vara/tjänst den är intresserad av.
- Den söker efter supertydliga skyltar utanför butiken, eller motsvarande på internet.
- Den vill ha ordning och reda, det skall vara prydligt och städat, och tydligt var den skall gå någonstans.
- Den vill ha väldigt tydliga prisskyltar.
- Kanske den har gjort en checklista hemma på vilka faktorer den skall se över innan den kanske gör sitt köp.
- Den ställer sannolikt kritiska frågor som den förväntar sig att få utförliga svar på.
- Den här kunden tar sannolikt ett beslut i taget i köpprocessen och den vill själv bestämma när den skall ta nästa steg.

<u>Om höger hjärnhalva dominerar.</u>
- Kunden kan sannolikt göra ett eller flera spontanköp om den får rätt känsla inombords.
- Den är lättare påverkbar av säljaren eller om den har med sig någon in i butiken.
- Kunden tittar ofta på säljarens ansiktsuttryck för att få mänsklig kontakt och eventuellt bekräftelse på att den gör rätt val.
- Får kunden en emotionell koppling till varan eller tjänsten kan den bli mer benägen att genomföra ett köp.
- Vackrare estetik och design kan göra att kunden självmant vill köpa en dyrare vara än du föreslår.

Sedan kan du alltid "vända kundens dominerande hjärnhalva" genom att skapa en känslomässig reaktion vilket gör att kunden tankar förändras, vilket i sin tur skapar en ny unik känsla inom kunden. **Det beror på att alla kunder är påverkbara eftersom alla tar beslut känslomässigt. (Så använd era superkrafter klokt.)**

Det du alltid kan påverka är kedjereaktioner i kundens hjärna genom ditt sätt att bemöta kunden känslomässigt vilket aktiverar neuronerna i kundens hjärna. Vad du än gör eller inte gör påverkas kunden genom det yttre värdskapet. Är du i en hälsosam kultur och om du genuint bjuder du på dig själv i kundmötet är sannolikheten ytterst stor (jag skulle vilja skriva 100%) att du och atmosfären påverkar kunden känslomässigt.

Jag ser "hemligheten" till ökad försäljning som: Att medvetet, kontinuerligt och fokuserat arbeta fram svar och strategier på frågan: "Hur kan vi öka det känslomässiga värdet för våra kunder?" Och med vetskapen hur otroligt olika de båda

*hjärnhalvorna "servar" och styr människan är min
rekommendation att ni i ert arbete tar fram strategier som
bemöter bägge hjärnhalvorna.*

**Ditt ledarskap är den den mest avgörande faktorn för att skapa
och upprätthålla en kultur som skapar och bibehåller lojala
kunder och lojala lagmedlemmar.**

Jag avslutar detta kapitel med några studier kring vikten av ett
gott yttre värdskap och vad det skapar:

*2010 (The impact of service employees' positive mood and
facial expression on customer satisfaction.) I denna studie
undersöktes hur personalens positiva humör och ansiktsuttryck
påverkar kunder. Resultaten visade att när personalen uttryckte
positivt värdskap, ökade kundnöjdhet och avsikt att återkomma.*

*2007 (The role of customer gratitude in relationship
marketing. European Journal of Marketing.) Studien undersökte
hur kundens tacksamhet påverkar relationen med företaget.
Resultaten visade att kundens upplevelse av att bli behandlad
med värdskap och tacksamhet ledde till ökad lojalitet och
positiva relationer.*

*2005 (Exploring the conditions under which gratitude leads
to customer loyalty.) Här undersöktes hur tacksamhet från kunder
påverkar deras lojalitet gentemot företaget. Resultaten visade att
när kunder upplevde att de blev behandlade med värdskap och
tacksamhet, ökade deras lojalitet och avsikt att återkomma.*

Reflektion, kapitel 4

1. Om du objektivt, neutralt, rättvist och oberoende tar dina lagmedlemmars, eller kundens hela perspektiv och reflekterar över ert yttre värdskap och hur det direkt bottnar i er kultur och ert inre värdskap. Vad "får" din entitet till sig; vad är det dem känner inombords, vad upplever dem under en vanlig arbetsdag? Ger det energi och engagemang, är det en trivsam och utvecklande arbetsmiljö? Vilken atmosfär är det er kund går in i och per automatik "får" till sig, blir det välbefinnande, skratt, glädje och bra köpsignaler eller att kunden blir osäker och kritisk? Känner sig alla era kunder sedda och bekräftade? Är kundens känslor i fokus, vad upplever kunderna hos er som skapar deras känslor, vad tar dem med sig (för det är den känslan som skapar ert rykte)?

2. Reflektera över hur din tid avsätts, hur mycket tid procentuellt är din andel av operativt, strategiskt och utvecklande ledarskap? Om du har en roll eller position där ditt huvud-sakliga fokus är operativt arbete, kan du diskutera möjligheter till egen utveckling i medarbetarsamtal med din chef, om tid kan prioriteras om till strategiskt och utvecklande ledarskap? Går inte detta, kan du ta egenansvar för din egen utvecklings skull genom att gå upp tjugo minuter tidigare tre dagar i veckan under 48 veckor på året för att studera strategiskt och utvecklande ledarskap. Det motsvarar sex hela arbetsdagar á 8h per år då du investerar i din egen utveckling + att dina nya kunskaper och insikter kommer att skapa mer tid i ditt operativa ledarskap. *30 minuter per dag blir nio hela studiedagar.* Vad är din egen utveckling värd?

KAPITEL 5

IV ⟶ K ⟶ YV : (E = potential$^\wedge\infty$) ⟶ R = T

Endast när du är engagerad lämnar du bestående avtryck till människor, resultat och din eftervärld.

Niclas Timmerby

Vi är framme vid oändligheten av er potential.

Vi är framme vid punkten i formeln då ni kan få högst utväxling. Då ni kan få en förnimmelse av hur stor er egentliga potential är.

Du är fullt medveten om vad som skapar det inre värdskapet och hur du som ledare tar fram det bästa av det.

Du är fullt medveten om den oerhörda kraften av er kultur, den atmosfär ni dagligen vistas i, "andas in" och präglas av.

Du är fullt medveten av hur du kort- och långsiktigt kan stödja, skydda och vårda det yttre värdskapet för att upprätthålla en hälsosam, trygg, positiv och utvecklande kultur där människor trivs och där lojala lagmedlemmar och lojala kunder frodas.

Du skall nu få denna del av formeln: : (E = potential$^\infty$)

Som du ser på föregående sida är denna del en förlängning av det yttre värdskapet som ju är ett, sammanlagt och alltid rörligt resultat av kulturen och det inre värdskapet.

Alla delar i hela formeln fluktuerar ständigt. Utfallet efter denna del, "⋯➤ R = L" är ett resultat av delarna innan dess. **Det innebär att du som ledare _alltid_ kan påverka utfallet av formeln.**

Först har du ett kolon ":".
Ett kolon i detta sammanhang indikerar att något är "viktat mot" eller "påverkas av" en annan faktor, och/eller att variabeln är beroende av eller relaterad till den andra faktorn. Den andra

faktorn i detta sammanhang är, allt tidigare leder fram till nuvarande utfallet av det yttre värdskapet.

Lägger jag till hela delen av formeln : $(E = \text{potential}^{\wedge \infty})$ är betydelsen följande:
- Det inom parentesen är viktat mot det yttre värdskapet.
- Potentialen av bokstaven E = upphöjt till oändlighet.

Bokstaven "E" i formeln står för engagemang.
Den faktor som tar lagmedlemmarna, entiteten och resultaten närmare potentialen är hur mycket engagemang som skapas, finns och frodas inom entiteten.

Ett företag kan inte köpa lojala kunder. *Lojala kunder måste förtjänas genom genuin omtanke.* Exakt detsamma gäller för din entitet. Du *kan* köpa in väldigt duktiga lagmedlemmar, men det säger absolut ingenting om de kommer att vara lojala mot dig eller om de vill stanna kvar. *Lojala lagmedlemmar måste förtjänas genom genuin omtanke.*

Du har fått många verktyg i boken kort- och långsiktigt som visar att du genuint bryr dig om dem, deras välmående och deras utveckling. Det är genuin omtanke. Du har en god människosyn, det är genuin omtanke. Du bjuder på dig själv som ledare, det är genuin omtanke. Att ge feedback och anpassad coachning för att dy bryr dig om dem är verkligen genuin omtanke. Att du har fokus på dem, att dem känner sig sedda och bekräftade, att du berömmer deras bidrag och hur de är som människor är genuin omtanke. Att lyssna på dem och att de känner att dem får vara ditt fokus (att du t.ex.stänger av telefonen), är genuin omtanke.

Att de känner att du genuint skyddar, vårdar och stödjer en hälsosam och välmående kultur, att de ser dig aktivt bidra till en fin arbetsmiljö och en atmosfär som är trivsam och rent av skön att vistas i är verkligen genuin omtanke.

Om du reflekterar över de verktyg du fått märker du att inga egentligen kostar mer än tid. Det du genuint ger av dig själv får du tillbaka *(det du sår kan du skörda).*

När du kontinuerligt och genuint bryr dig om din entitets välmående och utveckling uppfattar dina lagmedlemmar det som att du visar engagemang för dem -> vilket skapar engagemang och lojalitet i dem -> vilket skapar engagemang i atmosfären andra kolleger och kunder vistas i.

Jag skrev i kapitlets citat: *"Endast när du är engagerad lämnar du bestående avtryck till människor, resultat och din eftervärld."* Hur kan det vara att du kommer ihåg vissa människor som påverkat dig i ditt liv? Kanske en lärare eller lärarinna i skolan, kanske en chef för länge sedan, kanske en respektive, kanske en släkting, kanske en kollega? Vissa människor uppvisar mer engagemang än andra, helt normalt då alla människor är olika.

Du har säkerligen flera minnen av människor som påverkat och präglat dig djupt negativt, i ditt privat- och yrkesliv. De var djupt engagerade i sin sak och sin tro. (När du tänker på dessa människor får du antagligen ett dåligt kroppsspråk, du kanske blir på dåligt humör eftersom negativa hormoner frigörs i din kropp som påverkar dig, och din närmaste omgivning?)

Du har säkerligen flera minnen av människor som påverkat och präglat dig djupt positivt, i ditt privat- och yrkesliv. De var också djupt engagerade i sin sak och sin tro. (När du tänker på dessa människor får du antagligen ett leende på läpparna, en känsla av glädje, ett skön känsla i magen, ett positivt kroppsspråk eftersom positiva hormoner frigörs i din kropp som påverkar dig, och din närmaste omgivning?)

Den gemensamma faktorn är graden av engagemang de hade i sin sak och tro. Genuint engagemang är väldigt starkt och har väldigt stor påverkan i människor, kulturer och resultat.

Ju mer genuint engagemang du kan skapa inom din entitet, desto mer påverkas atmosfären av denna x-faktor. Det finns många studier inom psykologin kring faktumet att om en människa upplever känslor av engagemang finns ett direkt samband till goda relationer och goda resultat.

Insikten som ledare går inte att underskattas av de mentala och känslomässiga processer som påverkar en lagmedlems delaktighet och vilja att investera av sig själv i en viss aktivitet, uppgift, i människor (som kunder) eller i sin entitet.

När en människa känner sig engagerad i något av ovanstående är de motiverade, fokuserade och villiga att vara delaktiga i att uppnå entitetens mål och organisationens vision.

Nyckeln till att se delar av hela entitetens potential synliggörs av graden av engagemang. *Det är lagmedlemmars samlade engagemang som bryter barriärer och slår försäljningsmål.*

<u>Även här har hormoner stor betydelse.</u>
När människor i en entitet tillsammans känner engagemang och är engagerade i en aktivitet frisätts:

- *Dopamin som ger lagmedlemmarna känslor av glädje, stolthet, motivation, tillfredsställelse och samhörighet.*
- *Oxytocin som stärker sociala band och skapar känslor av förtroende, samhörighet och tillgivenhet gentemot entiteten.*
- *Serotonin som frisätts när människor känner delaktighet och erkännande i en entitet, då skapas känslor av välbefinnande.*
- *Adrenalin i en lagom dos frisätts när människor är engagerade i en grupp och de tillsammans ställs inför en gemensam utmaning eller möjlighet. Då skapas ökat fokus och energi.*

<u>Det finns också flera studier som undersökt kopplingen mellan engagemang och resultat inom entiteter:</u>

2010, Bakker och Leiter. "Engagemang var positivt korrelerat med arbetsprestation, kundtillfredsställelse och minskad personalomsättning".

2012, Towers Watson. "Engagerade medarbetare var mer produktiva, fick högre positivt gensvar från kunder, stannade längre i organisationen och var mindre benägna att söka sig till andra jobb".

2002, Harter, Schmidt och Hayes. En metaanalys visade att "Engagemang var positivt korrelerat med prestation, gensvar från kunder, lönsamhet och personalomsättning".

2016, Gallup. "Engagerade medarbetare hade en 41% lägre sjukfrånvaro och en 17% högre produktivitet jämfört med oengagerade medarbetare".

2010, Rich, Lepine och Crawford. "Engagemang var kopplat till ökad kreativitet och innovation på arbetsplatsen".

2015, Albrecht, Bakker, Gruman och Macey. "Engagemang var positivt korrelerat med arbetsglädje och välbefinnande på arbetsplatsen".

2006, Hakanen, Bakker och Schaufeli. "Engagemang var negativt korrelerat med utbrändhet och stress, vilket innebär att engagerade medarbetare hade lägre nivåer av dessa negativa arbetsrelaterade tillstånd".

2006, Meyer, Becker och Van Dick, "Engagemang var positivt korrelerat med organisatoriskt medborgarskap, vilket innebär att engagerade medarbetare är mer benägna att bidra till organisationens framgång och välstånd".

Studier och forskningsrapporter som är baserade på rigorösa metoder och analyser må vara viktigt för att på ett faktabaserat och vetenskapligt kunna fatta välgrundade beslut.

Sedan är det så att atmosfären på sikt inte kan "sminkas över". Engagemanget som frodas (oavsett form) påverkar kulturen.

"Den verkliga atmosfären på en arbetsplats kan inte döljas eller förskönas, eftersom den avspeglas i organisationens kultur."
- Niclas Timmerby

Gallup tog i en studie fram den 75:e percentilen av engagemang. De 25 procent i studien som uppmätte högst engagemang hade denna skillnad mot övriga; 65 procent mindre personalomsättning, 37 procent mindre sjukfrånvaro, 21 procent högre produktivitet och 22 procent högre lönsamhet.

<u>Ett upplyftande engagemang kan vara:</u>

- *Att lagmedlemmarna känner sig inspirerade av dig som ledare, motiverade av mål och entusiastiska över sina arbetsuppgifter, roll och ansvar.*
- *Att de känner att de har tydliga mål och förväntningar.*
- *Situationsbaserat ledarskap.*
- *Feedback och coaching för att utmanas och utvecklas.*
- *Att de upplever inre motivation; dvs. att de har;*
    - *Upplevelsen att de har nog kompetens vilket gör dem självgående.*
    - *Upplevelsen att de inte blir detaljstyrda vilket gör att dem växer och vågar ta initiativ.*
    - *Upplevelsen och känslan av samhörighet vilket gör att dem känner sig trygga.*
    - *Upplevelsen att de får personligt ansvar vilket skapar en känsla av delaktighet och att tillhörighet.*

<u>Ett nedslående engagemang kan vara:</u>

- *Att lagmedlemmarna inte blir utmanade nog, vilket skapar känslan att de kan ta mer ansvar och bidra mer till entiteten, organisationen och arbetsplatsen än de får möjligheten till samt att de kan utveckla sin kompetens om de blir utmanade.*
- *Att de upplever att de inte har inre motivation pga;*
    - *Otillräckligt klara mål: Om upplevelsen är att målen inte är nåbara, tydliga/konkreta/mätbara, applicerbara, utvecklande och meningsfulla.*
    - *Brist på frihet under ansvar med befogenhet att påverka och fatta beslut.*

- *Brist på feedback i form av bekräftelse, erkännande och utmaning samt coachning för att få förutsättningar att nå personliga och gemensamma mål.*
- *Att upplevelsen är att organisationen har en vision, du har en mission och entiteten har en värdegrund. Men att det inte speglas i det dagliga arbetet eller atmosfären.*

<u>Du som ledare ser tydligt tecken på nedslående engagemang:</u>
- *Tecken på lågt engagemang när du delegerar arbetsuppgifter.*
- *Tecken på frustration och irritation.*
- *Tecken på bristande motivation och entusiasm.*
- *Tecken på negativ attityd.*
- *Tecken på att det letas fel istället för se det som är bra.*
- *Tecken på låg energinivå, trötthet och lathet.*
- *Tecken på att glädje får mindre utrymme i vardagen.*
- *Tecken på att det skapas egna regler och rutiner.*
- *Tecken på att produktivitet, effektivitet och kvalitet sjunker.*
- *Tecken på att lagmedlemmar frivilligt bidrar mindre när du ber om hjälp. (Tecken på aktiv passivitet.)*
- *Tecken på mindre kreativitet när du ber om förslag på att lösa dagliga problem och utmaningar.*
- *Tecken på att mindre intresse i mål och resultat.*
- *Tecken på ökad frånvaro och sjukskrivningar.*
- *Tecken på spänningar och konflikter inom din entitet.*

Du ser det direkt.

Du kan nu, i denna sekunden, se dem framför dig. Vilka som i din entitet sprider ett upplyftande engagemang i din entitet och i atmosfären som påverkar kulturen. Dessa lagmedlemmar gör detta för att dem upplever känslor av engagemang.

Och du ser det direkt.

Du kan se framför dig vilka i din entitet som sprider ett nedslående engagemang i din entitet och i atmosfären som påverkar kulturen. Dessa lagmedlemmar gör detta för att dem inte upplever tillräckligt med känslor av engagemang.

En av dina viktigaste uppgifter som ledare.
Du vet vad kulturen skapar för positiva synergieffekter.
En av dina viktigaste uppgifter är att observera vilken form av engagemang som påverkar kulturen. Och sedan kommer det viktigaste, du behöver våga **_agera_**. Ingen påverkbar förändring kan ske utan en aktiv handling och alla former av förändring innebär någon form av utveckling.

"Rätt fokus, fel fokus, eller dåligt fokus är aldrig en slump, det är ett val.
- Niclas Timmerby

När du använder dina, av entiteten accepterade verktyg, kan du agera på ett naturligt och genuint sätt.

Du kan berömma och erkänna, och du kan justera och korrigera.
Du vet betydelsen av rätt form av engagemang. Vad du vill med dina samtal med dina lagmedlemmar är att:
- *Synliggöra, sätta fokus och erkänna en sanning som gynnar lagmedlemmen, entiteten, kulturen och organisationen.*

- *Eller synliggöra, sätta fokus på, och göra lagmedlemmen medveten om att det finns en annan typ av sanning som bättre kan gynna hans eller hennes utveckling och karriär, entiteten, kulturen och organisationen.*

Du har verktygen.

Som du vet är allt detta påverkbart. Du kan påverka och skapa mer känslor av upplyftande engagemang och du kan hantera och påverka känslor av nedslående engagemang.

Tre faktorer för att förstå och påverka engagemang som behöver finnas i ditt medvetande varje dag.

- *Isberget.*
    - *Alla vi människor har ett "varför" som påverkar oss. Till och med robotar, datorer och alla typer av mobila enheter har ett "varför" (dess kodning). Att genuint vilja "se och vilja förstå" isberget framför dig framhäver ödmjukhet och förståelse för människors olikheter, att alla människors individuella kodning/prägling skapar beteenden och attityder.*

- *De fyra nivåerna av feedback för alla generationer och kulturer.*
    - *Ditt konkreta verktyg för att få människor att utvecklas och växa genom små och stora justeringar och korrigeringar i vardagen.*

- *Anpassad coachning.*
    - *Ditt konkreta verktyg för att i strukturerade coachnings-samtal med A, B, C: ställa frågor och utmana. Vad finns under vattenytan, vad är människans "varför".*

Prioritera feedback och coachning för att vårda och forma din entitets engagemang, potentialen för din entitets välmående, vad er kultur sänder ut, och vilka resultat ni tillsammans skapar.

Ytterligare två motivationsfaktorer som skapar upplyftande engagemang: Empatiskt ledarskap och delaktighet.
Dessa två faktorer har en lika stark sammankoppling som vatten och land. Vad empatiskt ledarskap gör är att det påverkar atmosfären på ett mänskligt plan. Effekterna av att känslomässigt påverka människor går inte att underskatta eftersom det direkt och omedelbart påverkar engagemangsform och mängden engagemang som sprids i atmosfären.

Empatiskt ledarskap = Du vill genuint ta reda på "varför".
Denna form av ledarskap handlar om att vara nyfiken, att vara medveten om och ta hänsyn till lagmedlemmens känslor, behov och perspektiv. Ju mer du vet om en människa, ju mer den vågar berätta för dig (*isberget*), desto mer kommer du att lära känna människan och dess känslor, behov, värderingar och perspektiv.

Du skapar en positiv spiral av delaktighet.
Med små förändringar kan du skapa en positiv spiral av förbättringar på många områden inom entiteten som också påverkar hela organisationen. Du skapar en ackumulerad effekt i form av känslor av delaktighet som skapar engagemang och inre motivation som påverkar atmosfären positivt.
Det är viktigt att du har uthållighet eftersom det kan ta tid innan du ser synliga resultat i siffror, betänk att du håller på att forma om kulturen vilket inte sker över en natt. Vinsten däremot,

är fler lojala lagmedlemmar och lojala kunder som trivs i
atmosfären.

Genom att du kontinuerligt uppvisar genuin empati och äkta
engagemang i kulturen skapar du en trygg, mänsklig,
inbjudande och motiverande atmosfär där det känns naturligt
för lagmedlemmarna att bidra med samma faktorer; empati och
engagemang. Detta är fantastiskt för det är här den
ackumulerade effekten uppstår.

    När de själva upplever empati och delaktighet, gör det att
de sprider känslor av detta omkring sig till alla de träffar. Och då
skapar de atmosfärer omkring sig av trygghet och mänsklighet i
sina andra entiteter. När de är trygga och vågar vara mänskliga/
sig själva genomsyrar de sina andra kulturer vilket skapar
ytterligare empati, delaktighet, inkludering och motivation.
Deras självkoncept, hur dem ser på sig själva, förändras också i
ett form som gynnar dem.

Mod.

Att genuint utöva ett empatiskt ledarskap handlar till stor del om
mod, att du med tillit skapar tillit. Jämför när du läser ett
företags vision, uppenbarar sig visionen i kulturen? Finns
förutsättningar på ett mänskligt plan att bidra till visionen, eller
är visionen bara fina ord?

Vågar du ta upp stafettpinnen som ledare och visa vägen till
empati kommer din entitet att följa dig vilket gynnar alla. Alla är
olika så vissa kommer att ta längre tid på sig, och även om det
inte alls syns på människor skapar kraften av kulturen garanterat

känslor inombords. Du kommer över tid att se positiva effekter på prestationer och resultat.

Att du har modet att forma kulturen med empatiskt ledarskap hjälper sig också väldigt mycket i dina feedback- och coachningssamtal. Frodas redan empati och känslor av delaktighet i kulturen är det mer naturligt för lagmedlemmar att ta emot feedback och öppna upp sig i coachningssamtal när du som ledare ställer utmanande frågor.

Hur upplever lagmedlemmar från sitt perspektiv engagemang skapad av empati och delaktighet? Här är några exempel:

- *Jag känner mig fri att uttrycka mina åsikter och idéer utan rädsla för att bli dömd eller ignorerad.*
- *Jag känner att min chef lyssnar på mina synpunkter och tar dem på allvar när de fattar beslut.*
- *Jag får möjlighet att vara delaktig i beslutsfattande och projekt vilket ger mig en känsla av att mitt bidrag är värdefullt.*
- *Jag är stolt över att vara en del av entiteten och känner mig engagerad i att bidra till dess framgång.*
- *Jag får gåvan av feedback som erkänner mina prestationer och den jag är och samtidigt motiverar mig att fortsätta utvecklas i min roll.*
- *Jag uppmuntras till att ta egna initiativ och att våga misslyckas, jag känner ett mandat byggt av förtroende och tillit.*
- *Samarbete, en öppen kommunikation och att ha kul är en del av vår kultur, vilket gör att jag känner mig involverad och en del av ett något större.*

- *Jag känner mig sedd och värderad som individ och som en viktig del av entiteten.*
- *Jag ges möjligheter till utbildning för att hjälpa mig växa och bli bättre i min roll.*
- *Jag får gåvan av coachning för att stödja min personliga och professionella utveckling vilket hjälper mig att identifiera mina styrkor och områden för förbättring och ger mig verktyg och resurser för att växa och nå min fulla potential.*
- *Jag känner mig delaktig i min egen utveckling och karriär, och får stöd och vägledning.*
- *Jag känner mig trygg att dela mina tankar och idéer utan att bli bedömd eller avvisad.*
- *Jag uppskattar att arbetsmiljön är inkluderande och respektfull, där alla känner sig välkomna och accepterade.*
- *Min omgivning visar empati och förståelse för mina behov och utmaningar vilket skapar en känsla av tillit och trygghet.*
- *Jag har en positiv och inspirerande arbetsmiljö som gör att jag känner mig motiverad och entusiastisk att bidra.*
- *Jag känner mig personligt inkluderad och delaktig i organisationens olika mål och vision vilket ger mig en känsla av ägandeskap, ansvar, delaktighet och engagemang.*
- *Jag känner mig som en värdefull individ, och att mina tankar och idéer tas på allvar och beaktas.*
- *Jag trivs i atmosfären.*

Du har i boken fått konkreta verktyg för att inkludera empatiskt ledarskap i ditt ledarskap. Känner du att den formen av ledarskap känns främmande och att det skulle upplevas konstigt eller falskt att "ändra stil" kommer här några tips:

- Börja med små, små steg.
- Ta stöd i visionen, din misson och värdegrunden.
- Var ärlig, säg att du kommit till vissa insikter.
- Använd de värderingsstyrda verktygen och workshopparna på personalmöten för att där praktiskt visa att du vill ta entiteten på en resa i en ny riktning.
- Fundera på vad du kan förbättra för att vara mer närvarande och lyhörd. Att du lyssnar mer aktivt på åsikter, idéer och bekymmer. Med genuint intresse och engagemang formar du atmosfären till att entiteten känner sig sedda och hörda.
- Skapa nya forum för delaktighet. Berätta exempelvis att *"Under ett år framåt skall vi på personalmöten ha en stående del på agendan där vi tillsammans brainstormar och diskuterar hur vi kan skapa mer delaktighet, det finns inga dåliga idéer och jag kommer att ta allt till mig, jag ber er att aktivt delta och bidra med idéer och era perspektiv."* Då skapar du utrymme i beslutsfattande och problemlösning som skapar känslor av delaktighet och engagemang. *(Dokumentera det ni kommer fram till så du kan följa upp.)*
- Vidareutveckla ditt sätt att ge feedback och coachning i vardagliga situationer genom att *skapa* möjligheter till att ge feedback och coachning. Stöd och uppmuntra till att ta egna egna initiativ och fatta egna beslut. Ge sedan feedback och coacha på det du uppmuntrat till genom feedback på nivå 1 och 3, samt små utmaningar inom coachning. Då främjar du en kultur av delaktighet och ansvarstagande.
- Reflektera över vad du kan göra i din kommunikationsstil för att skapa en ännu mer trivsam atmosfär där lagmedlemmarna känner sig inkluderade, betydelsefulla och värdefulla. Då visar du att du aktivt står upp för jämlikhet och mot all

diskriminering och mobbning. Du formar en kultur som innehåller respekt och öppenhet.

- Fråga vad dina lagmedlemmar _vill_ (du minns ordet från coachning). Genom att visa att du bryr dig om dem som människor och i deras yrkesroll skapar du många fina hormoner i atmosfären och lagmedlemmarna upplever känslor av delaktighet och engagemang.
- Visa mod när negativa kulturbärare med beteende och attityd visar att de tycker "det var bättre förr" och medvetet drar loket (kulturen) bakåt. Initiera uppmuntrande samtal. Hjälper inte detta ge utvecklande feedback på nivå 2, hjälper inte det, våga ge utvecklande feedback på nivå 4.

<u>Alla</u> människor vill känna känslan av delaktighet.
Alla verktyg du fått i boken innebär konkreta möjligheter att skapa en känsla av delaktighet eller förstärka känslan av delaktighet inom dina lagmedlemmar som speglas i kulturen. Du har säkert vid flera tillfällen i din yrkeskarriär upplevt känslan när du bjuds in till att få påverka. När en chef första gången frågade dig: _Kan du bidra med dina åsikter eller erfarenheter?_ Hur stort kändes inte det inombords? Jag minns det nästan som att jag kunde känna alla fina hormoner bubbla inombords.

Att du som ledare nästan "letar" efter tillfällen då din entitet kan få bidra är enbart positivt. Det gör att du reflekterar mer, det skapar utveckling och delaktighet även för dig. Och det kommer mera. När du ställer frågor och skapar utrymmer kring detta, gör det dina lagmedlemmar känner energi och engagemang för att de får tillfällen och möjligheter att påverka det dagliga arbetet.

Använd också konkreta målbilder, att få lagmedlemmar att känna sig delaktiga genom personliga och gemensamma mål eller personligt ansvar skapar snabbt motivation att vilja bidra mer. Passa på vid personalmöten att lyfta vanliga rutiner och checklistor och be din entitet bidra; *"Kan ni vara snälla och ge förslag på strategier och lösningar för att effektivisera och göra det dagliga arbetet och rutiner bättre?"*

Genom att du tar fram fakta och sedan låter din entitet brainstorma fram svar, skapas maximal delaktighet direkt.

Hur kan de påverka atmosfären?
Fråga dem.

Hur kan de påverka resultatet?
Fråga dem.

Hur kan de påverka det dagliga arbetet?
Fråga dem.

Ytterligare bonus. Med ditt konsekventa, strategiska och genuina arbete att genom empati skapa delaktighet har du också större förutsättningar att förändra vanor på er arbetsplats. När nya vardagliga rutiner blir en rutin har den förvandlats till en vana. Det är stort, för vanor är starkare än all yttre motivation. När du kombinerar ditt arbete med att skapa inre motivation med delaktighet får du en dubbel effekt på engagemangsnivån..

"Ett ledare som är trygg i sitt självledarskap,
skapar trygga lagmedlemmar."
- Niclas Timmerby

Vinsten för dig.
Och du då, som med ett genuint empatiskt ledarskap och med alla andra verktyg får kulturen att frodas, alla människor att växa och känna att dem utvecklas, känner sig betydelsefulla, sedda och hörda, högt värderade och mår bra?

Den stora vinsten för dig är att du kommer närmare dina egna värderingar, det som verkligen är du. Att du i närtid kan förändra ditt självkoncept, din identitet, bilden du har av dig själv.

Många spelar roller i sitt ledarskap för att passa in och duga till, och när en människa gör detta en längre tid privat- eller i sitt yrkesliv kommer det att leda till att människan inte mår bra, och anledningen är att den inte kan vara sig själv.

"En verksamhet förändras i symbios
med den takt ledarskapet förändras."
- Niclas Timmerby

Att få ut maximalt av de principerna jag beskriver i boken går inte, om du inte gör det med genuint engagemang.
Självinsikten är det verktyg alla har inom sig som mest konkret driver egen utveckling. Det är det som gör att en människa slutar med en dålig vana eller börjar med en god vana.

Våga visa dig sårbar, visa att det är det tillåtet att misslyckas eftersom det är då människor och verksamheter lär oss och utvecklas. Våga prestigelöst leda din entitet med en grund i dina värderingar, ta hänsyn till din entitets värderingar och låt dina moraliska principer styra dina val och beslut.

Publicerade studier som undersökt sambandet mellan:
(1) Delaktighet och engagemang.
(2) Empatiskt ledarskap och engagemang.

(1) *En studie i <u>Journal of Applied Psychology</u> påvisade "Ju högre grad av delaktighet en medarbetare hade i beslutsfattande och arbetsuppgifter, desto högre var deras engagemang på arbetsplatsen.". * En studie i <u>Journal of Occupational and Organizational Psychology</u> visade att "Medarbetare som kände sig mer delaktiga och involverade i arbetsuppgifter och beslut var mer engagerade i sitt arbete och mindre benägna att byta jobb.". * En studie publicerad i <u>Journal of Business and Psychology</u> fann att "Delaktighet och engagemang var positivt korrelerade, och att delaktighet hade en direkt påverkan på medarbetarnas engagemang.".*
(2) *Dutton och Heaphy, 2003. Forskarna fann att "Ledare som visade empati och omtanke för sina medarbetare hade medarbetare som kände sig mer delaktiga och engagerade i sitt arbete.". * 2008, Eisenbeiss, Knippenberg och Boerner. Studien visade att "Empatiskt ledarskap hade en positiv effekt på medarbetarnas upplevda delaktighet. Medarbetare som upplevde att deras ledare var empatiska kände sig mer involverade och engagerade i arbetsuppgifterna.". * 2013, Grant. Undersökningen påvisade att "Empatiska ledare som tillät och uppmuntrade medarbetare att uttrycka sina åsikter och röster, bidrog till ökat engagemang och prestation."*

"En ledare som är trygg i sina värderingar låter sin personlighet skina oavsett situation, har modet stå upp för människor och förändrar kulturer när alla andra säger att det är omöjligt."
- Niclas Timmerby

Reflektion, kapitel 5

1. Hur påverkar du som ledare dagligen kulturen genom ditt
engagemang? Den sprids vidare i atmosfären, så i vilken form
uppvisar du engagemang och på vilket sätt sprider du den?

2. Reflektera hur du aktivt kan påverka entitetens engagemang
genom feedback och coachning?

3. Förbered dig inför nästa situation eller händelse där du ser
eller känner att en lagmedlem aktivt påverkar engagemanget
upplyftande eller nedslående. Hur kan du redan då i den
stunden planera din nivå av uppskattande eller utvecklande
feedback? Hur kan du redan då förbereda vilka frågor du skall
ställa när du coachar för att utmana om beteendet/attityden
för att få reda på mer om lagmedlemmens "isberg"?

4. Reflektera över gåvan och förmånen att få vara ledare är. Som
exempel, när du arbetat med en lagmedlem en tid och ser
människan framför dina ögon växa, utvecklas och blomstra.
Hur var du i de stunderna, vad gav du av dig själv för att få
lagmedlemmen att växa, var du genuin, vilka verktyg använde
du? Visar du dig själv uppskattning för det du gjort?

5. Har du modet att forma kulturen med empatiskt ledarskap och
bjuda in till delaktighet? För att få människor att nå ett nytt
läge eller ett mål krävs förändring. Har du modet att utmana?
Ingen påverkbar förändring kan ske utan en aktiv handling,
alla former av förändring innebär någon form av utveckling.
Du som ledare behöver bjuda in eller ta första steget.

KAPITEL 6

IV ⸱⸱⸱→ K ⸱⸱⸱→ YV : (E = potential$^\wedge\infty$) ⸱⸱⸱→ R = T

Du behöver inte berätta vad du har gjort.
Ditt rykte gör det just nu.
Niclas Timmerby

Du behöver inte prata, när alla redan vet. Du behöver agera.
Betydelsen av mitt citat på föregående sida är att det inte finns
något behov för en sann ledare att berätta något alls för sin
omgivning. Det vi sprider omkring oss som ledare behöver inte
yppas i ord, skrivas på papper eller läggas upp online.

*Den, som varit nära ledaren vet. Den vet vad ledaren står för och
står upp för. Den vet om ledaren pratar, reagerar eller agerar.
Den vet hur ledaren behandlar som omgivning. Den vet exakt
vad ledaren sänder ut för signaler i form av hormoner och
neurotransmittorer. Den vet om ledaren har integritet, har en god
människosyn, är genuin och pratar med den det berör.*

Ledaren vidgar perspektiven.
Alla människor har ett *subjektivt perspektiv.* Alla har en helt unik
uppfattning och tolkning av sitt liv (privat- och yrkesliv), sin
omgivning, världen och till och med universum.

Detta subjektiva perspektiv är baserat på människans egna
värderingar, känslor, bakgrund och erfarenheter. Det subjektiva
perspektivet påverkar tolkningar och reaktioner på händelser
och situationer som uppstår i människans omgivning.

Varje tolkning/reaktion som grundas i det subjektiva
perspektivet påverkar i stor del människors beteende, attityder,
val och beslut. *Ett exempel är den individuella tolkningen/
reaktionen på stressiga situationer; Medan en människa som haft
negativa erfarenheter i det förflutna kan reagera mer negativt på
en stressig situation i framtiden än en människa som haft positiva
erfarenheter av en liknande situation. Ett annat exempel är
beslutsfattande; En människa som har en stark självkänsla kan ta
beslut som är mer självständiga och är mindre påverkade av*

andra människors eventuella åsikter, medan en människa som har låg självkänsla är mer beroende av andra människors åsikter och är mer påverkade av vad andra människor tycker.

Tankar blir till känslor, som skapar en reaktion.
Som ledare är det så viktigt att förstå att eftersom alla människor har helt olika känslor, värderingar, erfarenheter och bakgrunder varierar deras subjektiva perspektiv väldigt mycket. Detta kan ibland göra det svårt att uppnå en gemensam förståelse eller enighet om vissa frågor. Detta visar sig i spänningar, irritation och konflikter inom entiteten.

Här är några exempel på vad du som ledare kan stå inför och då behöver hantera, och ta reda på det viktiga "varför":

***När medarbetare har olika subjektiva perspektiv kan det uppstå missförstånd och tolkningsfel i kommunikationen.** Detta kan leda till frustration, irritation och konflikter när medarbetare tolkar och reagerar på information och budskap på olika sätt.*

***Eftersom subjektiva perspektiv till viss del formas av värderingar** kan konflikter uppstå när det gäller beslutsfattande, resursfördelning och arbetsmetoder.*

***Vid förändringsarbete kan människor på olika sätt säga emot. Det är det subjektiva perspektivet som orsakar detta "uppror".** Det subjektiva perspektivet förstår inte "varför", vilket kan vara syftet eller genomförandet. Kan du som ledare inte få lagmedlemmen att förstå "varför" kan det leda till långvarigt motstånd till flera detaljer i förändringsprocessen.*

Ibland kanske du inte ser, hör eller förstår vad som orsakar spänningarna du upplever och känner från en lagmedlem.
Då är det extra viktigt att du har modet att i ett samtal berätta vad du känner och fråga "varför". En orsak som jag varit med om i samtal som konsult i entiteter är att en lagmedlem upplever att deras perspektiv inte tas på allvar, att de känner att de blivit "överkörda" eller att någon har "armbågat" sig fram när de varit ödmjuka och kanske väntat på sin chans - men de säger ingenting, om du inte frågar "varför".

Vet du "varför" kan du hantera situationen och utveckla dina lagmedlemmar från nu-läget. Vet du inte "varför" kan situationen snabbt eskalera till öppna konflikter mellan lagmedlemmar. *Gå gärna tillbaka till sidorna 158-162 och väg in subjektivt perspektivet vad som skapar reaktionstrappan när du ger feedback, och hur det kan påverka beroende på om människan du ger feedback reflekterar eller ruminerar.*

En fundamental insikt som ledare (och människa) är att alla spänningar och konflikter i någon grundas i en eller flera människors subjektiva perspektiv. Förstår du det subjektiva perspektivet ("varför"), så förstår du varför, och då förstår du människans perspektiv. Då kan ni samtala med ett delat perspektiv och då avtar spänningen/konflikten i styrka.

Vad kan du göra för att förebygga spänningar och konflikter?
Du har fått de stora penseldragen och de mindre. Samt det viktigaste, att oavsett vilka penslar du har till ditt förfogande, och oavsett varifrån du fått penslarna - att det är du som genuint målar med grund i dina egna värderingar och moraliska

principer. Gör du det kommer människor att lyssna på dig och vilja följa dig för dem känner att du är äkta och genuin, att det du "lär" kommer från <u>dig</u>.

Hur sprids ryktet om duktiga chefer?

Genom vad de gör, uppnår och åstadkommer. *Med ett resultatstyrt ledarskap som påverkar atmosfären och värdskapet men inte utmanar människors potential.*

Hur sprids ryktet om sanna ledare?

Genom hur dem genuint bryr sig om och vill se människor växa, vill veta deras "varför", berör, motiverar, inspirerar och passionerat leder och utvecklar människor till trygga människor som tar ansvar för sig själv, sin tid, sina arbetsuppgifter, sina kollegor och sin entitets mål och ambitioner. *Med värderingsstyrt ledarskap som påverkar atmosfären och värdskapet, och utmanar människors potential.*

Reflektera över ditt (helt naturliga) subjektiva perspektiv.

Hur påverkar det dina lagmedlemmar och din entitet? Vilka dagliga situationer står du inför där ditt subjektiva perspektiv utmanas - och hur reagerar du/lyssnar du? Hur påverkar ditt mottagande och reaktion atmosfären och hela entiteten, och hur påverkar i slutändan ditt subjektiva perspektiv kulturen och era gemensamma resultat?

Du är väl medveten om att du <u>medvetet</u> kan välja vilken typ av hormoner och neurotransmittorer till din omgivning, för att påverka kulturen. Du sprider också <u>omedvetet</u> signaler till din omgivning. *Reflektera över hur du påverkar kulturen.*

Här är exempel i vardagen när ditt subjektiva perspektiv "smittar" din entitet och er kultur:

Om du mår bra, är positiv, entusiastisk och engagerad, är det sannolikt att du omedvetet "smittar" <u>din känslomässiga ton och energi</u> till din omgivning. / Mår du inte bra, är negativ, på dåligt humör, irriterad, stressad eller nedstämd "smittar" du din omgivning med dessa signaler.

*Om du omedvetet agerar och fattar beslut i linje med med dina moraliska principer, värderingar och en hög etisk standard "smittar" du er kultur med <u>integritet och ansvar</u>. / Om du omedvetet brist på de moraliska principer du sagt är viktiga för dig, at du brister i etik och går emot dina värderingar "smittas" kulturer med **känslor av underminerat förtroende och moral**.*

*Omedvetet sänder du ifrån dig mängder av icke-verbala signaler i form av kommunikation varje dag, som kroppsspråk, tonfall och ansiktsuttryck. Är det naturligt för dig att kommunicera med öppenhet, ärlighet och empati, "smittas" er atmosfär av <u>tillit och öppenhet</u>. / Är det inte naturligt för dig eller om du är otillgänglig, nonchalant eller otydlig, "smittas" atmosfären med **en kommunikation som kan skapa förvirring, otydlighet, frågeställningar och missförstånd**.*

*När du omedvetet "med ryggmärgen" tar välgrundade och rättvisa beslut, som tar hänsyn till olika perspektiv och behov, "smittas" dina lagmedlemmar av känslor av <u>rättvisa och tillit</u>. / Om du däremot prioriterar dina egna intressen före entiteten eller visionen, eller tar väldigt snabba beslut som kan ses som godtyckliga utan att involvera andra, **kan känslor av misstro och frustration spridas bland lagmedlemmarna**.*

Om du tillåter ditt subjektiva perspektiv påverka dina bedömningar av lagmedlemmarnas prestationer kommer det att påverka det ditt sätt att ge feedback och utöva coachning. Har du **en genuint god människosyn, tror på dina lagmedlemmar och uppvisar en positiv attityd när du ger feedback och coachar** *"smittar" du människan framför dig som vill utvecklas med motivation och tillit. Det gör att den med stor sannolikhet vill prestera på sin bästa nivå och växa. / Om du däremot ger ifrån dig signaler som människan framför dig som vill utvecklas ses som dömande eller negativa, eller att du går in i samtalen med förutfattade meningar kan det sannolikt skapa* **känslor av orättvisa och demotivation.**

Ditt subjektiva perspektiv kan påverka konflikthantering. Är **du lyhörd och objektiv när konflikter uppstår, "smittas" lag-medlemmarna till att vilja lösa konflikter på ett rättvist och konstruktivt sätt. / Om det tolkas eller uppfattas som att du tar** *parti i ett tidigt skede eller undviker att hantera konflikter på ett effektivt sätt, sprids sannolikt känslor som* **kan leda till eskalering av konflikter och snart en negativ, nedslående arbetsmiljö.**

Om du med ditt subjektiva perspektiv naturligt uppmuntrar och stödjer olika perspektiv, idéer och infallsvinklar, "smittas" **känslor som stimulerar kreativitet och innovation. / Om ditt** *perspektiv däremot tolkas som en snäv syn på vad som är rätt eller fel, eller avbryter,* **begränsar det sannolikt kreativiteten och modet att ta egna initiativ. Detta kan också påverka** *ansvarskänslan i entiteten.*

När du är engagerad i dina medarbetares framsteg, ger dem uppskattande och utvecklande feedback, och möjligheter att utvecklas, "smittar" du din entitet med **motivation och engagemang som bidrar till att de kan nå mål och växa i sina roller. /** *Om det däremot uppfattas att du som ledare favoriserar vissa medarbetare eller visar att du har fördomar eller dömer* *människor, eller pratar ill som människor bakom deras ryggar,* "smittas" *med stor sannolikhet* **känslor av missgynnande och demotivation inom entiteten som bl.a. påverkar deras välmående, tillit, passion, engagemang och prestationer.**

Ditt subjektiva perspektiv "smittar" kulturen varje sekund, vilket påverkar arbetsmiljö och trivsel. Uppvisar du att du genuint främjar respekt, öppenhet, tillit, samarbete, delaktighet och omtanke om varje lagmedlem, "smittas" dem med viljan att **bidra till en positiv och hälsosam arbetsmiljö där alla känner sig trygga och uppskattade.** */ Uppvisar du dominans, bristande rättvisa, uppfattas som konfrontativ eller du har en negativ attityd, skapar det väldigt sannolikt* **en ogynnsam arbetsmiljö med rädda medarbetare som påverkar kulturen negativt.**

Det psykologiska begreppet.

Konceptet om subjektivt perspektiv *är ett centralt begrepp inom psykologin. Wilhelm Wundt (1832-1920), som anses vara en av grundarna av den moderna psykologin betonade betydelsen av individens subjektiva upplevelser och introspektion som en metod för att förstå psykologiska fenomen.*

"Det är som att ha vattenflaskan men inte vattnet."
*- **Eva Timmerby**, om subjektivt perspektiv*

Senare har även psykologer som Sigmund Freud (1856-1939), betonat betydelsen av det omedvetna och hur det kan påverka vårt subjektiva perspektiv och beteende, och Carl Rogers (1902-1987) bidragit till förståelsen av subjektivt perspektiv. Rogers fokuserade på individens självuppfattning och betonade vikten av att förstå och acceptera individens unika perspektiv.

Idag är begreppet relevant inom sociologi och filosofi, och även inom områden som ex: **kognitiv psykologi** för att studera hur tankar, uppfattningar och tolkningar av världen formar människors kognition och mentala representation, hur det påverkar perception, minne, resonemang och beslutsfattande.

Inom **socialpsykologi** används begreppet för att undersöka hur människor individuellt uppfattar och tolkar sociala situationer och interaktioner, och hur uppfattningar och erfarenheter kan påverka hur vi förstår och reagerar på sociala händelser.

Inom **pedagogik och utbildning** används begreppet för att förstå hur elever och studenter uppfattar och tolkar sin inlärningsmiljö och undervisning. Att ta hänsyn till individuella skillnader, erfarenheter och perspektiv för att skapa en meningsfull och effektiv inlärningsmiljö.

Inom **psykoterapi** används begreppet för att förstå och utforska människans individuella upplevelser och tolkningar av sin egen verklighet.

Även inom **organisationspsykologi**, undersöks begreppet hur individer uppfattar och tolkar sin arbetsplats, arbetsuppgifter och arbetsrelationer. Det fokuserar på hur individuella uppfattningar och erfarenheter påverkar arbetsprestation, motivation, engagemang och välbefinnande.

När du får en enkät eller formulär framför dig på din arbetsplats är det grundat i organisationspsykologi då ledningen vill bli medvetna vad medarbetare subjektivt anser och tycker i viktiga frågor för att kunna identifiera problemområden och ta fram strategier för förändring/utveckling.

De som först använde begreppet organisationspsykologi var dels psykologen och författaren Edgar Schein som även är känd för sitt arbete inom organisationskultur, han är idag professor

*emeritus vid Massachusetts Institute of Technology (MIT) och
bidrar fortfarande med forskning och utveckling inom området.
Den andre var Chris Argyris (1923-2013), vars bidrag lever vidare
med hans teorier och idéer om organisatorisk inlärning och
förändring som tillämpas idag inom organisationsutveckling och
ledarskap. Argyris menade att organisationer ofta fastnar i gamla
beteendemönster och att det är viktigt att identifiera och bryta
dessa mönster för att skapa förändring. (Du känner igen detta i
min beskrivning av linjeorganisatoriska och platta organisationer
i avsnitt C: Styrsystem, eller passion och vilja.)*

Arbetar du medvetet med att öppna upp kulturen?
Spänningar, oenighet, irritation och konflikter uppstår när ett
subjektivt perspektiv inte stämmer överens med andra
lagmedlemmars subjektiva perspektiv.

Vägen till att skapa ett objektivt perspektiv hos en lagmedlem
går genom ditt ledarskap och den kultur du bidrar till. Som
exempel för din egenreflektion:

- Får du dina lagmedlemmar att känna sig sedda och hörda?
- Får du dem att utmana gamla sanningar/paradigmer, egna
  tankemönster och perspektiv i dina coachningssamtal?
- Främjas kulturen av tillit och respekt för olikheter?
- Finns det utrymme i atmosfären att "få" ifrågasätta etablerade
  sanningar i det dagliga arbetet och i målsättningar?
- Hur bra är du som ledare på att lyssna utan att avbryta?
- Uppmuntrar du i möten och samtal till en öppen dialog för att
  ta in flera olika perspektiv? Eller finns inte utrymme till att
  öppet diskutera/förbättra dina förslag och beslut?

Ditt trafikljus.
Tänk att du har en trafikljus som följeslagare genom livet, både
privat och i yrkeslivet. Det är bara du som kan
se trafikljuset.

Detta trafikljus speglar ditt perspektiv och varje
gång du står inför en situation där ditt
subjektiva perspektiv utmanas (vilket är ofantligt
många gånger varje dag) kommer tydligt en
färg fram, det är så starkt så du nästan får
kisa med ögonen.

Röd färg är när du direkt motsätter dig den
andra människans perspektiv och
människan ser det i din kommunikation och
känner det i vad du sänder ut.
Gul färg är när du direkt motsätter den
andra människans perspektiv, men du säger
ingenting utan håller det inom dig (och kanske
berättar det för andra människor).
Grön färg är när du lyssnar lyhört utan att leta fel, anta eller
avbryta. Du ger accept till den andra människans perspektiv
genom att visa ett genuint intresse och visar människan genom
ditt fokus, ögonkontakt och kroppsspråk att du verkligen är
närvarande, du ställer följdfrågor, du visar att du vill förstå, du
visar empati genom att du sätter dig in i människans perspektiv.

Symboliken med "trafikljuset" kom jag på i ett feedbacksamtal
med en medarbetare som orsakade spänningar i den entiteten.
När jag bad människan beskriva sitt trafikljus hemma och på

arbetsplatsen kom vi närmare varandra än någonsin tidigare. Om du vill så använd "Niclas trafikljus" som verktyg när du ger feedback, coachar eller i ett medarbetarsamtal. Eller varför inte för din egen utveckling och för att stärka ditt självledarskap?

Vilka färger kommer fram i ditt privatliv? Och i ditt yrkesliv? I vilka situationer? Är vissa färger mer frekventa med vissa människor, varför då? Främjar du ett objektivt perspektiv hemma och på arbetsplatsen? Har du en god människosyn? Är du genuin?

Paradoxen med kikaren.

Att titta igenom en kikare är att se ett perspektiv väldigt klart och tydligt, och betydligt bättre än med blotta ögat. Men har du tänkt på att vad som egentligen påvisas när en människa tittar i en kikare är ett ytterst, ytterst subjektivt perspektiv?

För det jag ser som paradoxen med detta är att den som tittar in i kikaren ser just det den har fokus på med bra skärpa, men kan mycket väl missa allt omkring det människan ser i kikarens lins. Det vill jag påvisa med bilden här till höger.

En paradox är något väldigt bra eftersom det utmanar vårt logiska tänkande och öppnar upp till nya perspektiv, insikter och reflektioner. Så med bilden vill jag påminna dig om paradoxen med kikaren så att du i din ledarroll bär med dig insikten och vikten av ett objektivt perspektiv för att främja kulturen, entiteten och resultaten. Använd även "paradoxen med kikaren" som ett konkret verktyg i din vardag, förstår du allas perspektiv?

En människas normala, totala synfält är cirka 180 grader horisontellt och 135 grader vertikalt. En kikare av standardformat har cirka sju graders totalt synfält. Det område användaren inte tydligt kan se i kikaren kallas för "kikarparallaxen".

Om jag skulle dra detta till sin spets och göra ett fiktivt exempel genom jämföra vad en människa "missar" med ett subjektivt perspektiv och kalla det för "den subjektiva, horisontella parallaxen" innebär det att människan ser sju grader av det objektiva perspektivet vilket då blir 173 grader som människan inte ser objektivt.
(Skulle ett plan flyga fågelvägen från Kristianstad, där jag befinner mig, till Stockholm är avståndet cirka 40 mil. Skulle planet flyga 173 grader i fel kurs denna korta sträcka missar planet Stockholm med cirka 80 mil. Så det är bra att piloter inte tar slutgiltiga viktiga beslut känslobaserat och med sitt subjektiva perspektiv i val av t.ex. riktning, val av landningsbana, mm.)

När du vidgar perspektiven skapar du förändring på riktigt.
Att vidga en lagmedlems perspektiv är hur du konkret kan påverka människans syn på sin subjektiva verklighet. När detta sker har du kommit långt i din ledarskapsgärning, för här skapar du djuptgående, bestående utveckling inom människan.

Du får genom att utmana människan den att förstå sig själv bättre när den får reflektera över omedvetna tankemönster.

Med strecket med en pil i varsin ände på föregående sida vill jag påvisa det du ser subjektivt och det alla i din omgivning ser subjektivt. Tänk den utmanande och utvecklande tanken att du kan vidga ditt subjektiva perspektiv bara lite. Lyssnar du bättre på människor då, utmanar du dina egna paradigmer oftare, blir du rent av mer insiktsfull och öppen för olikheter?
Tänk då tanken om du kan se det som din uppgift som ledare att i samtal med dina lagmedlemmar och med ditt genuina ledarskap kan vidga hela din entitets perspektiv. Vad kan det skapa för positiva effekter i arbetsmiljö, acceptans för olikheter, lyhördhet, gemenskap, tillit, kulturen, det yttre värdskapet, ryktet?

Vidgar du din entitets perspektiv påverkar du direkt det interna värdskapet möjligheter och djuptgående utveckling. Betydelsen av djuptgående utveckling för ledare och medarbetare och dess effekter i form av personlig och professionell tillväxt är väl dokumenterad i många studier. Förutsättningar finns, om ledare medvetet djuptgående utvecklar sin entitet, att skapa en mer engagerad, kompetent och produktiv arbetsstyrka som når professionella mål. *Som du kan utläsa är coachning, feedback och tydliga personliga mål i kombination med att ledaren har resurser i form av tid för samtal, förutsättningar för betydande tillväxt.*

2021, "The Effectiveness of Deep-Level Developmental Feedback on Employee Performance and Motivation" (Wang, Liao) fann att "djuptgående utvecklingsfeedback kan förbättra medarbetarnas **arbetsprestation** *och* **motivation."**
2018, "The Role of Deep Developmental Coaching in Enhancing Leadership Effectiveness" (Grant, Curtayne, Burton)

fann att "djuptgående utvecklingscoaching kan förbättra **ledarskapseffektiviteten** *och* **personlig tillväxt hos chefer."**

2021, "The Role of Deep-Level Developmental Goals in Enhancing Work Engagement and Well-being" (Xanthopoulou, Bakker) visade att "djuptgående utvecklingsmål kan öka medarbetarnas **arbetsengagemang** *och* **välbefinnande."**

2021, "The Role of Deep-Level Developmental Job Resources in Enhancing Employee Resilience and Well-being" (Bakker, Demerouti) visade att "djuptgående utvecklingsresurser på arbetsplatsen kan öka medarbetarnas **motståndskraft** *och* **välbefinnande."**

Kopplingen med **djuptgående utveckling från ett objektivt perspektiv** *finns det forskning kring. Även här är betydelsen stor att tid avsätts för samtal, coachning och feedback.*

2015, "The Impact of Leader Empowering Behaviors on Employee Development and Performance" undersökte hur ledarens befordrande beteenden påverkar medarbetarnas utveckling och prestation. **"Ledare som delegerar ansvar, ger befogenheter och stödjer medarbetarnas självständighet främjar deras djuptgående utveckling och prestation."**

2014, "The Role of Leader Feedback in Deep-Level Employee Development" undersökte hur feedback från ledare påverkar medarbetarnas utveckling. **"Ledare som ger konstruktiv och specifik feedback främjar medarbetarnas förmåga att utvecklas djuptgående genom att identifiera områden för förbättring och erbjuda stöd och vägledning."**

2019, "The Role of Leader-Member Exchange in Deep-Level Employee Development" undersökte hur relationen mellan ledare och medarbetare påverkar djuptgående utveckling. *"En hög kvalitet på relationen, så kallad leader-member exchange (LMX), främjar medarbetarnas förmåga att utvecklas djuptgående genom att erbjudas stöd, feedback och utmaningar från ledaren."*

2012, "The Impact of Leader Trustworthiness on Employee Development and Performance" undersökte hur ledarens pålitlighet påverkar medarbetarnas utveckling och prestation. *"Ledare som är trovärdiga, ärliga och rättvisa främjar medarbetarnas förmåga att utvecklas djuptgående genom att skapa tillit och en positiv arbetsmiljö."*

2018, "The Effects of Leader Humility on Employee Development and Performance" undersökte hur ledarens ödmjukhet påverkar medarbetarnas utveckling och prestation. *"Ledare som visade ödmjukhet och öppenhet främjade medarbetarnas djuptgående utveckling genom att skapa en kultur av lärande och tillväxt."*

2017, "The Role of Leader Authenticity in Deep-Level Employee Development" undersökte hur autentiskt ledarskap påverkar medarbetarnas utveckling. *"Autentiska ledare, som är äkta och transparenta i sin kommunikation och agerande, främjar medarbetarnas förmåga att utvecklas djuptgående genom att skapa tillit och öppenhet i arbetsmiljön."*

2011, "The Role of Leader Supportive Communication in Deep-Level Employee Development" undersökte hur ledarens stödjande kommunikation påverkar medarbetarnas utveckling. *"Ledare som kommunicerar tydligt, lyssnar aktivt och ger stöd och uppmuntran främjar medarbetarnas djuptgående utveckling genom att skapa en öppen och stödjande kommunikationskultur."*

*2016, "The Impact of Leader Emotional Intelligence on Employee Development and Well-being" undersökte hur ledarens emotionella intelligens påverkar medarbetarnas utveckling och välbefinnande. **"Ledare med hög emotionell intelligens (som kan förstå och hantera sina egna och andras känslor) främjar medarbetarnas djuptgående utveckling genom att skapa en positiv och stödjande arbetsmiljö."***

"Till syvende och sist är det en avgörande faktor som är bestående. En avgörande faktor som dina medarbetare kommer att minnas så länge de lever, som de bär med sig och berättar för andra."

Det är ditt ledarskap."

- Niclas Timmerby

<u>Det är av fundamental betydelse</u> att du som ledare har medvetna strategier för att säkerställa att dina lagmedlemmar alltid har en kristallklar kartbild vart ni skall och en tydlig riktning hur ni tar er dit. Och du som ledare behöver vara förberedd på att agera, istället för att reagera, när det uppkommer händelser eller situationer som blir som farthinder på er väg mot visionen.

Du har fått verktygen i boken. Så fort du upplever att ni är på fel kurs från visionen, missionen eller värdegrunden, eller så fort du upplever att spänningar uppstår och att atmosfären inte är trivsam. Då vet du vad orsaken är. Någonting har skett i det interna värdskapet som skapar obalans och med stor sannolikhet följer inte alla er gemensamma värdegrund.

Du behöver då tydligt i möten repetera de långsiktiga verktygen och förväntningarna du har på alla i din entitet. Du behöver prioritera medarbetarsamtal, coachning och feedback som dagliga verktyg för att få dina lagmedlemmar att styra om kulturen i den riktning som krävs. Du bör i samband med detta ha samtal med samtliga i din entitet för att identifiera känslor och orsaker. Vilka är de bakomliggande orsakerna?

- *Bristande samarbete/Brist på förtroende/tillit.*
- *Kommunikationsproblem.*
- *Känslor av orättvis arbetsfördelning.*
- *Otydliga förväntningar/Otydliga mål.*
- *Stress/Hög arbetsbelastning.*
- *Trakasserier, mobbning, diskriminering.*
- *Konkurrens inom entiteten.*
- *Bristande resurser för att uppnå mål*
- *Osäkerhet/Otrygghet inför framtiden.*
- *Negativa kulturbärare som påverkar "Guldet".*
- *Dåligt ledarskap (bristande konflikthantering, Brist på coachning, feedback, medarbetarsamtal, utvecklande samtal, brist på respekt för balansen mellan arbete/privatliv, tydlighet, ogynnsam arbetsmiljö, signaler som sänds till entiteten).*

Stabilisera det inre värdskapet - personalmöte (2-3h).
Oavsett anledning som framkommer i dina samtal behöver du som ledare snarast agera för att stabilisera det inre värdskapet som påverkar lagmedlemmarna och hela formeln.

1. När du haft dina samtal och har en bild av vilka anledningar som orsakar spänningarna inom entiteten är det dags att

samla dina lagmedlemmar på entiteten till ett obligatoriskt personalmöte. (Det är relativt vanligt förekommande att dem som du vill skall infinna sig finner anledningar att inte infinna sig till mötet. Hitta vägar så du kan utgå från när den/de kan innan du bokar in det formella mötet. Skulle ändå några inte infinna sig till mötet, gör en detaljerad mötesanteckning och kalla den eller dem som inte infunnit sig till ett separat möte snarast. Finn konstruktiva vägar att lösa detta snarast så alla får till sig samma information inom helst en veckas tid.)

2. Inled mötet med att berätta att du nu haft samtal med alla eftersom du känt av tydliga spänningar inom entiteten som du anser är en stor risk för trivseln, arbetsmiljön, samarbetet, kommunikationen, effektivitet, produktivitet samt risk att inte uppnå er entitets och hela organisationen mål.

3. Berätta att din avsikt med mötet är att öppet lyfta detta till en diskussion där alla får uttrycka sina åsikter och vad de upplever som farthinder, problem eller bekymmer. Tydliggör att rummet är en trygg och respektfull miljö där alla skall känna sig bekväma att dela med sig av sina synpunkter.

"Om du vill göra alla glada, var inte en ledare.

Sälj glass."
- Steve Jobs

4. Börja med att visa upp er vision och er mission (varför ni alla går till arbetsplatsen och vad ni tillsammans strävar mot att uppnå). Starta upp för en öppen diskussion i rummet. (1) Vilka risker finns just nu att vi inte uppnår vår vision och mission? (2)

Vilka är lösningarna? (3) hur genomför vi lösningarna? (4) Vad måste alla förpliktiga sig till här och nu?

5. Fortsätt med värdegrunden, gå igenom den stegvis och upprepa de fyra frågeställningarna ovan.

6. Avsluta med de förväntningar du förmedlat i din känslomässiga information som du har på alla lagmedlemmar, samt de förväntningar du har förmedlat att att de alla kan ha på dig som ledare. Upprepa de fyra frågeställningarna.

7. Tacka för allas värdefulla input och synpunkter.

8. Kommunicera tydligt ut att alla har ett stort individuellt ansvar i att lösa problem och eventuella konflikter. Att spänningar påverkar hela entiteten och hur människor mår innan du som ledare kanske får vetskap och kan agera - vilket du kommer att göra. *Du som ledare kommer alltid att skydda entiteten, värna om kulturen, stå upp för orättvisor, sträva mot visionen och stå bakom värdegrunden. Detta tydliggör ansvar och säkerställer att alla är helt införstådda med vad det innebär att vara med i entiteten och vad du förväntar dig av alla.*

9. Var tydlig med att du finns som en tydlig referenspunkt om någon av dem inte vågar ta upp spänningen eller konflikten med den det berör, att du då kommer att kalla till ett samtal där du agerar som en neutral medlare endast med organisationens vision som din målbild i samtalet. *(Visionen är ditt starkaste konkreta verktyg för att bygga lag, uppnå mål och*

*övervinna konflikter. Visionen är din ledstjärna i det dagliga
arbetet, när du gör val och fattar svåra beslut)*

10. Betona vikten av att visa ömsesidig respekt och att lyssna på
varandras åsikter och synpunkter. Det är viktigt att skapa en
miljö där alla känner sig sedda och hörsammade.

11. Betona att samarbete är fundamentalt viktigt i er kultur, för då
kan alla dra nytta av varje lagmedlems individuella styrkor och
kompetenser. Att ni är starka tillsammans. *Gör kopplingen till
era gemensamma mål och hur dessa mål <u>endast</u> kan uppnås
genom att arbeta tillsammans.* Det är viktigt att alla förstår att
deras individuella framgångar är direkt kopplade till
entitetens och organisationens framgång.

12. Avsluta, om du känner dig trygg med det, genom att berätta
om forskning kring subjektivt perspektiv och objektivt
perspektiv. Betona att i en konflikt är det inte är människa det
är "fel på", det är kommunikationen. När vi människor inte
förstår varandra eller är oense ser vi helt enkelt "saken" från
två olika subjektiva perspektiv och vår uppgift i en entitet är
att skapa ett gemensamt synsätt, ett gemensamt objektivt
perspektiv för att komma vidare, alternativt erkänna att vi ser
på "saken" olika och att det är helt okej så länge inte våra
individuella och gemensamma mål blir lidande.

Egenreflektion.
Du behöver även reflektera själv. Har du varit otydlig, har du
tappat ditt engagemang, känner du dig stressad/pressad över
att din entitet inte når mål, hur är det med ditt trafikljus, är du

lyhörd, har du modet att ge feedback, coachar du dina lag-
medlemmar, skapar du delaktighet, får du din entitet att känna
sig betydelsefulla, sedda, respekterade, är målen applicerbara,
har du en god människosyn, följer du visionen, din egen
mission, värdegrunden och dem förväntningar du känslomässigt
berättat för entiteten att dem kan ha på dig som ledare?

I kriser och tider av oro avgörs ditt rykte som ledare. Alla människor igenom mindre och större kriser, så gör också alla entiteter.

"Oavsett vad som händer i världen och vad människor omkring dig tänker, tycker, gör eller säger har du alltid val.

Vad gör du, vad sänder du ut, vilka spår lämnar du efter dig?

Det blir till ditt rykte."
- Niclas Timmerby

Dagligen släcker du som ledare små bränder och du bygger långsiktigt strategiska brandgator för att underlätta det dagliga arbetet och motverka farthinder och spänningar. Ibland får du modigt ge tydlig feedback på nivå 4, ibland blir det väldigt känslomässigt i coachningssamtal som självklart berör dig som människa. Du kan komma i konflikt med en lagmedlem, har du en klar strategi då? Du kan behöva medla mellan två lagmedlemmar som har en konflikt, har du en klar strategi då?

<u>Du har alltid ett konkret verktyg rakt framför dig: Er vision.</u>
All kommunikation i er entitet skall leda till er vision. Vad är det
egentligen som tar en lagmedlem, två lagmedlemmar eller hela
din entitet framåt? Det är **kommunikationens målbild**.

Kommunikationen målbild i alla entiteter bör i alla situationer vara: *Den bästa möjliga gemensamma lösningen för att uppnå visionen.*

För att uppnå visionen är inte det viktiga vad en lagmedlem säger, vad en annan lagmedlem tycker (med sitt subjektiva perspektiv), eller vad du som ledare säger, tycker, eller skriver med ditt subjektiva perspektiv.

All kommunikation i tal eller skrift, allt som diskuteras och ventileras skall ha en (1) tydlig målbild: *Hur kan vi tillsammans uppnå vår vision?* Detta för att all kommunikation spelar en avgörande roll för att uppnå dåliga uppgifter, strategier, mål och ambitioner för strävan att uppnå visionen.

Det sker små och stora saker varje dag som bygger ditt rykte som ledare. Hur agerar du i stressade och pressade situationer?

Det är <u>väldigt lätt</u> att leda i goda tider, *det är i turbulenta tider ledarskapet är som viktigast.* Du har kanske medvetet och omedvetet byggt ditt goda rykte som ledare i många år men så tappar du tålamodet för en sekund när; du blir provocerad, när inte mål uppfylls, när du inte tar reda på en lagmedlems "varför" och istället ställer hårdare krav med samma förutsättningar. Det är i dessa situationer ditt rykte kan förändras i ett ögonblick.

Så mitt varma tips för att motverka ev. spänningar, skydda kulturen och tydliggöra/synliggöra allas riktning och kartbild är återigen att strategiskt och medvetet använda dig av visionen och missionen. Värdegrunden arbetar för dig i bakgrunden som entiteten egna uppsatta spelregler.

Kommer du i en situation där du känner att du är på väg att tappa kontrollen och eventuellt är på väg in i en annalkande konflikt ger jag dig här mitt bästa tips. Släck ned den negativa energin genom att säga: *"Jag vill att vi börjar om, nu."*.

Är du i situationen att du behöver medla och den negativa energin flödar i rummet, säg: *"Jag vill att ni börjar om , nu."*. Fråga dem sedan: *"Vad behöver ni reda ut för att komma vidare?"*.

När du vet "varför" kan du konkret arbeta dig vidare i samtalet. Lyft visionen i samtalet: *"Detta är varför vi går till arbetet, för att sträva mot visionen. Ni behöver reda ut era oegentligheter för detta tar inte er, mig eller era lagmedlemmar närmare visionen"*.

Visionen kan inte ifrågasättas.
Vill inte en lagmedlem stå bakom entitetens strävan mot visionen behöver du som ledare ha separata samtal med den som inte vill stå bakom strävan. Detta tills lagmedlemmen till fullo förstår och accepterar att allt operativt och strategiskt arbete som försiggår i verksamheten har en funktion: att främja och stödja uppnåendet av visionen. Detta för att verksamheten existerar för att strävan och intentionen är att visionen skall uppnås. Visionen är ledstjärnan.

Motsatsen till att agera i affekt, är vikten av att reflektera.

När du provoceras, utmanas eller blir irriterad är när du behöver vara en sann ledare och inte agera i affekt. Den brittiske predikanten och författaren (han skrev över 140 böcker) Charles H. Spurgeon sade på 1800-talet: *"Du får det rykte du förtjänar och förtjänar det rykte du får."*, det är precis så. Alla ledare blir ibland provocerade och irriterade. Men det innebär inte att vi per automatik förstår "varför" situationen uppkommit, eller de led som skett till det synliga beteendet, attityden du tydligt känner av, eller att du ser att mål är långt ifrån budget/att infrias.

När jag en gång blev kallad till min sons skola och de berättade att min son kastat stenar (väldigt små) efter elever var det, det synliga uppenbara beteendet som absolut inte är okej. Skolan hade dessvärre inte formeln eller strukturen som hade påvisat en atmosfär som inkluderade mobbning och att andra barn bl.a. band fast min son om halsen och var våldsamma mot honom (vilket min son berättade fem år senare.). När detta hände litade jag på skolan vars enda punkt på agendan var att han kastat stenar (= det synliga beteendet). Jag ifrågasatte kraftigt min sons beteende då. Jag har sagt förlåt till min son, men detta kommer jag att må dåligt av i mitt liv så länge jag lever.

Den enda positiva utkomsten av detta i mitt liv är att jag inte agerar i affekt och verkligen gör allt för att förstå hela förloppet/ historien/perspektiven innan jag agerar. Jag vill få människan framför mig att berätta "varför" för mig. Och det gör människan endast om han eller hon känner tillit för mig som människa. Därför betyder tillit så mycket för mig i en entitet. (De positiva

synergieffekterna av ett medvetet tillitsbaserat ledarskap i
kombination med avsnitt A-E, kan du läsa om i avsnitt G.)

När jag får något till mig som direkt skadar människor eller
kulturen agerar jag direkt genom att kalla till samtal eller genom
att jag besöker lagmedlemmen för att skapa mig en
faktabaserad bild av det jag hört eller sett. När jag får saker till
mig som är provocerande, irriterande eller liknande stänger jag
av notiser på min telefon och reflekterar.

När jag reflekterar antecknar jag samtidigt och det vill jag ge
som ett varmt tips till dig som ledare. När vi människor skriver
ner det vi tänker blir det så mycket mer tydligt än när tankarna
svävar iväg i huvudet (du har cirka 35-48st medvetna och
omedvetna tankar per minut vilket är ohyggligt svårt att sortera
på ett bra sätt om du är irriterad eller provocerad).

Jag har tagit ett beslut inom mig själv att om jag är på ett möte
och jag blir provocerad eller irriterad, och känner att det finns
en risk att jag kanske säger något i affekt så lämnar jag mötet. Så
att jag kan få reflektera och sedan återkomma med en
balanserad respons.

(Som konsult har jag ibland fått agera representant för
arbetsgivare i lokala och centrala förhandlingar med
fackförbund. I dessa förhandlingar finns ett underbart klokt
redskap. Du kan begära att få ajournera förhandlingen i stort sett
när som helst under mötet för att få till en paus för reflektion och
konsultation med dina representanter.)

Formeln är ditt konkreta synliga verktyg.

Jag tydliggör formeln igen och vill poängtera att min syn är att formeln strukturellt skapar utkomsten av ryktet.

$$IV \dashrightarrow K \dashrightarrow YV : (E = potential^{\wedge}\infty) \dashrightarrow R = L$$

Det är <u>så lätt</u> att se ett beteende, känna av en attityd, eller se ett resultat som inte uppnår målet. Och sedan direkt ifrågasätta, klaga eller ha möten kring det du ser, hör eller upplever.

Men har du då tagit till dig hela perspektivet?
- Vet du "varför"?
- Har du frågat lagmedlemmen hur han eller hon mår?

Har du gett feedback och haft coachningssamtal kan jag garantera dig att du i ett tidigt skede kunnat fånga upp vad som tynger och därför påverkar din lagmedlems beteende/attityd/ resultat.

Det är så viktigt att i samtal fånga upp känslor och mående i ett tidigt skede. Tänk om din lagmedlem berättat detta för dig och då kunnat släppa ut känslor naturligt, du hade då kunnat stödja och ev. hjälpa genom insatser från organisationen.

Paradoxen, om du inte har tillitsfulla samtal, är att du senare ser ett beteende/attityd/resultat du inte förstår, eller i värsta fall; att den duktiga lojala lagmedlemmen utan att säga orsak slutar.

Du skapar som ledare kontinuerligt fyra rykten som tillsammans skapar ryktet om dig som ledare:

1. *Ditt rykte som ledare. Är du någon som människor söker sig till för att få förmånen att få arbeta med dig?*
   1. *Du är mer än en chef som styr medarbetare. Du är en ledare som har ryktet att vara en människa som utvecklar människor och organisationer. Du har kanske t.o.m har byggt upp ett rykte att vara en mentor, som utvecklar befintliga ledare och skapar nya ledare?*

2. *Ryktet som arbetsgivare. Kulturen sprids som vinden, vad berättar den atmosfär du varit med och byggt upp? Är det en kultur människor vill vistas i, formas av och utvecklas i?*
   1. *Hur människor trivs, hur de behandlar varandra, hur de mår, hur de arbetar tillsammans, om det är en god atmosfär och gemenskap, hur du är i ditt ledarskap. Detta skapar ryktet om din organisation som arbetsgivare och om dig som leder arbetet. Ditt rykte skapar lojala lagmedlemmar, är dina goda egenskaper som människa och ditt goda ledarskap det dina lagmedlemmar pratar om när du inte är närvarande?*

3. *Ditt rykte är en ledare som har lojala lagmedlemmar.*
   1. *Människor utanför din organisation känner till dig och ditt ledarskap. De vet att du har en självgående, motiverad entitet som trivs. De vet att du tar hand om dina lagmedlemmar, att du ser alla enskilda individer som människor, du vet vad deras familjemedlemmar och husdjur heter, du vet om deras personliga*

utmaningar och deras bakgrund, du får alla i entiteten att känna sig väldigt betydelsefulla. Du vårdar kulturen mest av alla, du skapar trygghet, omtanke och glädje omkring dig. Du är väl medveten om att unga generationer mest av allt nästan kräver engagemang, att de upplever engagemang omkring sig och från ledarskapet. Brilliant Future påvisade i en studie att det som skapar engagemang är att du som ledare eftersträvar en balans i ditt ledarskap som gör att din entitet i största möjligaste mån känner lika delar energi och uppfattad tydlighet, dessa två delar behöver du ha med dig i ditt dagliga ledarskap för att skapa engagemang. Du har förmågan att utgå från allas behov och skapa en välfungerande helhet som samarbetar och drar åt samma håll oavsett ålder, erfarenheter och bakgrund.

4. Ditt rykte som ledare skapar lojala kunder.

1. *Du som ledare är den som påverkar kulturen mest av alla, därför påverkar du det yttre värdskapet mest av alla. Du använder feedback och coachning som dagliga verktyg för att forma atmosfären i riktning mot visionen och med din mission. Dina lagmedlemmar har tillit till att du leder dem i en tydlig riktning. Allt du gör, för och med din entitet, märker kunder av i det yttre värdskapet så fort de vistas i er kultur. Är atmosfären trivsam, äkta, omtänksam, förtroendeingivande, professionell blandat med genuin glädje och dina lagmedlemmar vågar bjuda på sig själva -*

kan du nästan i realtid se att det du byggt upp, vårdar
och står upp för visar sig framför dina ögon. Var stolt.

**Studier som påvisar att ditt rykte är avgörande för att attrahera
och behålla goda lagmedlemmar, samt attrahera lojala kunder:**

*I studien "The Impact of Leader Reputation on Employee
Trust and Engagement: A Multilevel Study" av Dirks, K. T, Ferrin,
D. L. undersöktes hur ledarens rykte påverkar medarbetarnas
förtroende och engagemang. Forskarna fann att **"ett positiv rykte
om ledaren var kopplat till högre nivåer av medarbetarnas
förtroende för ledaren och att detta i sin tur ledde till ökat
engagemang hos medarbetarna".** Studien betonade vikten av att
ledare bygger upp och upprätthåller ett positivt rykte för att
främja förtroende och engagemang bland medarbetarna.*

*I studien "The Impact of Leader Reputation on Attracting
Job Applicants: A Field Experiment" av Cable, D. M. Turban, D. B.
genomförde forskarna ett fält-experiment för att undersöka hur
ledarens rykte påverkar förmågan att attrahera medarbetare.
Forskarna fann att **"en ledare med ett positivt rykte hade större
framgång i att attrahera kvalificerade jobbsökande och att dessa
jobbsökande var mer benägna att söka anställning hos
organisationen".** Studien visade att ledarens rykte spelade en
viktig roll i att skapa en attraktiv arbetsgivare och locka till sig
kvalificerad arbetskraft.*

*"En grundförutsättning för att motivera och utveckla människor,
är att du som ledare vet och respekterar allas "varför".*

*Har dina lagmedlemmar inte ett högre VÄRDE än trygghet/lön
i sitt VARFÖR, är risken stor att de lämnar din entitet så
fort de ser ett större VARFÖR som ger dem
ett högre VÄRDE någon annanstans."*
- Niclas Timmerby

Reflektion, kapitel 6

1. Reflektera över vardagliga situationer på din arbetsplats där du senare i coachningssamtal kan vidga lagmedlemmars subjektiva perspektiv. Efter du lyft faktorn enskilt eller för hela din entitet kan du även använda feedback på alla fyra nivåer. Att använda båda dessa verktyg i detta sammanhang skapar djupgående förändring och utveckling på riktigt.

2. Reflektera hur ditt subjektiva perspektiv påverkar ditt beslutsfattande och dina interaktioner med chefer och dina lagmedlemmar. Kan du påverka ditt tänkande i olika situationer för att skapa ett högre objektivt perspektiv? Kan du "ajournera" ett samtal eller möte för att inte agera eller svara i affekt? Reflektera hur dina insikter kan hjälpa dig för att öka din förståelse över människor omkring dig; deras beteende, attityd, handlingar, val och beslut? Finns det några förutfattade meningar eller fördomar som du kan bli medveten om som ev. hämmar dig i din ledarskapsgärning och du därför kan arbeta med att överkomma?

3. Reflektera hur du aktivt kan träna på och utveckla ett mer objektivt perspektiv och bli mer medveten om hur ditt beteende och din attityd i slutändan påverkar människor och resultat. Vilka strategier kan du använda för att bli än mer lyhörd, rättvis och inkluderande? Kanske "Niclas trafikljus" eller "paradoxen med kikaren"? Vad är det du ser kristallklart med ditt subjektiva perspektiv, och vad är det du missar?

4. Ta en stund och låt det sjunka in. Hur otroligt betydelsefull du är som ledare. Över vilken förmån det är att få leda andra och att få andra att växa som människor och i sina yrkesroller.

KAPITEL 7

$$IV \dashrightarrow K \dashrightarrow YV : (E = potential^{\wedge}\infty) \dashrightarrow R = L$$

Lönsamhet och tillväxt mäts i slutändan av
hur många människor du utvecklat.
Niclas Timmerby

L = Lönsamhet.
Vi är framme i den sista delen av formeln, bokstaven L.

Lönsamhet är ett viktigt verktyg som mäter en entitets ekonomiska hälsa, avkastning och framgång. Lönsamhet kommer utav goda resultat, goda resultat kommer utav människorna i laget. Ju bättre du som ledare kan utveckla dina lagmedlemmars kompetenser, kunskaper och färdigheter genom de verktyg du fått i boken desto högre tillväxt har din entitet förutsättningar att uppnå. För ju mer en lagmedlem växer desto mer kan den bidra till goda resultat.

Tillväxt = lönsamhet.
Nöjda kunder *skapar förutsättningar till att en verksamhet överlever.* ***Lojala kunder*** *skapar förutsättningar till lönsamhet för verksamheten.* Att skapa tillväxt i människorna i din entitet skapar förutsättningar för lojala medarbetare och kunder vilket skapar förutsättningar för lönsamhet. Lönsamhet skapar goda förutsättningar att fortsätta skapa tillväxt i människorna. Därför hör tillväxt ihop med lönsamhet.

Tillväxt kan stå för många olika positiva parametrar för olika typer av entiteter: Utveckling av lag, människor och ledare. Utveckling av hela organisationer. Utveckling i resultat i form av lönsamhet, likviditet och soliditet. Sammanhållning, förtroende, tillit, samarbete och glädje = arbetsmiljö och arbetsklimat. Tillväxt av nya lojala kunder och lagmedlemmar. Möjligheter till diversifiering av verksamheten. Engagemang, effektivitet och produktivitet. Resultat och utökade vinster (inom idrott). Hållbar tillväxt, digital tillväxt, kapacitetstillväxt, varumärkestillväxt.

Utökade marknadsandelar, internationalisering, förvärv/fusioner,
nya partnerskap/nya samarbeten, socialt ansvarstagande,
e-handelstillväxt, rykte som arbetsgivare och organisation.

Dessa parametrar skapas obönhörligen av formeln.
$$IV \dashrightarrow K \dashrightarrow YV : (E = potential^\infty) \dashrightarrow R = L$$

Om din organisation inte har den lönsamhetsgrad eller tillväxt
ledningen/aktieägarna förväntar sig är det viktigt att se över alla
steg i formeln och börja från början.

Ger det interna värdskapet förutsättningar för en hälsosam
och produktiv kultur? Då skapar det förutsättningar för att
kunderna känner av ett positivt och genuint yttre värdskap.

Finns engagemanget, X-faktorn som skapar den unika
attraktionskraften som är unik för varje entitet? Engagemanget
är den omätbara potentialen som sammanfattar formeln fyra
första steg vilket skapar ryktet.

Hur vill organisationen uppfattas?

Och är det detsamma som hur organisationen verkligen
uppfattas av sina medarbetare, av sina kunder, av sina
leverantörer och andra intressenter? Detta är en ytterst relevant
fråga alla organisationer kontinuerligt behöver ställa sig.

*"Utan god självinsikt är målen endast drömmar. Endast med handling,
egenreflektion och beslutsamhet blir drömmar verklighet."*
- Niclas Timmerby

Här är relevanta frågor jag anser kontinuerligt skall diskuteras, dokumentas och följas upp i varje avdelning/team:

- Varför skall kunden välja att komma till oss?
- Vad är det som differentierar oss mot våra konkurrenter, vad är vår konkurrensfördel?
- Vad vill vi kunden skall känna när den lämnar oss oavsett om det blivit en affär eller inte?
- Vad säger våra kunder till andra efter att dem varit hos oss oavsett om det blivit en affär eller inte?
- Hur uppfattar våra leverantörer och andra intressenter oss och vad berättar dem om oss för andra?
- Följer vi vår vision, mission och värdegrund?
- Hur avspeglas vår företagskultur till vår omvärld?
- Vilka händelser eller incidenter kan ha påverkat vårt rykte negativt?
- Är hur vi uppfattar oss i vardagen det samma som kunden uppfattar oss?
- Vad förväntar sig våra kunder av oss?

Det är så viktigt i ledarskapet att alltid se människor före resultat. Resultat kommer inte av sig självt, det är alltid människor som i någon aktiv form skapar slutresultatet. Det är väldigt lätt i en ledande position att, när inte resultaten är dem förväntade, titta på vad människorna gör eller inte gör mer än att analysera orsakerna till beteenden, attityder och resultat. Det är som att ta ett läkemedel för huvudvärk när vi vet att vi inte druckit nog med vätska en varm dag. Vi behandlar symptomen, störningen i kroppen som uppstått eftersom vi inte tagit hand om den uppenbara underliggande orsaken.

Du som ledare ser symptom varje dag, ju mindre du arbetar med de underliggande orsakerna desto mer symptom får du behandla i efterhand och desto mer bränder får du släcka.

Ha ett okuvligt mindset som ser orsakerna.
Skall du som ledare få din entitet att prestera på topp varje dag och i varje situation behöver du agera innan symptom som kan dra ner din entitet rykte ens har uppenbarat sig. Du behöver ha förmågan att känna av hur din entitet mår och för att kunna göra det behöver du ha lärt känna alla dina lagmedlemmar på djupet. Din entitet är din största tillgång eftersom laget gör att ni tillsammans når mål fortare än du har möjlighet att göra det själv. Har du fokus på din största tillgång kommer tillgången att generera mer och mer till din fördel. När du utvecklat ett okuvligt mindset som fokuserar att identifiera och förstå orsaker till symtom; olika situationer, problem, prestationer, samarbete, resultat (både faktorer som är bra och mindre bra) som uppstår, kan du fokusera på utveckling istället för att släcka bränder.

Du har tidigare läst om att arbeta med "isberget" för att få reda på vad som orsakar beteenden, attityder och ger insikter kring människors olikheter. När du ger dig tid att analysera, identifiera och utvärdera mer än att behandla symptom kan du börja arbeta proaktivt i ditt ledarskap, du kan börja adressera grundorsakerna, lägga om arbetssätt, samtalsformer och strategier för att skapa långsiktiga och hållbara lösningar. Visst kan produkter och tjänster skapa ett bra rykte, dock är alltid människor någonstans på vägen medskapare.

Så vad kan du som ledare göra för att få ut maximalt av dina lagmedlemmar så att dem skapar ett ännu

*"Rik är människan först när den skiftar fokus
från det den vill ha, till det den har."*
- Niclas Timmerby

bättre rykte förutom det du redan läst i boken? Du vet att ryktet till stor del baseras på hur dina lagmedlemmar mår.

- Så vet *du hur de mår?*
- *Frågar du dem om de är lyckliga?*
- *Frågar du vad som är jobbigt i deras liv?*
- *Frågar du dem vad deras drivkraft och motivation är?*
- *Frågar du hur människan mår i och upplever sina relationer?*
- *Frågar du om deras personliga mål och drömmar?*
- *Frågar du vilka saker i livet som format den och gjort den till den människan den är?*

"Hur dina medarbetare mår är hur dina kunder kommer att må."
- Sybil F. Stershic

Ofta räcker det som ledare att lyssna, att du på så sätt visar att människan framför dig är viktig och betydelsefull *för dig*. Dina lagmedlemmar känner direkt om du är inställd på att lyssna på en medarbetare eller människa.

Ett av mina varmaste råd inom ledarskapet är att alltid se människan innan du ser medarbetaren. Ju mer genuint du intresserar dig för och behandlar den som människa, desto mer kommer den att göra som medarbetare och som lagmedlem.

Maslow + Medarbetarsamtal = "Varför" = Lönsamhet

Förutom vid coachnings- och feedbacksamtal har du ytterligare ett konkret verktyg du kan använda dig av för att förstärka dina relationer till dina lagmedlemmar kopplad till det interna värdskapet, medarbetarsamtalet. Ett fantastiskt strukturerat och återkommande verktyg där du och din lagmedlem kan förbereda er, prata öppet, framåtlutat och ärligt samt fokusera på drivkrafter, hinder, behov, visionen och målsättningar.

Jag har ännu inte funnit någon samtalsform som är mer konkret, utvecklande och som för samman lag till en gemensam riktning.

Tyvärr är medarbetarsamtal ett verktyg som ofta inte används strukturerat och ibland ses som onödigt och tidsödande, detta har jag förstått i mina samtal med både chefer och medarbetare. Jag tycker det är så synd att denna möjlighet att komma närmare varandra och skapa bättre förståelse samt tydliggöra riktningen framåt inte är ses som mer värdefullt. Det finns många positiva synergieffekter med ett strukturerat och väl förberett medarbetarsamtal där alla utvecklas; lagmedlemmen, ledaren och sammanslaget hela entiteten. Sedan är det en ypperlig möjlighet i detta forum att dokumentera och säkerställa arbetsgivarens ansvar inom systematiskt arbetsmiljöarbete (SAM) och organisatorisk och social arbetsmiljö (OSA).

Vad jag upptäckt i mitt arbete för att skapa lojala lag och i förändringsarbete är att det är en synnerligen stor nytta att studera den amerikanske psykologen Abraham Maslow (1908-1970). Maslow var en av förgrundsfigurerna till humanismen och hans mest berömda eftermäle är behovshierarkin eller behovstrappan som han utvecklande för att skapa förståelse kring mänsklig motivation och beteende. Humanistisk psykologi fokuserar på människans potential, självförverkligande och personlig tillväxt. Hans teori var att människors handlingar är födda av motivation riktad mot ett mål som möter människans behov. Han betonade vikten att förstå en människas inre motivation och hur deras behov påverkar deras beteende och mål. Han kom fram till att genom identifiera och tillfredsställa människors behov kan du främja deras motivation till att nå mål och uppnå sin fulla potential.

Jag har många favoritcitat av Maslow som är väldigt insiktsfulla:

"Vi gör vad vi är, och vi är vad vi gör. En musiker måste musicera, en konstnär måste måla, en poet måste skriva, om den skall kunna vara fullständigt tillfreds med sig själv."

"Om du planerar att vara något mindre än du är kapabel till att vara, så kommer du säkerligen att vara olycklig i alla dina dagar."

"Var oberoende av andra människors goda avsikter."

"Vi kan orientera oss mot försvar, säkerhet eller rädsla. Men på motsatt sida finns möjligheten till tillväxt. Välj tillväxt istället för rädsla tolv gånger om dagen, innebär att förflyttas tolv gånger mot självförverkligande."

"Människor är inte dåliga, de är olyckliga."

Hur hänger Maslows behovshierarki ihop med lönsamhet?
Vad Maslow menar är att alla människor har val varje dag. *"Antingen kommer du att ta steg framåt mot tillväxt eller så kommer du att ta steg tillbaka mot säkerhet."* Det här är en

fantastiskt tanke att ha med dig in i alla samtal i ditt
självledarskap och i alla individuella samtal med din entitet.

Individuella samtal med dina lagmedlemmar är så
betydelsefulla, svaren du får i ett coachning-, feedback- eller
medarbetarsamtal ger dig svaren på människans behov och
motivation vilket ger dig en djupare förståelse för människans
drivkrafter. Genom dina frågor kan du främja varje lagmedlems
självinsikt, självmedvetenhet och och tillväxt. Du som ledare kan
i dessa samtal hjälpa ditt team att förstå sig själva bättre genom
att dem själva identifierar
sina behov och motivation.
Detta är bland det mest
tillfredsställande inom
ledarskapet när du får
människor att växa och
vilja få ut mer av sitt liv.

*"Varje gång du förväntar dig eller ber
en medarbetare göra 'det lilla extra'.*

*Skall du fråga dig själv om du gör
det lilla extra som arbetsgivare."*
- Hamid Eslami

<u>Själva essensen av Maslows arbete är att all motivation utgår
från ett behov, och eftersom alla människor är unika har alla
olika behov och har därför olika motivationsfaktorer.</u>

Varför jag nämnt citaten är för att de kan vara till din hjälp när du
har ett medarbetarsamtal, ju mer du utvecklas i ditt
självledarskap desto mer kan du utveckla ditt team. Ta varje
tillfälle du kan till egenreflektion och din egen utveckling.

**Svaret på frågan längst ned på föregående sida är att
behovshierarkin är ett utmärkt verktyg att få nycklar till varje
lagmedlems "varför". Berättar människan framför dig sitt "varför"**

som den kanske inte sagt till någon annan människa vet du
människans drivkraft, hinder, motivationsfaktorer och personliga
målbilder. Detta ger dig en djup förståelse av varje människas
unika behov vilket ger dig möjligheten att framgångsrikt leda,
motivera och utveckla varje unik lagmedlem.

Maslows behovshierarki handlar till fullo om behov. Att vi
människor under livets gång finner motivation av att uppfylla
behov, när vi känner oss tillfredsställda att ha uppfyllt de mest
grundläggande mänskliga behoven strävar människor efter att
uppnå högre behov för att uppnå sin potential som människa.

Här är en grundläggande bild av Maslows behovshierarki.

Du som ledare och medmänniska kan aldrig få en annan
människa att successivt vilja klättra uppåt i hierarkin <u>om den
själv inte vill</u>. Den tar sig endast uppåt när den känner sina
behov tillfredsställda, och den kan endast känna sina behov

tillfredsställda genom inre motivation, dvs att den själv uppfyllt sina behov. Däremot kan dessvärre en människa dras neråt i hierarkin av sina egna tankar och/eller av andra människors påverkan.

<u>Därav är ditt arbete med negativa kulturbärare som jag skrivit mycket om i boken så viktigt, för har du en negativ kulturbärare är sannolikheten överväldigande att de som vill klättra uppåt känner stora hinder för sin egen utveckling/motivation.)</u>

Din förståelse av hierarkin samt vilja och förmåga att utveckla och motivera dina lagmedlemmar är därför fundamentalt viktigt i allt förändringsarbete. <u>Du kan inte förändra människor men du kan få människor att vilja åstadkomma en förändring inom sig.</u>

Vad din uppgift som ledare i dina olika samtalsformer med respektive lagmedlem är, är att ta reda på vilka behov som är uppfyllda och genom bra ställda frågor utmana gamla sanningar. Då kan du skapa motivation och inspiration inom människor så att de börjar se nya behov de vill tillfredsställa och då självmant vill klättra uppåt. Detta är ledarskap på riktigt.

Ditt arbete som ledare med att förstå behov och skapa motivation skapar engagemang vilket ju är den omätbara potentialen som finns i din entitet. Hur mycket engagemang kan du skapa som ledare?

På nästa sida har jag skapat ett öppen tabell där du kan fylla i de positiva faktorer och negativa faktorer som idag påverkar din entitet. Faktorerna kan vara exempelvis: tid, människor, resurser, ditt ledarskap samt organisationens funktionalitet, styrning, mötesstruktur och mognad.

Se tabellen som en riskmatris där du graderar faktorerna genom att placera ut dem som:

Låg/kortsiktig risk: *Hög känsla av tillit och motivation.*
Hög/långsiktig risk: *Låg känsla av tillit och motivation*

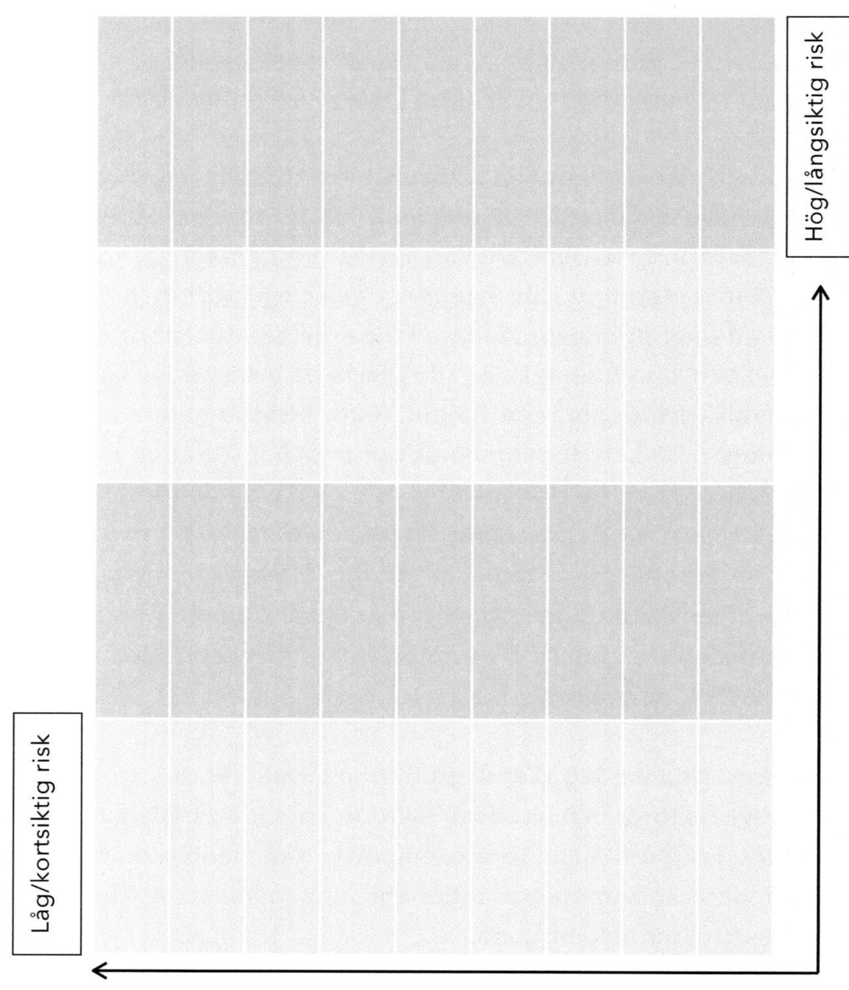

Jag har graderat om Maslows behovshierarki till hur en lagmedlem kan uppleva sin situation och känna på sin arbetsplats och i sitt lag. Överst är Maslows grundläggande modell och under den en fiktiv lagmedlems perspektiv.

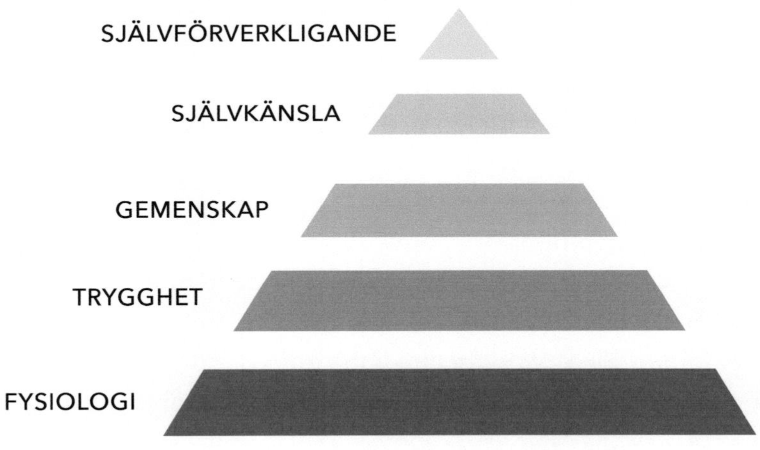

Jag har möjlighet att bidra, utvecklas och göra en stor skillnad.

Jag känner mig uppskattad på arbetsplatsen och är tillfreds i min roll.

Jag känner samhörighet för jag är inkluderad i laget.

Jag känner mig trygg för jag får lön och blir behandlad på ett bra sätt.

Jag behöver inte bekymra mig över att förlora min sysselsättning.

Om du läser igenom den nedre hierarkin och funderar över din entitet, var befinner sig dina lagmedlemmar?

Och om du skulle fundera en stund på dig själv, var finns du i hierarkin, vad är ditt nu-läge? När du ser din utgångspunkt i hierarkin, skriv ner vad du skulle behöva i din yrkesroll för att klättra till en högre plats.

Vad du precis tänkt igenom för dig själv är viktigt. Det är egenreflektion vilket skapar insikter och ny motivation.

Det är precis det här du behöver göra i och efter dina samtal med dina lagmedlemmar, att reflektera över deras perspektiv. Vilka behov har dem, vad känner dem, vad vill dem och vad kan du göra som ledare för att få dem att känna annorlunda, se nya behov och möjligheter, känna starkare känslor av motivation och börja känna på ett annat sätt i sin arbetsroll?

Ju bättre du kan förstå dig själv, desto bättre kan du förstå dina lagmedlemmar. Som Edin Vidjen klokt sagt: *"Glöm inte att berätta för ditt team att du uppskattar dem och tycker de gör ett bra arbete."* Det skapar en stark känsla av trygghet.

Det är den enklaste och självklara av saker för att uppfylla deras behov av trygghet, nivå två på behovshierarkin. <u>Det är så otroligt viktigt som ledare att förstå: känner sig inte lagmedlemmen tillfreds med behovet på en nivå känner den sig inte tillfreds med någon av de andra övre nivåerna.</u> Du behöver därför som ledare i dina samtal få bekräftat att respektive behov är tillfredställt. Edins ord är så kloka, tänk att rätt lön och beröm/

uppskattning (feedback på nivå 1) räcker för att uppfylla en lagmedlems behov på nivå två, att den känner trygghet.

Nivån två är brytpunkten.
Nivå två ser jag som den centrala nivån ur ett utvecklings- och arbetsgivarperspektiv. Nivå två är som jag ser avgörande om lagmedlemmen är på arbetsplatsen enbart för lönens skull. Uppfylls människans behov på nivå 1 och nivå 2 är organisationen, ledarskapet och lagmedlemmen vid en avgörande brytpunkt.

Har ledaren genom samtal tagit reda på människans "varför", dess drivkraft, hinder, motivation och behov kan det mycket väl vara så att lagmedlemmen är på arbetsplatsen för lönens skull.

Och då är det upp till organisationen hur mycket resurser som skall läggas ned. Fungerar det bra att gå till arbetsplatsen för lönens skull och arbetsuppgifterna utförs enligt förväntan och människan fungerar på ett tillfredsställande sätt med sina lagmedlemmar? Eller krävs det mer av människan?

Det är ofta i denna brytpunkt jag som konsult blivit tillfrågad för konsultation av till exempel följande anledningar: Medarbetaren gör inte vad den skall göra. Medarbetaren fungerar inte i gruppen. Medarbetaren sprider dålig stämning. Medarbetaren är sen till arbetet. Medarbetaren är otrevlig mot kunder, etc.

<u>Det är fundamentalt viktigt att förstå att om en människa befinner sig som dessa exempel ovan känner den inte att den är på nivå 3, 4 eller 5. Exempel från lagmedlemmens perspektiv:</u>

3. Jag känner mig inte inkluderad i laget, jag upplever inte känslor av tillhörighet eller delaktighet. Jag känner inte genuin samhörighet eller gemenskap.

4. Jag känner mig inte uppskattad som människa och är inte fullt tillfreds med min roll.

5. Jag känner inte att jag har möjlighet att bidra, utvecklas och göra en stor skillnad.

<u>Om en människa inte upplever eller känner tillfredsställelse mer än på nivå två och inte ser inom sig att den kan nå till nivå 3.</u>

Hur kan då arbetsgivare tro att den kan få lagmedlemmen att:
- Prestera bättre?
- Vara en glädjespridare på jobbet?
- Komma mer i tid till arbetsplatsen?
- Fungera bättre i gruppen?
- Vara trevligare mot kunder?

*Detta handlar endast om ledarskap. Det är förståelse och insikten om detta som skiljer stora ledare från mediokra. **För hur kan vi ställa krav på en människa om vi inte förstår den, vet vad den behöver och motiverar den?***

Du har tidigare i boken läst om människans självkoncept, människans identitet som är hur den ser på sig själv. Psykologin inom detta är så viktigt att ha insikter om som ledare.

Kan du som ledare motivera och inspirera en människa som är
på nivå 2 att vilja växa och utvecklas genom att den kan se sin
identitet förändras till något annat, till något den inte är idag?

Då har du med stor sannolikhet skapat den inre motivation som
krävs för att människan skall känna nya behov den vill
tillfredsställa som människa och i sin yrkesroll, och därigenom
vilja sträva för att nå högre på behovshierarkin.

Du behöver konstant motivera och inspirera.
Jag gör om behovshierarkin igen för vad är det egentligen dina
lagmedlemmar säger till dig i vardagen? När de pratar och det
du ser och hör i deras beteende, attityd och prestationsnivå?

Detta kan vara vad dem känner och vill berätta för dig.

Hjälp mig nå min fulla potential.

Få mig att känna mig uppskattad, värdefull och betydelsefull. Det gör att
jag får bättre självförtroende och bygger på min självkänsla.

Få mig att känna mig accepterad i laget så jag kan vara mig själv.

Få mig att känna mig trygg.
Att jag känner att jag får misslyckas, då vågar jag mer och kan bidra mer.

Behandla mig på ett respektfullt sätt.

Att du i ditt ledarskap kan få en annan människa att förändra sin identitet till någon den inte trodde sig kunna bli är fantastiskt.

På sidan 336 bad jag dig fundera ut var du och dina lagmedlemmar befinner er idag i behovshierarkin. Var är era respektive utgångspunkter och nu-lägen?

Din uppgift är att ta reda på dina lagmedlemmars nu-läge och strategiskt utveckla dem till ett nytt läge där människan växer som människa och utvecklas till nya nivåer i sin yrkesroll.

När du vet allas respektive nu-läge är det i dina samtal du motiverar, inspirerar och utvecklar. Jag skalar nedan ner Maslows behovshierarki ut ett lagmedlems perspektiv till den allra enklaste av beskrivningar, ur ett JAG-perspektiv; Vad är ditt och dina lagmedlemmars nu-läge? Fråga i dina individuella samtal med din entitet vad de känner och ställ sedan utmanande följdfrågor tills du vet exakt var de är och vad de vill.

JAG utvecklar andra och vår verksamhet!

JAG brinner!

JAG tar oss framåt!

JAG vill och JAG kan!

JAG måste!

Som du ser finns viljan och kunskapen redan på nivå två, ditt jobb som ledare är att skapa trygghet och motivation så att dina lagmedlemmar känner ett starkt behov av att klättra uppåt. Din ambition är att skapa känslor av drivkraft och beslutsamhet.

Vilka beteenden vill du ha på arbetsplatsen, vilken attityd vill du ha? Visa upp det du vill ha varje dag så kommer det att följa dig om du lyssnar på dem, förstår deras "varför", skapar tillit, utmanar och utvecklar dem. De vill följa ett föredöme och en förebild. Var den som pekar ut riktningen och visar dem vägen.
Kuriosa: Abraham Maslow beskrev sin modell och teori för första gången 1943 i en artikel: "A Theory of Human Motivation" och utvecklade den 1954 i sin bok "Motivation and Personality".
Sedan 1970 har det debatterats att teorin borde expanderas till åtta nivåer. De ytterligare tre nivåerna som beskrivs är:
- *Kognitiva behov; Hunger efter kunskap och förståelse av världen och vår plats i den. En stark inre strävan och nyfikenhet att lära, utvecklas intellektuellt och en stark vilja att utforska nya idéer och koncept för att skapa en högre känsla av mening och förutsägbarhet i tillvaron.*
- *Estetiska behov; Skönhet, form, kreativitet och konstnärligt uttryck. Människan uppfyller detta behov genom skapande av konst, musik, litteratur, teater och andra former av estetiskt skapande för att skapa känslor av harmoni och visuell njutning.*
- *Överskridande behov; Människan känner behov av att förstå och upptäcka saker bortom det vardagliga och materiella samt en stark strävan att finna mening och syfte i tillvaron genom en djupare koppling till spiritualitet, andlig utveckling och det transcendentala. Här finns frågeställningar som existens, medvetande och en kosmisk ordning/andlig dimension.*

(Maslow + Medarbetarsamtal = "Varför" = Lönsamhet)

Tillåt mig gå tillbaka till rubriken innan avsnittet om Abraham Maslow. Jag ville beskriva mina tankar kring behovshierarkin innan jag berättar om min metodik kring medarbetarsamtal. Detta eftersom ju bättre du kan förstå dina lagmedlemmar behov - desto bättre, konkretare och individuellt anpassade medarbetarsamtal kan du ha.

När du har väl förberedda medarbetarsamtal binder du medvetet ihop feedback, coachning och delegering till en helhet du strukturerat driver framåt.

Medarbetarsamtalet är det perfekta tillfället för dig dig som ledare att få dina lagmedlemmar att känna sig extra viktiga, sedda och betydelsefulla. Du tar dig tid för dem, du lyssnar på dem, de får vara i rampljuset, de får ge dig feedback. Du har möjlighet att forma, finjustera och trimma in din entitet så att alla tillsammans skapar en helhet.

- De får tid att förbereda sig och berätta hur de mår som människor och i laget, hur dem känner och upplever sin arbetssituation, sina arbetsuppgifter och målbilder.

- Du kan lägga ned tid i enrum som är individuellt anpassad så att alla i din entitet förstår mer av den stora bilden, att de se det stora perspektivet och därigenom förstå vikten av att alla lagmedlemmar och alla arbetsuppgifter är betydelsefulla.

- Du får tillfälle att skapa ett öppet diskussionforum kring visionen, missionen, värdegrunden och era mjuka värden.

- Du får tillfälle att berätta hur du tycker de bidrar till laget och resultat samt hur de presterat som individer och fungerar i laget sedan ert förra medarbetarsamtal.

- Ni får tillsammans tid att sätta individuella mål och delmål till nästa samtal samt bestämma hur ofta, när och i vilken form du skall följa upp.

- Ni kan prata om hur lagmedlemmen upplever det när du coachar, ger feedback.

- Du har ett ypperligt tillfälle att motivera och utmana.

Ha förhållningssättet att alla dina lagmedlemmar är pusselbitar. Alla kan inte vara lika bra på allting så därför ser alla pusselbitar olika ut. Det kan, och behöver få ta tid att få ihop alla pusselbitar. Det du vet inför medarbetarsamtalet är det du fått insikter om i dina tidigare samtal med varje lagmedlem. Du vet garanterat mer om "isberget" och deras behov hos vissa än hos andra. Detta är ett kontinuerligt arbete, människor förändras, isberg förändras, Känslor, målbilder, drivkrafter och vilka hinder människan ser för att nå sina målbilder förändras.

Vad du behöver ha klarlagt för dig innan du bokar in medarbetarsamtalen är exakt vad du är beroende av att din entitet tillsammans levererar. Du behöver måla upp en en bild av ditt pussel färdigställt framför dig och hur du skall bidra.

Vad krävs för att förväntningar skall infrias på dig i din roll från din organisation och vad krävs för att pusslet skall bli komplett? Vad behöver göras varje dag för att pusslet skall bli färdigställt, och vad görs inte? Vilken kultur vill du bidra till varje dag?

Du vet att det är sannolikt att vissa i din entitet idag går till arbetsplatsen för lönens skull och inte känner behov av att bidra mer eller klättra högre. Du vet också att det sannolikt finns vissa i din entitet som vill bidra mer och klättra högre än du är medveten om. Medarbetarsamtalet ger dig möjlighet att gräva djupare och bli mer medveten. Ju mer medveten du är, desto bättre kommer du få pusselbitarna att passa ihop.

Alla människor vill uppleva energi och känna trygghet, alla vill ha en tydlig riktning. Detta är något du kan säkerställa i dina medarbetarsamtal. Att du tar dig tid att prata kring visionen, din mission, om feedback-kulturen, om ambitioner och målbilder, att du går tillbaka till dina anteckningar från dina coachningssamtal för att förstärka att du kommer ihåg det som varit viktigt för respektive lagmedlem kring personlig drivkraft, mål och hinder. Det skapar energi, ger trygghet, ger alla en gemensam tydlig riktning och denna helhet skapar motivation och engagemang.

Oavsett var i behovshierarkin dina lagmedlemmar befinner sig i sitt respektive nu-läge kan du med rätt mål och delmål skapa

motivation och engagemang. Det pratas mycket om mål, min
åsikt är att det viktigaste för att mål skall uppnås är att de är
individanpassade och applicerbara samt att resultat följs upp.

<u>Exempel om en lagmedlem befinner sig på nivå 2.</u>
Denna lagmedlem bör denna få tydliga, nåbara mål samt något
mål som är en utmaning.
- *Synliggöra gemensamma lagmål och ambitioner och från
  detta ta fram en ett eller flera individuella mål.*
- *Följ upp checklistor, diskutera utförande och kvalitet.*
- *Prata kring generella arbetsuppgifter och vad som krävs för att
  de skall anses vara slutförda.*
- *Gör lagmedlemmen ansvarig för ett nåbart mål.*
- *Datumsätt alla uppföljningar.*

*Denna lagmedlem behöver beröm, styrning och tydlighet.
Berätta för honom eller henne: Jag vet vad du är duktig på, det
är "detta", "detta" och "detta". Det jag kräver av dig varje dag är
exakt det, att du är i tid, är trevlig mot dina kolleger och att du
delar vår vision. Jag kräver det av dig varje dag. Jag tror på dig
och att du kan utvecklas väldigt mycket. Jag finns här för dig.*

<u>Exempel om en lagmedlem befinner sig på nivå 3 eller högre.</u>
Denna lagmedlem bör få individuella, väldigt utmanande mål.
- *Fråga dem: Vad vill du lära dig?*
- *Ge förslag på arbetsuppgifter du göra idag som du kan
  delegera ut till lagmedlemmen.*
- *Ge lagmedlemmen tid att ta fram alternativa målbilder vilka ni
  tillsammans diskuterar igenom. Vilka kan implementeras i
  verksamheten? Du utmanar målbilderna.*

- *Lagmedlemmen sätter tidsplaner, du utmanar tidsplanerna.*
- *Datumsätt alla uppföljningar.*

Denna lagmedlem behöver beröm och uppföljningar. Berätta för honom eller henne: Jag uppskattar det du gör för mig och verksamheten, du är betydelsefull. Jag ser att du har en stor potential och jag kommer att utmana dig för jag vill se dig växa.

Några rekommendationer inför ett medarbetarsamtal.
- Avsätt tillräckligt med tid och ha gärna en liten buffert.
- Ha samtalet på en plats där ni inte blir störda eller stressade.
- Lyssna mycket, mycket mer än du pratar i samtalet.
- Anteckna för hand under samtalet så att du håller samtalet på en mänsklig nivå, det öppnar upp för djupare samtal.
- Och självklart, ha inte mobiltelefonen i samma rum. Annars är mobilen viktigare än människan framför dig. Du som ledare utvecklar människor, inte mobiltelefoner.

Efter ett medarbetarsamtal.
Efter nya målbilder är uppsatta, berätta att du kommer att följa upp och använda feedback och coaching för att du vill se lagmedlemmen överträffa målbilderna.

Du som ledare vill entusiasmera dina lagmedlemmar
En människa kan motiveras eller demotiveras enbart genom ord. Ord som visar människan att du tror på människans kunskaper, ser potentialen och att du har höga förväntningar som du vet den kan infria.

Detta benämns inom psykologin som Rosenthal-effekten (även kallad Pygmalioneffekten), vad detta påvisar är att förväntningar (andras och egna) påverkar en människas prestationer. Robert Rosenthal sade: *"Om jag ändrar mina tankar om en person kan jag påverka och förändra den personens resultat, i både positiv och negativ riktning."* Han sade också: *"Min tro eller tanke om en viss människa påverkar beteendet hos den människan. Alltså mina tankar och attityder är jag inte ensam om utan de påverkar andra."*

Uttalar du tydliga förväntningar och ger din lagmedlem stöd, uppmuntran och resurser kan det leda till att lagmedlemmen faktiskt presterar på det förväntade sättet.

Var inte rädd att tro mer om dina lagmedlemmar än vad de själva gör. Utmana deras identitet så mycket och ofta du kan för att få dem att växa och utvecklas.

Michelangelo Buonarroti (1475-1564) har uttryckt många kloka, tänkvärda och inspirerande citat om potential.

"Den större faran för de flesta av oss är inte att vårt mål är för högt och att vi missar det, utan att det är för lågt och vi når det."
- Michelangelo Buonarroti

"Jag skulpterar bara bort överflödigt material för att frigöra den skulptur som redan finns däri."
- Michelangelo Buonarroti

Reflektion, kapitel 7

1. Reflektera över hur du skapat tillväxt och utvecklat människor, hur du strategiskt arbetar idag och vad du kan utveckla.

2. Reflektera över hur ofta och i vilken form du skapar dokumenterade diskussionsforum kopplat till lönsamhet som följs upp. Vad kan du utveckla?

3. Vilket mindset har du och hur arbetar du strategiskt? Lägger du mest tid, energi och resurser på symptom som uppkommer (bränder du behöver släcka) eller analyserar och arbetar du med de underliggande orsakerna till bränderna?

4. Arbetar du med att kartlägga din verksamhet genom att skapa en riskmatris som på sidan 334 där du graderar faktorerna i din verksamhet som skapar "**Låg/kortsiktig risk:** Hög känsla av tillit och motivation." och "**Hög/långsiktig risk:** Låg känsla av tillit och motivation". Detta är ett hjälpmedel för dig att strategiskt arbeta med de underliggande orsakerna, dvs "Hög/långsiktig risk", de faktorer som kanske inte påverkar din entitet och verksamheten mest idag men som på sikt kan skapa stora långvariga kostbara bekymmer.

5. Reflektera över vikten av att du som ledare till fullo förstår dina lagmedlemmars "varför" och kopplingen till den mänskliga och yrkesmässiga behovshierarkin = Hur kan du enskilt motivera dem till utveckling? Reflektera även själv över ditt "varför" och hur det kopplas till dina mänskliga och yrkesmässiga behov = Vad motiverar dig till utveckling och vad är ditt nästa steg?

6. Reflektera och analysera de medarbetarsamtal du utfört. Är de strukturerade, vad kan du utveckla, kan du utmana mer?

F

Ser du stenarna?

Det är i ögonblicken du utmanar dig själv du klarar mer än du tror.
Niclas Timmerby

Om jag får gå tillbaka till mitt citat i inledningen av det förra kapitlet: *"Lönsamhet och tillväxt mäts av hur många människor du utvecklat."* Vad jag vill säga med citatet är att lönsamhet och tillväxt endast kan uppstå när ledaren utmanat och utvecklat sig själv och sina lagmedlemmar. Det finns inget annat sätt.

Ser du stenarna, att allt hänger ihop?
Skall du utvecklas i ditt ledarskap behöver du göra saker du inte gör idag, du behöver lyssna på ett sätt du inte gör idag, du behöver prata på ett sätt du inte gör idag. Du behöver göra många saker du inte gör idag. Utveckling är mod.

Jag brukar förklara detta genom att måla upp ett scenario. Det är dimmigt ute och du står tryggt på en väldigt stabil sten. Stenarna närmast omkring dig är synliga och skarpa så om du skulle ta ett steg till någon av dem finns det ingen risk för dig. Men ju längre ifrån du tittar från där du står desto svårare har du att se stenarna i dimman och en bit ifrån där du står kan du inte se stenarna. *Detta är ditt ledarskap.*

Stenen du står på och de du ser tydligt är de saker du bemästrar till fullo, inte blir orolig för och alla i din entitet vet att du gör dessa sker på ett bra sätt. *Det är inte här du utvecklas.*

De stenar som finns en bit ifrån dig kan du med lätthet kan hoppa till men du ser dem inte skarpt, det finns en risk att du missar. *Det är här du utvecklas, när du utsätter dig för situationer och uppgifter du inte känner dig trygg inom. Det är här du bygger ditt självförtroende och din självkänsla.*

Sedan finns det stenar du bara kan skönja och de du inte ser alls. *Det är här du utvecklas som allra mest. Det är här du skapar en ny bild av dig själv, en ny identitet, en ny självbild; delar av ditt självkoncept. Ledarskap är modet att att bli någonting du inte är idag.* **Var tacksam och nyfiken när det uppstår situationer du inte är van att hantera.** *Tänk: Nu får jag chansen att utvecklas.*

Du minns avsnittet om din bekvämlighetszon från sidan 106?
I alla situationer du vågar utmana dig, dina (och andras) gamla sanningar, dina rutiner och de vanor du är bekväm i - är där du utvecklas. Det är där du tar steg mot en ny identitet, det är där du tar steg uppför Maslows behovshierarki, det är precis där du ändrar ditt självkoncept. Hur du ser på dig själv idag, är inte hur du nödvändigtvis behöver se på dig själv imorgon. Valet är ditt.

Ö - G - A - T

Ledaren är den alla ser som den som skall visa vägen framåt. Det är en utsatt position. Många ser på ledaren med granskande och kritiska ögon. Är du förebilden, är du föredömet, är du en bra människa, motiverar och inspirerar du, följer du visionen och agerar i enlighet med värdegrunden?

Var snäll mot dig själv, var stolt över alla steg du tar på din resa inom självledarskap och ledarskap, och var konsekvent med att skapa utrymme för egenreflektioner om det så bara är för några minuter. Jag delar här teorin jag arbetat efter i drygt femton år: "Ö-G-A-T". Detta efter att jag i mina egenreflektioner funderat på vad jag behöver göra som människa för att kunna känna ett lugn inombords och hur jag behöver tänka och agera i dagliga situationer. Detta är en form av personlig utveckling i vardagen där jag får en god bild av mig själv och endast mäter mig mot mig själv. Ö-G-A-T skapar självinsikt och goda vanor.

Bokstäverna står för Ödmjukhet, Generositet, Ansvar och Tacksamhet.

"Det tar 20 år att bygga upp ett rykte och fem minuter att förstöra det. Om du tänker på det kommer du att göra saker och ting annorlunda.
- Warren Buffet

Dessa egenskaper är som dina karaktärsdrag som speglar din moraliska kompass inför andra människor som ser ditt beteende och känner av din attityd. Att utveckla, odla, utmana, känna av och balansera dessa egenskaper hjälper dig i ditt självledarskap, skapar trygghet och ett lugn inombords, bygger ditt rykte och främjar långsiktiga, positiva relationer med andra människor.

Jag har här skrivit korta avsnitt kring varje egenskap för att väcka tankar och skapa egenreflektion inom dig, hur kan du mer medvetet använda och utveckla dessa fyra egenskaper?

Se denna teori som en lättillgänglig metodik och ett hjälpmedel i vardagen privat- som yrkesmässigt. Det kommer att komma tillfällen och situationer när du känner att du glider ifrån den människa och ledare du vill vara, då är Ö-G-A-T ett enkelt och effektivt sätt att hitta tillbaka till riktning du vill hålla.

(Ö) - G - A - T – <u>ÖDMJUKHET</u>

Själva ordet härstammar från det latinska ordet "humilitas" som härrör från ordet "humus" som betyder världen, ödmjukhet är en stor och viktig egenskap. Vanliga synonymer till att vara ödmjuk är ex. att vara anspråkslös och respektfull. Människor uppfattar ödmjuka människor som oerhört vänliga och sympatiska. De är lätta att tycka om för de trampar inte på människor och snackar inte illa om människor. Vad som kännetecknar människor med ödmjukhet är att de är prestigelösa, dem har inget behov av att behöva hävda sig inför andra.

När jag coachar inom idrottsvärlden brukar jag säga att regel nummer ett är att alltid uppvisa "ödmjukt pondus"; att alltid visa upp den spelaren/ människan du vill vara. Att du aldrig går ifrån den bilden av vad du vill vara, att aldrig vika från den miniminivå du vill hålla. För agerar du med ödmjukt pondus på varje träning/i varje situation kommer du till sist att innerligt tro på att du kan bli precis den spelaren/människan. Spelaren kommer bl.a. att vilja träna som den spelaren den vill vara, den kommer att ha samma kroppshållning och kroppsspråk som den spelaren den vill vara. Vilken ledare vill du vara? Gå in i alla situationer med ödmjukhet och du har per automatik självinsikt.

Mohandas Karamchand Gandhi menade att det inte går att vara sann utan ödmjukhet. (Han fick titeln "Mahatma" som en ära efter hans betydelsefulla arbete för Indiens självständighetsrörelse och hans engagemang för icke-våld och fred. "Mahatma" kommer från sanskrit och betyder "stor själ" eller "stor ande".)

Taoismen beskriver en vis person som någon som uppnått "Tao"; "Att uppnå harmoni och balans med universum. En vis/klok person handlar utan att göra anspråk på resultaten; människan uppnår sin förtjänst och uppvisar ingen arrogans – människan vill inte visa sin överlägsenhet." Jag översätter detta till att en ödmjuk människa är trygg i sig själv och känner därför inget behov av att skryta eller har behov av att ha rätt vilket gynnar personens i alla sociala sammanhang i livet.

I en studie i Harvard Business Review påvisar Jim Collins och hans kolleger att ödmjukhet är en ledaregenskap som är multidimensionell vilket inkluderar självförståelse, självinsikt, öppenhet och förmågan att ha perspektiv.

Den spanske prästen Josemaría Escrivá de Balaguer y Albas (1902-1975) tog fram tecken som visar på brist på ödmjukhet. Här är femton av dem:

I.   Att tro att det du själv säger eller gör är bättre än det andra säger eller gör.
II. Att alltid önska gå din egen väg.
III. Att argumentera med envishet eller fräckhet antingen du har rätt eller fel.

IV.   Att ge din synpunkt, när andra inte efterfrågat den, eller när kärleken inte kräver det.

V.   Att se ner på någon annans synpunkt.

VI.   Att inte se på dina gåvor och möjligheter som ett lån.

VII.   Att använda dig själv som exempel i samtal.

VIII.   Att tala illa om dig själv, så att andra kommer att tänka väl om dig eller säga emot dig.

IX.   Att ursäkta dig själv, när du blir tillrättavisad.

X.   Att finna behag i beröm och komplimanger.

XI.   Att bli bedrövad för att andra får större uppskattning.

XII.   Att vägra att utföra ringare uppgifter.

XIII.   Att söka att framträda.

XIV.   Att i konversation referera till din ärlighet, geni, händighet eller yrkesskicklighet.

XV.   Att skämmas för att du saknar vissa tillhörigheter.

Ö - (G) - A - T – <u>GENEROSITET</u>

Ordet "generositet" härstammar från det latinska ordet "generōsus", vilket kan översättas som "av ädel börd". Jag tycker den grundläggande betydelsen fungerar alldeles utmärkt även i vårt samhälle för vad kan vara ädlare än att vara generös? Den dansk-franske konstnären Jacob Abraham Camille Pissaro (1830-1903) sade så klokt: *"Välsignade är de som ser vackra saker i enkla saker där andra ser ingenting."*.

Vill du må bra inombords måste valet att vara generös vara ett av de allra roligaste. Få saker får oss människor att må så bra som när vi genom ord och handling skänker av oss själva till andra människor. Att ge till en medmänniska skänker dig lycka, självkänsla, energi, positivitet och välmående. Generositet kommer i två steg:

1. Du får, när du ger i ord och handling.

Vi kan ge pengar till galor på tv och liknande och det är jättebra, men att ge av själv i ord och handling är något helt annat. Ger du av dig själv som människa och inte i form av materiella ting får du tillbaka en äkta känsla av lycka och stolthet.

2. Du får maximalt tillbaka när du inte kräver eller förväntar dig att få någonting tillbaka.

Alla människor mår bra av att få uppskattning och bekräftelse, men som psykologen Wayne Walter Dyer sagt *"Är du i behov av bekräftelse är du på farlig mark"*.

Om du är generös och blir arg, ledsen, frustrerad eller förbannad när du inte får någonting tillbaka finns risken att du blir lidande av din handling istället för att det gynnar dig. Det intressanta är att människan som inte tackar dig för din generösa handling inte har en aning om vad den orsakar för reaktion. Så var generös i ord och handling utan att förvänta dig att människor kommer att tacka dig. Var stolt över din handling och passa på att berömma dig själv. När människor ser och uppskattar din generositet så bara njut.

Att berätta för människor vad de kan bli och vad de kan uppnå är bland de finaste och generösaste vi kan göra för en annan människa. Ofta sätter dessvärre människors egna negativa tankar barriärerna och gränserna i livet. Här kan du som ledare skapa underverk. När du visar att du tror på att de kan nå längre och högre ger du den positiva effekten som kan vara skillnaden för att den människan skall finna vägen till en ny identitet.

Ö - G - (A) - T – <u>ANSVAR</u>

Tar vi inte själva det
ansvar vi känner att
vi skall göra i vårt
privat- och yrkesliv
mår vi inte bra, det
handlar om vår egen
karaktär. Det vi vill stå
upp för, en inre mänsklig drivkraft och stolthet i kombination
med att vi inte vill göra andra människor besvikna.

*Först när vi människor <u>till fullo</u> tar personligt
ansvar över vår attityd och vårt beteende
förändrar vi våra liv i den riktning vi vill."*
- Niclas Timmerby

Du kan bara ta fullt ansvar när du förstår.
I din roll som ledare är det fundamentalt att du har full vetskap
kring mål och ambitioner. Det är din uppgift att kontinuerligt
fråga din närmaste chef; *Är det något som förändrats kring vår
entitets mål och ambitioner?* Detta för att du skall kunna arbeta
proaktivt och med god framförhållning till dina lagmedlemmar.

Om du inte förstår ett mål fullt ut, ta ansvar.
*Ställ följdfrågor tills du är fullt medveten om exakt vad som krävs
tidsmässigt, kvalitetsmässigt och enligt specificerade kriterier för
att målet skall anses vara infriat i form av resultat eller utfall.*

*Är du osäker på ditt mandat, ställ frågor. Är du osäker på när
uppföljningar skall ske och i vilken form, ställ frågor. Är du osäker
på vilka icke-ekonomiska (personal, utrustning, material) och
ekonomiska resurser (specifik budget, finansiering) som
allokerats för att uppnå målet, ställ frågor. Be att få vara med när
allokering av resurser sätts upp, be att få ta del av planerings-
processen och riskbedömningar.* **Detta är att ta ansvar för mål.**

Sedan är det din uppgift som ledare att sätta upp strategier, planera det dagliga arbetet, fördela arbetsuppgifterna i din entitet på bästa sätt så att målet infrias.

Min vän Tina Thörner skrev i en av mina tidigare böcker att när hon bestämde sig för att bli en av de bästa i världen i kartläsning berättade en mental tränare för henne att det finns en formel som skulle hjälpa henne på vägen. Formen var: **"Ta 100% ANSVAR - för allt du säger - gör - agerar och reagerar samtidigt som du eliminerar ursäkter och bortförklaringar."**

Jag anser det vara en magisk formel för de som är dem bästa på att prata oss ut situationer och möjligheter är <u>alltid</u> vi själva.

> **"Vad du än hör eller ser är det ingen sanning
> förrän du berättar det för dig själv.**
>
> **Hur ofta du sedan repeterar det för dig själv
> avgör hur stor påverkan i ditt liv det skall få."**
>
> Niclas Timmerby

Att ta ansvar som ledare kräver varje dag en eller flera av följande faktorer: mod, integritet, förmågan att stå för sina handlingar. Ju mer du arbetar med ditt självledarskap, desto bättre kan du hantera ansvaret i dessa situationer. Ett gott självledarskap ger dig bättre förmåga att hantera och reglera dina känslor. Ju bättre förmåga desto bättre kan du hantera stress, press, svåra beslut och dagliga utmaningar på ett balanserat och konstruktivt sätt. Att ha denna förmåga kallas inom psykologin för att ha en god emotionell reglering.

Din interpersonella förmåga.

Har du förmågan att lyssna aktivt och anpassa ditt beteende och din kommunikationsstil efter olika situationer och människor? Kommunicerar du tydligt, är bra på att hantera konflikter och bygga positiva relationer med andra? Då har du en god interpersonell förmåga och har väldigt goda förutsättningar att skapa en positiv arbetsmiljö och utveckla människor.

Interpersonell förmåga/kompetens avser förmågan att interagera och kommunicera effektivt med andra människor.

Vi har alla olika förutsättningar, vi har alla olika typer av emotionellt bagage med oss i livet i form av minnen eller upplevelser från vår barndom och våra ungdomsår. Vissa saker glömmer vi inte och dessa präglar hur vi medvetet och omedvetet tar ansvar och hur vi hanterar det vi går igenom i våra liv. Ibland är vi medvetna om detta och ibland inte. Dessa minnen och upplevelser präglar vår interpersonella förmåga eller som det också kan uttryckas: social kompetens.

"Klaga inte på dina förutsättningar när det finns andra som inte har några."
- Niclas Timmerby

Din interpersonella förmåga går att träna upp:

- Öva på aktiv lyssning och ställ följdfrågor.
- Utveckla din empatiska förmåga genom att utöva ödmjukhet.
- Be kontinuerligt om ärlig feedback på nivå 2 och 4.
- Utveckla din självkännedom i interpersonella situationer.
- Konflikter är träning. Visar du respekt? Är du öppen för dialog? Lyssnar du in på vad människan känner?

- Träna på hur du kommunicerar verbalt och icke-verbalt. Se dig själv ur ett yttre perspektiv: Vilket kroppsspråk har du, vilket tonfall har du, anpassar du din kommunikation till situationen och personen/personerna?
- Vill du förstå andra människors perspektiv, beteenden och attityder behöver du verkligen vilja förstå människors behov och förutsättningar.

Varje gång du medvetet prioriterar andra människors behov och intressen framför dina egna övar du konkret på din interpersonella förmåga.

Ö - G - A - (T) – TACKSAMHET

"Den som inte känner sig tillfredsställd med vad den har, kommer aldrig att bli tillfredsställd vad den är får."
Socrates ~469-399f.Kr

Finns genuin tacksamhet inom oss, mår vi bra inombords. Socrates citat visar att det fanns samma bekymmer före vår tideräkning men i andra former. Människor går runt och klagar istället för att vara djupt tacksamma för vad de har vilket är tragiskt. Det är väldigt lätt i det samhälle vi lever i att alltid jaga någonting, att alltid vilja ha någonting bättre, nyare, finare. Det är lätt att inse att detta "jagande" inte är bra för oss människor.

Ställ dig frågan om du är tillfredsställd med vad du har, att du akut inte behöver något mer. Om ditt svar är ja, har du just nu en känsla av tacksamhet inom dig.

Då har du, just i detta nu, en ökad produktion och frisättning av följande fantastiska hormoner och kemikalier: dopamin, serotonin, endorfiner och oxytocin. Var genuint tacksam ofta, det gör dig gott genom att förbättra ditt humör, minska din stress och skapa en känsla inom dig av välbefinnande.

Du bestämmer vad lycka är.
Det finns så mycket påverkan utifrån i våra liv, så mycket och många som vill påverka oss, om vad vi skall känna och tycka. En känsla av tacksamhet här kan vara att du faktiskt bestämmer själv. Varför skall någon annan påverka dig och bestämma vad som gör dig lycklig? Ingen annan än du vet vad lycka är för dig. Lycka kan vara så många olika saker; som att vi kan andas, gå, se, höra, att vi har ett arbete, osv. Du bestämmer själv när du skall stänga av tv-reklamen, när du skall sluta scrolla och när du skall minimera sociala mediers påverkan på dig. Det brukar ju sägas att pengar inte kan skapa lycka. Jag tycker det är så. Pengar kan aldrig skapa genuin, långvarig lycka. Pengar kan absolut ge dig materiell lycka men aldrig själslig.

Att vara tacksam är ett aktivt, medvetet, gratis, frivilligt val som bara gör dig gott, detsamma gäller ödmjukhet, generositet och att ta ansvar. Utveckla medvetet och kontinuerligt dessa sidor hos dig själv och se hur du förändras, hur dina relationer förändras, hur ditt yrkesliv förändras och hur du förändrar din framtid.

"Spoliera inte vad du har genom att åtrå det du inte har; kom ihåg att det du nu har, en gång var bland de saker du bara hoppades att du skulle få."
- Okänd

Reflektion, avsnitt F

1. Reflektera över en vanlig arbetsdag, hur ofta du utmanar ditt tänkande. När du utmanar ditt tänkande utmanar du i samma ögonblick dina känslor av trygghet. Använd mitt verktyg om du vill: Prova i varje situation som uppenbarar sig privat- och i yrkeslivet att lyssna mer än du brukar göra. Detta ser jag som det enklaste sättet till utveckling. *När jag är i naturen brukar jag ibland stå helt stilla och blunda, då uppenbarar sig något helt magiskt. Ju mer jag fokuserar på att endast lyssna, desto mer hör jag från min omgivning.* Det är precis så i alla situationer i livet. *"Vill du ha ut ett konkret och långsiktigt värde av ett samtal? Välj varsamt dina ord eller låt bli att prata."*

2. Reflektera över de fyra egenskaper jag beskriver; Ödmjukhet, Generositet, Ansvar och Tacksamhet. Reflektera med stor självinsikt i vilka situationer du använder dessa, hur du använder dessa och hur du kan använda denna teori i din vardag som ett hjälpmedel i ditt ledarskap.

3. Hur ofta kan du träna på din interpersonella förmåga? Den allra viktigaste faktorn till all form av tillväxt, lönsamhet och framgång i alla typer av entiteter i världen är följande: *Hur ledarskapet skapar en hälsosam kultur, bygger tillit och samtidigt utmanar människorna i laget till egen utveckling.*

Om en entitet inte uppnår det resultat som önskas finns lösningen i ovanstående faktor jag skrev i kursiv stil. Detta är min egen erfarenhet efter att ha arbetat som ledare, konsult och ledarskapsutvecklare i över 20 år.

G
Tillitsbaserat ledarskap: du bygger ett hus

En ledare höjer inte rösten, den höjer nivån.
Niclas Timmerby

I kapitel 1 skrev jag att jag senare i boken skall ge dig den sista avgörande faktorn för **Grunden** och den sista faktorn är tillitsbaserat ledarskap. Tillåt mig först sammanfatta.

<u>Grunden</u> är de fem avsnitt i vilka du gör dina val som ledare. Det är viktigt för dig i ditt ledarskap att vara medveten vad dina val sannolikt leder till, det är det jag beskrivit i avsnitten A-E som har till avsikt att skapa medvetenhet och aktiva val.

<u>Dina medvetna aktiva val bygger Grunden vilket är kulturen.</u>

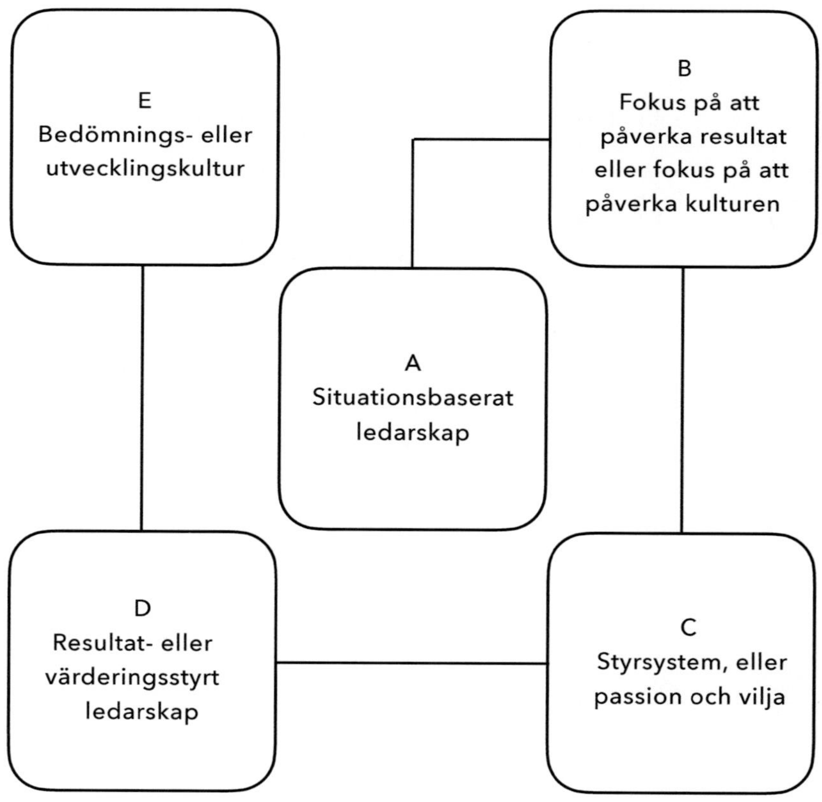

Efter **Grunden** är lagd kommer den del av boken som behandlar <u>Processen</u> vilket skapar **Formeln till lönsamhet och tillväxt.**

$$\underline{IV \dashrightarrow K \dashrightarrow YV : (E = potential^{\wedge}\infty) \dashrightarrow R = L}$$

Förtroende vs. Tillit.

Det finns mängder av artiklar och vetenskap som behandlar skillnader och likheter mellan förtroende och tillit. Att på engelska söka på skillnaden på Google ger över 250 miljoner resultat. Skillnaden kan kortfattat ses så här:

<u>Tillit</u> är beroende av känslor, det är en känslomässig företeelse.

<u>Förtroende</u> är beroende av handlingar och prestationer.

Jag vill förtydliga att mina tankar om tillitens betydelse är en egen teori som grundas av mitt arbete som konsult och ledare samt de resultat jag uppnått med olika entiteter och individer.

Förtroende är bra, tillit är på en helt annan nivå.

Förtroende är jättebra, vi kan känna förtroende för någons erfarenheter, kunskaper, pålitlighet, integritet, titel, beteende och olika förmågor som skapar goda resultat. Förtroende byggs upp av det som upplevts och/eller observerats.

Det är verkligen bra men det är inte förtroende som gör att lagmedlemmar springer genom eld för varandra. Det är inte förtroende som gör att soldater blint och utan tvekan litar på varandra i krig. ***<u>Det är tillit. Det är känslor.</u>***

Det är därför en titel aldrig kan skapa tillit, titeln kan endast skapa förtroende. Sedan kan människan med titeln skapa tillit. Motsatsen till förtroende kan ses som misstro. Motsatsen till tillit kan ses som misstänksamhet.

Att inte känna förtroende handlar om brist på tro eller övertygelse. Att inte känna tillit handlar om bristen att känna säkerhet eller trygghet i en relation eller situation.

Brist på förtroende kan skapa känslor av osäkerhet och därför känslor av distans mellan människor och brist på samarbete. Brist på tillit kan skapa rädslor att bli sårad eller sviken.

Reflektera över dina allra närmaste relationer; till din släkt, till eventuell respektive, föräldrar och barn. Där finns tillit för relationerna är uppbyggda av känslor.
I dessa relationer känner du stolthet istället för förtroende när någon i denna form av relation uppnår en prestation.

Tillit enligt Bengt och Lotta Wiström är att våga utan att veta. Att utan tvekan våga lita på och lägga sitt liv i en annan människas händer utan att egentligen veta. Att ha en sådan stark tilltro till sig själv och andra att våga ta steg utan att ha alla svar eller veta exakt hur det skall gå (du minns "stenarna").

Att sträva efter en god nivå av tillit som människa och ledare har många fördelar. Det ökar din flexibilitet och anpassningsförmåga, du utvecklar din förståelse och respekt av människors olikheter och din empatiska förmåga, du är mindre benägen att vara misstänksam och orolig. Framförallt främjar det den atmosfär du vill bygga upp i din kultur, en atmosfär som innehåller öppenhet och positiv förväntan vilket leder till bättre kommunikation och känslor av ökad samhörighet och gemenskap (nivå 3 i Maslows behovshierarki).

Du vet nu att tillit kan vara skillnaden som gör att en lagmedlem slutar går till arbetsplatsen endast för lönens skull och istället går dit för att dela gemenskap och samhörighet. Ett stort, fantastiskt steg. Detta är belöningen med ledarskap, att inspirera en annan människa att vilja mer i livet, att få den att förstå och inse att det finns mer i livet än vad den trodde. Tillit kan förändra människors identitet och kan vända den mest hårdnackade negativa kulturbärare till att bli din viktigaste lagmedlem. *Tänk om du är den första som visat människan tillit i livet..*

Tillit.
Jag ser tillit som en förutsättning i en entitet för att skapa en kultur med självgående lagmedlemmar och långsiktig motivation där varje lagmedlem strävar efter egen utveckling.

Motstånd finns i alla former entiteter; hemma, på arbetsplatsen, inom idrottsvärlden, på skolor och universitet, etc. ***Ditt konkreta verktyg för att motverka graden av motstånd är graden av tillit.***

Dina coachnings-, feedback- och medarbetarsamtal samt dina utvecklande metodiker är viktiga för de skapar en accept av respektive lagmedlems roll. Känner inte lagmedlemmen förtroende kan det vara för att den känner att den inte är på rätt plats eller inte känner sig fullt erkänd/värdefull, sedd eller respekterad. Du får i dina samtal möjlighet att skapa förtroende

och berättar människan sitt "varför" för dig har du tagit steget
från att skapa förtroende till att skapa tillit.

Den bästa förklaringen på vad tillit är, är det jag läst av Patrick
M. Lencioni: *"Tillit är att vara öppen och sårbar och veta att du
ändå är accepterad av din omgivning."*. Var kan du vara dig själv
till fullo och visa dig sårbar? Det är där du känner tillit från din
omgivning. Oftast är det hos din respektive, en släkting,
arbetskollega eller kanske din bäste vän.

Hur skapar du tillit?
Jag ser det som att det finns fyra sätt:

1. När du som ledare visar dig sårbar.
2. När lagmedlemmen vet att den får misslyckas.
3. När insikten uppstår inom lagmedlemmen att allas unika sidor
   inte är en risk utan en nödvändighet för att kunna få ut hela
   entitetens potential. (Ensam är inte stark.)
4. När lagmedlemmen uppvisar genuin nyfikenhet att vilja veta
   mer än ytliga saker om medlemmarna i sin entitet.

Att du som ledare vågar visa dig sårbar är ett fundament för att
skapa tillit. Du kan skapa tillit på ett ögonblick i en enskild
situation. Det kan vara att du:
- Berättar om misstag du gjort i livet.
- Berättar om misslyckanden i din yrkesmässiga karriär.
- Delar personliga erfarenheter som lärt dig viktiga saker du
  bär med dig som en styrka idag.
- Berättar om vilka stora händelser i livet som byggt upp dina
  värderingar och moraliska principer som människa.

- Att du genuint lyssnar på människor och ställer följdfrågor.
- Att du tar dig tid och uppvisar empati och genuin förståelse när en lagmedlem inte mår bra.
- Att du tydligt står upp för orättvisor.
- Att du ber om hjälp.
- Att du uppmanar till egna initiativ inom tydliga ramar.
- Att du vågar delegera utmanande arbetsuppgifter.
- Att du ber om feedback på nivå 2 och 4 för att du inte ser dig själv som fullärd.

"När någon säger sig vara fullärd vet du att den människan har mycket att lära."
- Niclas Timmerby

Tillitshjulet.

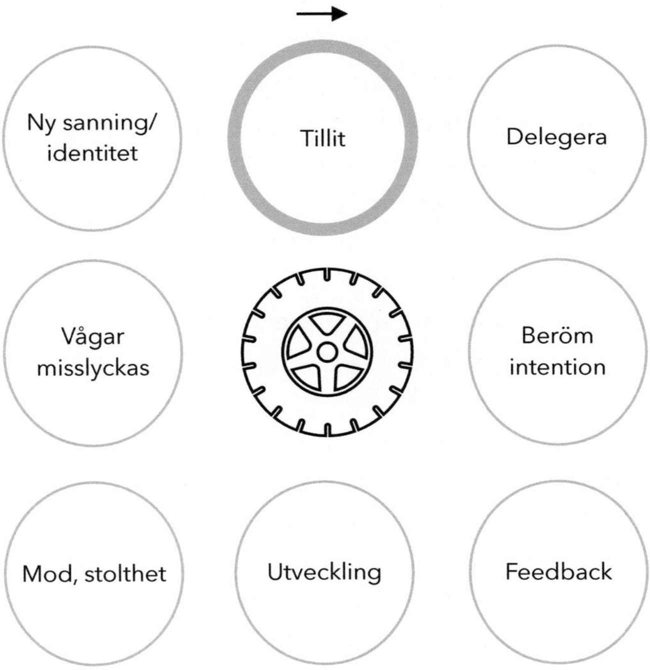

Tillitshjulet på föregående sida är en metodik jag lär ut på ledarskapsutbildningar. Meningen är att synliggöra hur metodiskt och strategiskt arbete kan få lagmedlemmar att växa, vilja utvecklas och bidra mer genom tillit.

Hjulet startas genom att du som ledare aktivt uppvisar **tillit** för lagmedlemmen genom att du **delegerar** en utmanande arbetsuppgift. (Är uppgiften inte utmanande växer inte människan.) När arbetet startas upp och återkoppling sker i dina uppföljningssamtal är det inte ovanligt att allt inte gått helt enligt planerna. Det är här du visar stöd genom att **berömma intentioner**. I samband med dina tidiga uppföljningar använder du **feedback på nivå 1 och 2**. Nivå 2 skapar **utveckling** och lagmedlemmen växer, nivå 1 skapar **mod och stolthet** inom människan och lagmedlemmen växer. När en människa känner att den utvecklas och har mod och stolthet inom sig vågar den ta mer initiativ för den vet att du tillåter den att göra fel på vägen eftersom du korrigerar och justerar genom feedback. Lagmedlemmen vågar ta initiativ och göra saker den inte gjort tidigare för att den nu **vågar misslyckas**. När arbetsuppgiften är utförd kan du ge feedback på nivå 3 på de punkter lagmedlemmen utvecklats och bidragit som mest. Lagmedlemmen har nu **en ny sanning, en ny identitet** tack vare ditt strategiska ledarskap.

Brist på tillit.

En av dina största uppgifter som ledare är att skapa tillit i din entitet. Detta för att riskerna med brist på tillit snabbt kan dra ner en entitets potential och den största risken är att duktiga lagmedlemmar slutar för att dem inte känner känslor av tillit.

Eftersom alla grundläggande ser på sin omgivning ur ett subjektivt perspektiv blir dessvärre resultatet att olikheterna hos lagmedlemmarna blir en risk för spänningar och konflikter. Så finns brist på tillit har det en direkt negativ effekt på kulturen.

Patrick M. Lencioni beskrev i sin bok "The five dysfunctions of a team" om riskerna som uppkommer om det finns brist på tillit i ett arbetslag.

Brist på tillit -> Risk för skitsnack och konflikter -> Entiteten börjar känna avsaknad av engagemang -> Entiteten slutar hålla varandra och sig själva ansvariga -> Entiteten slutar bry sig om resultat, hur det kommer att gå för entiteten och organisationen.

Jag ser en stor risk med brist på tillit i att människorna i
entiteten inte känner sig motiverade eller inspirerade. Dem blir
fast där de befinner i behovshierarkin eller faller i värsta fall
nedåt. Vad är egentligen potentialen i din entitet och finns
risken att flera faller ned till steg 2, trygghet, att dem börjar gå
till arbetet främst för lönens skull eller börja söka sig vidare?

Hur uppstår brist på tillit?
Jag ser detaljstyrning som den direkta operativa motsatsen till
att uppvisa tillit. Detaljstyrning kan vara väldigt många olika
saker som alla människor uppfattar olika. Det vanligaste är att
den närmaste chefen inte låter lagmedlemmen arbeta i lugn och
ro utan ständigt vill ha information vad status är, hur
lagmedlemmen arbetar och vad den gör under arbetsdagarna.
Det skapar en väldigt tydlig bild av att här finns varken
förtroende eller tillit.

*En chef på ett arbete jag hade för länge sedan ställde frågor till
alla medarbetare på våra veckovis gemensamma telefonmöten
som: vad gjorde du mellan 15.30-17.00 i fredags? Vad skall du
göra imorgon mellan 08.00-12.00? Det är en toxisk form att leda.*

*Detaljstyrning kan också vara att skicka sms eller e-post efter
arbetstid. Det sätter direkt lagmedlemmen i en dålig situation.
Läser den och inte svarar skapar det en form av ångest. Läser
den och svarar har lagmedlemmen accepterat detaljstyrningen.*

Detaljstyrning är ett behov av att ha kontroll.
När en chef inte har modet att leda med tillit eller förtroende
finns endast styrmedel kvar som alternativ. Jag repeterar mitt

citat från sidan 229, vem är du idag och vem vill du vara? *"En chef styr människor genom styrmedel. En ledare utvecklar människor, lag och verksamheter. En mentor utvecklar ledare."*

Vilka är dem tre överlägset viktigaste sakerna för en verksamhet för att nå god likviditet och soliditet? Och samtidigt ha en hälsosam kultur och god arbetsmiljö.

Svaret är enkelt:
1. Människorna i entiteten inklusive du själv.
2. Människorna i entiteten inklusive du själv.
3. Människorna i entiteten inklusive du själv.

Jag skriver det som en extra förstärkning av hur viktiga människorna är inklusive du själv. När en lagmedlem på grund av detaljstyrning börjar se sig själv som en resurs istället som för en människa har detaljstyrningen gått så långt att känslor av tillit och förtroende är obefintligt.

Kreativitet är en viktig faktor för tillväxt och utveckling.
Var som ledare uppmärksam på allt som en är risk som hindrar eller stoppar kreativitet. Detta för att en kreativ människa har lättare att tänka utanför den vanliga bekvämlighetszonen och har en benägenhet att vilja utmana sig själv, den har också lättare att se och förstå andras perspektiv.

Kreativitet föder och främjar stolthet och arbetsglädje.
Kontroll och detaljstyrning dödar kreativitet.

Faktorer som kan hindra kreativitet är att inte tillåta misslyckanden, att inte ge tid och resurser för kreativt tänkande, strukturer inom organisationen/entiteten som skapat synliga och/eller osynliga hierarkier som hämmar egna initiativ och en brist på beröm, stöd och uppmuntran. Vad som också hämmar kreativitet är en kultur av många möten där mötesdeltagare skall lyssna in utan att ha ett tydligt meningsfullt syfte.

En vanlig faktor är också att när en arbetstagare är lojal och uppmärksammar arbetsgivaren att den riskerar att inte hinna med en specifik arbetsuppgift.

<u>Arbetsgivaren</u> kan då svara: *"Du får skjuta på arbetsuppgiften framåt i tid eller får vi ge uppgiften till någon annan."*
<u>Arbetstagaren</u> känner då: Otillräcklighet för att den känner ansvar och lojalitet för sin roll, för kollegorna och för företaget.
<u>Risk</u>: Arbetstagaren; slutar, tappar motivation och engagemang, känner ökad stress, påvisar minskad effektivitet, minskad kreativitet, bryr sig inte om resultat, ökad risk för sjukskrivningar.

Arbetsgivaren har två val när denna faktor uppstår:

1.	**Den enkla vägen.** Ser det som att arbetstagaren kan prioritera sin tid bättre och kan bli mer effektiv.

2.	**Den rätta vägen.** Frågar arbetstagaren hur den mår, hur familjen mår, om det finns några omständigheter som företaget inte vet om som har påverkan till tidsnöden. Ber arbetstagaren berätta hur arbetssituationen sett ut den senaste månaden, det senaste halvåret. Fråga

arbetstagaren: *"Vad kan vi göra för dig för att underlätta?*
Vi kanske inte kan trolla fram en magisk lösning idag men
du är viktig och värdefull för oss så låt oss ta fram en plan
framåt så du känner att du hinner med."

Louise Bringselius, docent och forskare inom organisation och
ledning, har skrivit fantastiska böcker och talar på föreläsningar
bl.a. om psykologisk trygghet, tillitsbaserat ledarskap,
tillitsbaserad styrning, ledning och medledarskap.

Om detaljstyrning har hon klokt sagt:
"Vi skall vara försiktiga så att vi inte mäter och följer upp alltför
mycket i detalj. Det är noga att vi mäter mer på effekter, de stora
resultaten av våra insatser, det som verkligen är viktigt."

Om tillit har hon skrivit:
"Tillit är en ledningsfilosofi som innebär att vi väljer att lita på att
människor i kärnverksamheten har kunskap, omdöme och vilja att
genomföra sitt arbete på ett bra sätt utan detaljstyrning."

Du som ledare bygger ett hus.
Jag kom på denna liknelse av en slump när jag skulle förklara
bokens innehåll till en bekant. Alla vi ledare bygger hus. Ibland
får vi nya hus (nystartade entiteter), oftast får vi begagnade hus
som fått utstå olika typer av väder (läs ledarskap, yttre faktorer
och starka kulturbärare).

Nu är huset vårt ansvar och våra första dagar gör vi (medvetet
och omedvetet) en okulär besiktning av "fastigheten". Visuellt/
okulärt identifierar vi eventuella brister, risker, skador,

underhållsbehov för att få en uppfattning om det nuvarande skicket. Du får också höra en hel del saker de första dagarna som påverkar dig.

I din ledarroll behöver du i den okulära fasen förhålla dig principiellt objektiv, opartisk och neutral. Vilket innebär att lyssna och känna in personliga känslor och åsikter, anteckna mycket, reflektera och sedan sammanfatta dina intryck på ett sätt som är baserat på fakta.

Vilket hus vill du ha och vilket hus har du?
Du behöver lägga **Grunden** och följa strategier som skapar en framåtlutad **Process**. Den okulära besiktningen ger en visuell insikt, under de följande månaderna har du ett viktigt arbete, att skapa faktabaserade underlag så du ser och förstår hela bilden.

Ditt faktabaserade underlag ger dig en skarp objektiv bild av hur huset mår och vilka strategier du behöver förhålla dig till för att ta huset från nu-läget till ditt önskade läge.

När du gjort detta arbete kan du lägga upp strategier för underhållsarbete och utveckling. Detta kallas inom byggnadstermer för en teknisk besiktning, du gör en objektiv och omfattande besiktning av byggnadens strukturella integritet, ramverk, konstruktion och material.

Med ditt objektiva synsätt har du förmågan att se detaljer från olika subjektiva perspektiv, åsikter och argument och utifrån detta skapa dig ett objektivt, tillförlitligt och rättvist perspektiv av den stora bilden.

Grunden du lägger är den kultur du mest av alla bidrar till. Det finns inget starkare än kulturen som på ett osynligt sätt påverkar alla som arbetar, vistas eller kommer i kontakt med en entitet.

Förändrar du kulturen förändrar du allt. I alla kulturer finns spänningar, allmänna känslor av oro, rädslor och olika former av ångest som social, prestations, och arbetsrelaterad ångest som kan uppkomma från bl.a. stress, konflikter, arbetssätt, överbelastning och osäkerhet kring arbetsprestation och tillhörighet.

Det är viktigt för dig som ledare att förstå varifrån dessa känslor och tankar kommer ifrån:
- *Vad har faktiskt hänt eller riskerar att hända?*
- *Hur har de starka kulturbärarna påverkat atmosfären?*
- *Är alla trygga i sina roller?*
- *Har alla accepterat sina roller?*
- *Känner alla inre motivation och om inte, varför?*
- *Hur har tidigare ledare lagt upp strategier kring mål, vision, svåra samtal, personalmöten och medarbetarsamtal?*

I dina viktiga inledande samtal kommer du att förstå vilka som vill ha förändring och vilka som motsätter sig detta. Du behöver vara stark och målmedveten, dina lagmedlemmar behöver se samma ledaregenskaper varje dag. När du blir utmanad och provocerad behöver du behålla ditt lugn och agera i enlighet med ditt självledarskap, våga visa vem du är och vad du står för. Håll fokus på visionen och var inte rädd för att säga: *Vi skall hit, vi skall alla hit, det är därför vi går till arbetsplatsen.*

Den avgörande faktorn är tillitsbaserat ledarskap.

*För att ett hus skall kunna hålla alla beståndsdelar på plats
oavsett prövningar på in- eller utsidan behövs ett hållbart tak.*

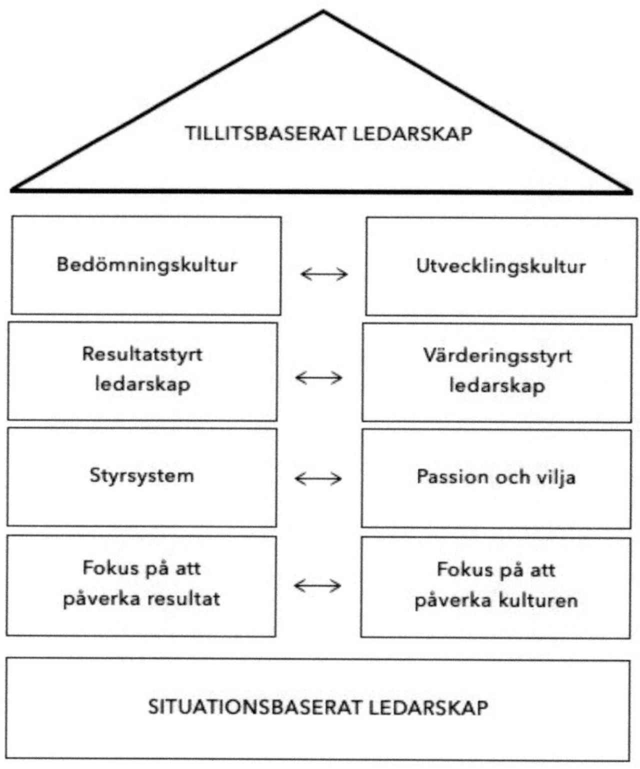

Tilliten ni har i entiteten är taket på ditt hus.
Tillit är en grundläggande byggsten för ett effektivt, ärligt och
hållbart ledarskap. När du som ledare visar uppriktighet,
ärlighet och transparens skapar du en atmosfär av öppenhet och
tillit vilket gör att din entitet känner sig trygga och bekväma att
dela åsikter, idéer och bekymmer. På samma sätt ett välbyggt tak

skyddar mot väder och vind, skyddar tillit mot konflikter, missförstånd och bristande kommunikation vilket främjar en sund arbetsmiljö, en hållbar atmosfär och god kultur.

Tillit ger också goda förutsättningar för kommunikation, samarbete, feedback och coachning inom såväl som utanför entiteten. När lagmedlemmarna känner inombords att de kan lita på sin ledare och på varandra blir de per automatik mer benägna att arbeta tillsammans, dela erfarenheter, kunskaper och framgångar samt stödja varandra på ett ärligt och mänskligt plan både inom och utanför arbetsplatsen. Detta skapar en positiv del i kulturen där idéer och innovation kan flöda fritt vilket kan liknas vid hur ett starkt, välbyggt tak ger stabilitet och möjliggör olika delar av huset att fungera tillsammans.

Ett tak ger skydd och trygghet för dem som bor i ett välbyggt hus. På samma sätt skapar tillit en känsla av trygghet och samhörighet i en entitet. De viktiga framgångsfaktorerna engagemang och inre motivation stimuleras av tillit, att lag-medlemmarna känner att ledarskapet är genuint och att de känner sig värdefulla och respekterade. De blir då än mer motiverade och benägna att vilja sträva mot visionen och missionen, att stå upp för värdegrunden och viljan stärks att konkret bidra till sin entitet och organisationens framgång.
I din ledarroll är det viktigt att se bortom nu-läget. När du lärde dig cykla lärde du dig att se bortom framhjulet och likaså när du lärde dig köra bil, dvs. ju längre fram du har fokus desto mer tid har du att korrigera och justera för en säker resa. Inom idrott är det precis samma sak, ju tidigare du kan förutse motståndarens

drag eller naturens inverkan, desto mer sannolikt kan du ex. vinna bollen, rädda straffen, justera seglen eller modifiera vallan.

Ett hållbart tak byggs för att över lång tid framåt kunna stå emot påfrestningar. Detta är precis hur du skall tänka kring tillit i ditt ledarskap. Den behöver kunna stå emot påfrestningar och risker, därför behöver du bygga för framtiden och vara väl förberedd på att modifiera, justera och korrigera över tid. Det väsentliga för att bygga långsiktig tillit är att kontinuerligt våga vara du, oavsett situation. Då vet dina lagmedlemmar att de ser ditt verkliga, genuina, sanna jag.

Att du vågar bjuda på dig själv, erkänner misstag, pratar om egna misslyckanden, uppvisar uppriktighet, håller det du lovar, inte sprider rykten och skitsnack, uppvisar förtroende, delegerar, använder dig av feedback på alla fyra nivåer och anpassad coachning för att skapa utveckling och mod, att du har en öppen kommunikation och är transparent inom de ramar du har.

Allt detta bygger och stärker tillit över tid.

Genom att du som ledare kontinuerligt skapar och upprätthåller en kultur av tillit är en grund för entitetens välmående och organisationens hållbarhet och framgång.

"När människor har ekonomiska intressen vill de ha en avkastning. När människor har emotionella band vill de bidra."
- Simon Sinek

Graden av tillit känner även kunder, leverantörer och samarbetspartners av. Vad gör du som ledare strategiskt och proaktivt för att stärka tilliten i din entitet? Hur är ert nu-läge; er arbetsmiljö, atmosfär och kultur? Är taket tätt eller läcker det in någonstans? Vad gör du strategiskt för att förebygga läckage?

<u>Jag ser tillit som den viktigaste beståndsdelen inom ledarskap.</u> Har du en entitet där alla i laget känner tillit till varandra finns det väldigt få saker som kan få laget i obalans.

"Tillit är som en bro, den förbinder människor och skapar en stark gemenskap."
- Moder Teresa

Här är en kort sammanfattning för att jag vill påvisa vikten och vinsten av ditt medvetna och kontinuerliga arbete med tillit.

Stabilitet: Precis som ett starkt tak ger stabilitet och skydd för huset, ger tillit stabilitet och trygghet för entiteten och organisationen. Genom att skapa en kultur av tillit kan du som ledare skapa en grundläggande stabilitet som gör att lagmedlemmarna kan fokusera på att utföra sina arbetsuppgifter utan att behöva oroa sig eller känna osäkerhet eller rädsla.

Hållbarhet: Ett hållbart tak är utformat för att hålla över tid och klara av påfrestningar. På samma sätt kan tillit inom ledarskap byggas och stärkas över tid. Genom att vara konsekvent ärlig, transparent och pålitlig kan du i ditt ledarskap skapa en hållbar grund av tillit som varar och stöder entiteten samt skapar goda förutsättningar för framgång för organisationen.

Skydd: Liksom ett tak skyddar mot väder och vind, skyddar tillit mot konflikter, missförstånd och bristande kommunikation. När dina lagmedlemmar känner att de innerligt kan lita på dig som deras ledare och att deras åsikter och bekymmer tas på allvar, minskar risken för konflikter och ökar möjligheten till effektiv kommunikation och samarbete.

Flexibilitet: Ett tak behöver vara flexibelt för att kunna anpassa sig till olika väderförhållanden och påfrestningar. På samma sätt behöver tillit inom ditt ledarskap vara flexibelt för att kunna anpassa sig till förändrade omständigheter och utmaningar. Genom att du skapar en hållbar och stabil grund av tillit kan alla inom entiteten vara mer flexibla och anpassningsbara i sina arbetsmetoder och beslutsfattande. När du sedan justerar och korrigerar känner din entitet trygghet i den grund ni skapat.

Utveckling: Ett starkt tak kan fungera som en grund för att bygga vidare på och utveckla huset. På samma sätt kan tillit inom ditt ledarskap fungera som en grund för att utveckla och främja medarbetarnas tillväxt och potential. När dina lagmedlemmar känner den genuina tilliten från dig och att deras bidrag och prestationer uppskattas, blir de mer benägna att sträva efter personlig och professionell utveckling.

"Tillit är som en nyckel, den låser upp dörrar till djupa och meningsfulla relationer."
- Nelson Mandela

"Tillit är som en spegel, den visar dig din sanna självbild och hur du behandlar andra."
- Mahatma Gandhi

Tillit, en grund för att skapa vinnarkultur.

Få ord får det att vattnas mer i munnen för tränare, coacher,
ledare, VD, FC, COO, chefer och ledningsgrupper än ordet
vinnarkultur. Alla vill ha en vinnarkultur. Min bild av hur en
vinnarkultur mäts är hur frekvent entiteten vinner tillsammans
eller hur
frekvent
entiteten
uppnår mål
tillsammans.

> *"Tillit är som ett frö, när det planteras och vårdas
> växer det till en stark och livskraftig relation."*
> *- Martin Luther King Jr*

Det är ett enda faktor som skapar vinnande lag och det är <u>fokus</u>.
När ett lag uppnår små mål, stora mål och nästan omöjliga mål
handlar allt om entitetens gemensamma fokus. Allt vi människor
uppnår i privat- eller yrkeslivet, ensamma eller i ett lag handlar
om en enda sak, fokus. Det är ganska enkelt, ju mer fokus som
investeras i förberedelser och i själva arbetet desto mer
sannolikt är det att målet uppfylls. I coachningssamtal brukar jag
säga: *"Om du håller fokus på det du fokuserar på kommer
resultatet av det du fokuserar på. Så vad fokuserar du på just nu?
Vad fokuserar du på när du kommer till arbetsplatsen? När du
skall prata med en kund/inför ett kundbesök? När du kommer
hem till din familj? När du skall träna för ditt välmåendes skull?"*

Du har säkert läst ett berömt citat av Albert Einstein, när jag har
föreläsningar om kreativitet och innovation omformulerar jag
det till: *"Definitionen av genialitet är att prova olika metodiker
om och om igen. Först då kan förväntan av annorlunda resultat
infrias."* Med detta menar jag att ledaren behöver uppmuntra till
tänkande utanför boxen för att skapa utveckling i sin entitet och

detta gäller i allra högsta grad i arbetet att nå målbilder. Att nå ett mål en gång kan alla entiteter lyckas med, att lyckas gång på gång är något helt annat.

Själva ordet fokus kommer från latin (focus) och betyder bokstavligen "eld" eller "eldstad". Ursprungligen beskrev focus den specifika punkt solens strålar samlades för att skapa förutsättningar för värme och eld. I antikens Rom var denna centrala punkt en viktig del i tekniken för att antända eld och hålla den brinnande. Med historiken av ordet som grund går det att se målbilder som "något som skall antändas".

Vinnarkultur skapas i de entiteter som har <u>bäst gemensamt fokus</u>. Och de har det inte bara någon enstaka gång.
De har detta knivskarpa fokus <u>om och om och om och om igen</u>.

Du som ledare har den viktiga uppgiften att skapa en supertydlig bild av **exakt vad** det är som skall uppnås och **exakt hur** det skall uppnås. <u>**Vad är det exakt som skall "antändas" och exakt hur skall ni göra det?**</u> Det är också viktigt att alla lagmedlemmar vet vilka de eventuella delmålen är för att nå det huvudsakliga målet, dvs. vilka steg behöver vi som entitet uppnå för att vi skall veta att vi är på rätt väg? Vilken är din plan som ledare när du sätter upp ett mål, följer du upp individuellt eller som entitet eller både och under resans gång? Hur kommunicerar du målet för att säkerställa att alla förstår?

Jag minns när jag gjorde värnplikten och jag fick en order från mitt befäl. Då sade befälet efteråt med hög röst: "Repetera 2110 Timmerby!" Sade jag rätt hade jag förstått. Jag säger inte att detta är en metodik att använda i det civila, dock kan det ge en tankeställare på hur viktigt det är att alla förstår målbilden.

Backup.

Vad som är fundamentalt viktigt för att inte tappa fokus eller förlora sin uppbyggda vinnarkultur är att alltid vara förberedd och ha en eller flera backup-planer. Omvärlden omkring oss förändras i en rasande takt. Jag hade mitt första riktiga arbete som säljare på KappAhl i Kristianstad 1991 och har arbetat med försäljning i olika former i hela mitt liv. Jag har aldrig upplevt så stora förändringar som de senaste 5-10 åren och det fortsätter förändras i en allt snabbare takt. Det är därför viktigt att ha väl förberedda strategiska backup-planer som tar hänsyn för olika eventuella scenarier som kan uppkomma i framtiden.

Riskbedömning och revidering.

När du planerar ett mål behöver du samtidigt göra en riskbedömning. Vad kan hända under resans gång som kan riskera att målet inte uppfylls? Ha det klart för dig när du kommunicerar ut målbilden. Skulle det under resans gång bli en betydande risk att målet inte kommer att nås trots dina lagmedlemmars ansträngningar och ditt stöd behöver du revidera målbilden.

Få saker är så meningslösa och demotiverande för människor som att arbeta hårt när de vet att de inte kommer att lyckas. Det är här du excellerar i ditt ledarskap, innan de ens kommer till den insikten eller de tankarna har du redan reviderat målet.

Det kan vara att du sänker förväntan eller styr om parametrar i målbilden. Varje gång dina lagmedlemmar känner att de vinner är en vinst för entiteten och för organisationen. *Här till höger kan du läsa ett av mina absoluta favoritcitat.*

"Pessimisten klagar på vinden.

Optimisten hoppas vinder vänder.

Ledaren justerar seglen."

- John C. Maxwell

Under arbetet.

Ju bättre fokus, desto bättre förutsättningar att uppnå målbilder, större produktivitet och effektivitet. Ju bättre fokus, desto bättre förutsättningar för koncentration, ju bättre koncentration desto bättre utförs arbetsuppgifter med precision och engagemang.

När arbetet är igångsatt är det viktig att du uppmuntrar, ställer frågor och ger stöd för att kunna anpassa rätt nivå av feedback och coachning. Ha uppföljningssamtal under processen och ställ frågor för att förstå. Observera attityder och beteenden.

- Är målbilden/delmålet glasklart?
- Vad i målarbetet går bra och mindre bra?
- Vad är lätt och vad är svårt?
- Känner lagmedlemmen stöd från dig?
- Vill lagmedlemmen att du skall göra något annorlunda?
- Är kommunikationen tydlig från dig som ledare?
- Behöver du anpassa uppföljningarna mer individanpassat?
- Visar du uppskattning och ger beröm även vid små segrar?
- Uppmuntrar du till samarbete?
- Hur säkerställer du att alla är på den riktning som krävs för att målet skall uppnås?

- Är du förberedd på hur du hanterar eventuella konflikter och andra utmaningar?
- Har du avsatt rätt resurser? Utvärdera och revidera om möjligt.
- Hur och var riktar lagmedlemmar sin energi och uppmärksamhet? Är det på olika saker?
- Hur lätt distraheras eventuellt dina lagmedlemmar?
- Varför distraheras dem?

Avsluta målet.
En av de enklaste sakerna är oftast det som glöms bort. När ett målarbete är avslutat, hur än resultatet blev: Hur kommunicerar du ut till din entitet att målarbetet är avslutat? Många företag startar upp mål på mål på mål, men glömmer att avsluta de gamla. Följden är en stor risk att skapa förvirring och en olust till att arbeta med målbilder. Människor kan inte ha för många mål igång samtidigt eftersom det blir ett splittrat fokus. I avsnitt B skrev jag om en studie av Stephen Covey som påvisade att:

- Med 2-3 aktiva mål igång samtidigt, når entiteten 2-3 mål.
- Med 4-10 aktiva mål igång samtidigt, når entiteten 1-2 mål.
- Med 11-20 aktiva mål igång samtidigt, når entiteten 0 mål.

Människor vill också ha avslut efter att de kämpat oavsett om de arbetat själva eller i en entitet. Ta dig tid efter avslutat målarbete att utvärdera, reflektera och utvärdera hela processen. Vad gick bra och vad kan förbättras till nästa målarbete?

Berätta för entiteten hur resultatet blev och be även dem identifiera faktorer i sitt eget arbete, det visar att du vill göra dem delaktiga och att du genuint bryr dig om deras utveckling.

Att skapa tillit på riktigt är att visa sig sårbar.
Du behöver vara prestigelös och arbeta efter tipsen jag gett dig
tidigare i boken. Att skapa tillit kan ta många år, att rasera det
kan gå på ett ögonblick. Det viktigaste är att du är du till 100%,
spela inga roller hur du tror du skall vara för att skapa tillit. Visa
att du inte kan allting genom att fråga: *"Vad tycker du?"*

Visa att du vill utvecklas och är öppen för feedback genom att
be om kritik: *"Vad tycker du jag kan göra bättre?" "Vill du ge mig
feedback är du snäll, jag vill utvecklas i min roll?". Kan du berätta
för mig hur du tycker jag kan förbättra mig?".*

Att du visar dig sårbar skapar tillit för dig och trygghet för dina
lagmedlemmar. Som ledare behöver du lägga ditt fokus på att få
din entitet att känna trygghet istället för att dem skall känna sig
självsäkra. För alla människor kan spela självsäkra men det
betyder inte att de känner trygghet inombords. En kund, kollega
eller familjemedlem känner omedelbart om du spelar självsäker
eller om du är trygg i en viss situation. *Det fina med tillit är att
om du kan skapa tillit på riktigt känner din omgivning sig trygga
med dig vilket gör att de blir självsäkra.*

Tillits-termometern.
Tänk att ditt arbete att leda med tillit är synligt i en termometer.
Ju mer välmående kultur/atmosfär, desto varmare blir
termometern. Ju varmare termometern blir desto mer utveckling
sker på individ och gruppnivå. Det blir en naturlig positiv spiral
för ju varmare termometern blir desto starkare och välmående
blir kulturen. Vad kan du göra idag för att skapa mer tillit?

Reflektion, avsnitt G

1. Hur ofta har du modet att uppvisa genuin sårbarhet inför dina lagmedlemmar för att skapa äkta tillit. (Du kan jämföra detta med hur ofta du visar dig mänsklig.)

2. Hur ofta ber du om hjälp vilket gör att dina lagmedlemmar känner sig viktiga och betydelsefulla?

3. Hur ofta uppmuntrar du till värdighet och respekt för att det är viktigt för dig?

4. Hur ofta pratar du om dina värderingar som människa och bakgrunden till varför du känner så?

5. Hur ofta delegerar du arbetsuppgifter för att utveckla människor snarare än för att du inte hinner med?

6. Hur ofta tar du dig tid att lyssna empatiskt och ställer följdfrågor för att förstå när en lagmedlem uppvisar behov att bli lyssnad på eller uppvisar sårbarhet? Detta skapar en djup känsla av samhörighet och mänsklig gemenskap.

7. Hur ofta främjar du öppen och ärlig kommunikation genom att vara transparent och verkligen lyssna in på dina lagmedlemmars åsikter, synpunkter och idéer.

8. Om du får synpunkter på dig eller organisationen: Hur ofta säger du att du accepterar deras perspektiv istället för att försvara dig eller organisationen? Ett bra sätt långsiktigt är att, om möjligt, inkludera lagmedlemmen mer i de stora perspektiven för att skapa förståelse och öppna upp för mer frågor på personalmöten eller medarbetarsamtal för att skapa mer delaktighet och öppenhet.

9. Håller du det du lovar dina lagmedlemmar?

10. Välkomnar du konflikter för att främja dialog och samarbete?

11. Delar du exempel från dina egna misstag och lärdomar för att visa äkta sårbarhet och öppenhet vilket skapar en kultur av ömsesidig tillit och förståelse?

"Trust is the glue of life.

It's the most essential ingredient in effective communication.

It's the foundational principle that holds all relationships."
- Stephen R. Covey

H
Kontinuitet, ledarens reflektioner

Förlorar du din ödmjukhet riskerar du att förlora allt.
Niclas Timmerby

Jag har tidigare i boken skrivit mycket om betydelsen av egenreflektion för dig som ledare och människa. Varför jag nu lyfter detta i ett eget avsnitt är enbart av omtanke. Om det är något jag ber dig ta med dig i privat- och yrkeslivet från denna bok är det orden *ödmjukhet* och *respekt*.

Jag har delat min egna metodik Ö-G-A-T i kapitel 2 och avsnitt F. Vad jag upptäckt i mitt arbete med mig själv, i coachningssamtal och i samtal med mina olika entiteter är att allt börjar och slutar med ödmjukhet. Som jag skrev i citatet på föregående sida: *Förlorar du din ödmjukhet riskerar du att förlora allt.* Har du inte självinsikt över din ödmjukhet finns stora risker att du inte når hela vägen fram till dig själv och din omgivning. Reflektera över de andra delarna i Ö-G-A-T, hur stor betydelse har ödmjukhet?

Går du in med ödmjukhet i alla situationer i livet har du per automatik självinsikt, det är en gåva som *alltid* verkar för dig då du har förmågan att sätta dig in i andras perspektiv och känslor.

Ödmjukhet har en nära koppling till respekt.
Ibland när jag läser och hör hur ordet respekt slentrianmässigt används idag blir jag orolig då själva innebörden och betydelsen av ordet är något vackert. Ordet härstammar från det latinska ordet *respectus* som ursprungligen användes för att *visa vördnad eller aktning för någon eller någonting*. Betydelsen kan också vara *att betrakta* eller *att titta tillbaka på*.

Respekt i dess rätta bemärkelse är en viktig social och etisk princip för att främja goda relationer, ömsesidig förståelse och samarbete mellan människor. Att vi erkänner och uppskattar alla

människors värde och rättigheter vilket i praktiken innebär att vi
behandlar alla vi möter med värdighet, hänsyn och vänlighet
oavsett naturliga olikheter i bakgrund och åsikter.

Ödmjukhet mot dig själv.

Inom psykologin beskrivs ödmjukhet som en personlighets-
egenskap som innefattar en ödmjuk och respektfull attityd
gentemot andra men också mot sig själv. Att vara ödmjuk
gentemot sig själv är en nyckelfaktor för personlig utveckling,
psykologisk hälsa och välbefinnande. Det handlar om att vara
öppen för egenreflektion (läs gärna igen om mina verktyg kring
detta jag gett dig tidigare i boken) och konstant personlig
tillväxt samt ha en realistisk och balanserad syn på sina egna
förmågor, styrkor och svagheter.

Genom att medvetet integrera ödmjukhet i din egen
självbild förändrar du din identitet och stärker din självkänsla
när du främjar en positiv och hälsosam relation med dig själv.

Ju mer du arbetar med att vara ödmjuk mot dig själv desto
mer kan du vara genuint ödmjuk inför din omgivning. Egen/
självreflektion har jag skrivit utförligt om tidigare. Här är några
andra verktyg för att stärka ödmjukhet gentemot dig själv:

- *Självmedkänsla.*
  - *Du behöver odla ödmjukhet till dig själv genom att vara
    vänlig och empatisk till dig själv när du står inför svåra
    utmaningar eller har gjort misstag. Hur hade du
    behandlat en nära vän eller familjemedlem vid en sådan
    situation? Antagligen med medkänsla genom att uppvisa
    förståelse och vänlighet, att behandla dig själv likadant
    främjar en hälsosam självbild.*

- *Självacceptans.*
  - *Att träna på att acceptera dig själv med alla brister och imperfektioner du har samtidigt som du strävar efter personlig utveckling och tillväxt gynnar din självkännedom. Var öppen och villig att se dig själv i din helhet inklusive de delar du kanske inte är nöjd med eller de du upplever som svåra. När du omfamnar alla sidor av dig själv skapas självacceptans vilket gör att du har lättare att frigöra dig från självkritik och självfördömande vilket gör att du kan skapa en mer kärleksfull och medkännande relation till dig själv. I självacceptans innefattas också förmågan att sluta jämföra dig med andra och istället fokusera på dina egna unika egenskaper och kvaliteter. Genom att acceptera dig själv fullt ut, utan att försöka leva upp till orealistiska förväntningar och ideal kan du skapa en mer mer autentisk och äkta självbild.*

- *Självförlåtelse.*
  - *Att praktisera detta genom att medvetet arbeta med att släppa taget om gamla misstag och självkritik som skapar negativa känslor kan främja ödmjukhet gentemot dig själv då du skapar en mer försonande relation till dig själv. Du är en människa som är betydelsefull och viktig, ha en balanserad bild av situationer och händelser för att skapa en mer fridfull och harmonisk relation till dig själv.*

- *Tacksamhet .*
  - *Det sista steget i Ö-G-A-T är naturligt att ta med här eftersom det direkt skapar ödmjukhet gentemot dig själv.*

Genom att regelbundet reflektera över det du är tacksam över, små saker som det som händer i vardagen till stora saker som att du kan andas, ökar direkt din medvetenhet om det positiva som finns i ditt liv. Att reflektera över det goda och värdefulla i din tillvaro gynnar din självbild.

Risker i att inte uppvisa sann ödmjukhet.
Det är viktigt för dig att också vara medveten om de risker som finns i att inte arbeta med sin egen utveckling kring ödmjukhet. Egentligen handlar allt om att bli just medveten vilket skapar förutsättningar för ökad psykologisk flexibilitet, bättre problemlösningsförmåga och minskad stress vilket naturligt smittar av sig till omgivningen.

- <u>Risk för ensamhet i livet.</u>
    - En människa som har svårt att uppvisa sårbarhet och öppenhet kan riskera att isolera sig från andra människor eftersom den inte tillåter någon att komma nära.

- <u>Risk för kommunikationssvårigheter.</u>
    - Utan genuin ödmjukhet kan människan uppfattas som mindre benägenhet att uppvisa empati och förståelse vilket kan leda till svårigheter i kommunikation och relationer.

- <u>Risk för svårigheter till egen utveckling.</u>
    - En människa som saknar ödmjukhet kan vara mindre mottaglig för kritik och utvecklande feedback. Det kan då få till följd att människan har svårt att erkänna brister

och misstag vilket i sin tur kan hindra människans personliga och professionella utveckling.

- <u>Risk för förtroendebrist.</u>
    - Finns brist på ödmjukhet är det svårt för människan att be om hjälp eller stöd när det behövs och till och med är uppenbart för människans omgivning. Att konsekvent inte se och och erkänna svagheter kan göra att omgivningen tappar förtroende för människan.

- <u>Risk för misstro.</u>
    - En människa som har brist på ödmjukhet kan ha en överdriven fokusering på sig själv, sina egna behov och prestationer. Detta kan från omgivningen ses som narcissistiska drag, en bristande förmåga att se och värdesätta andra människors perspektiv.

Ge inte upp.
Det kommer att uppkomma situationer där du kommer att tvivla. Är det värt allt jobb, allt du lägger ned i tid, resurser och energi? Är det så här det skall vara, att vara en chef eller ledare?

När tvivel uppkommer, gå tillbaka till ledarens främsta uppgift, att skapa nya ledare. Att vara ledare är att stå längst fram och visa andra människor riktningen. En fantastiskt stor förmån och ett stort ansvar.

Jag vill ge dig tre tips.

1. Använd vinnarkulturen.

Du vill skapa en vinnarkultur där ni uppnår gemensamma mål gång på gång på gång. Ni gör det genom ett starkt mindset att: *ni kämpar för varandra varje dag oavsett situation*. Ni skapar tillsammans en kultur av *beslutsamhet* som ger energi att möta motgångar och utmaningar. Använd den kultur som ni tillsammans byggt som din drivkraft. Se vad du åstadkommit och har gjort för andra människor; hur du fått andra människor att tro på något stort, hur du fått andra människor att förändra sig sig själva. Du är viktig, värdefull och betydelsefull.

2. Mentorskap på riktigt.

Mentorskap på riktigt innebär att bli utmanad på riktigt vilket är väldigt utvecklande. När du som ledare ber en annan människa att bli din mentor kan du uttrycka dig så här:

- *Jag vill utvecklas, jag vill bli bättre. Kan du hjälpa mig?*
- *Kan du komma till min arbetsplats och observera mig; hur är jag, vilka signaler sänder jag ut, hur bra fokuserar jag, hur bra prioriterar jag, hur behandlar jag min entitet?*
- *Så här lägger jag upp mina arbetsdagar. Vad hade du gjort för att vara mer strukturerad och effektiv?*
- *Så här beskriver jag vår vision, min mission, vår värdegrund. Hur kan jag göra det bättre för att alla skall förstå "varför"?*
- *Jag vill må "så här", jag vill vara "så här" som ledare. Vad kan jag göra annorlunda? Vill du utmana mig?*

3. Släpp det!

När jag håller i tvådagars ledarskapsutbildningar avslutar jag
dag ett med att läsa upp följande:

Vi får dansa en stund här på jorden.
Se till att ditt liv har mening och syfte.

Så dansa! Skratta! Var modig! Ta aldrig skit! Våga säga nej!

Var ödmjuk, var generös i ord och handling,
ta ansvar, var tacksam.

Våga ge av dig själv från hjärtat till andra människor.
För det är då du berör människor på riktigt.

I ögonblicket du berör människor, förändrar du människor och
kulturer. Det är då du är som mest levande.

Jag vill dela med mig av mitt absolut starkaste verktyg, det
består av två enkla ord: **Släpp det!**

Om något går emot dig i privat- eller yrkeslivet:
Kan du påverka det, gör då allt i din makt för att påverka det.
Kan du inte påverka det, släpp det!

För i yrkeslivet har du inte tid att ägna dig åt saker du inte kan
påverka då du behöver lägga ditt fokus på det du kan påverka.

Och i ditt privatliv. Du har ett liv att leva.
Du har inte tid att låta saker du inte kan påverka - påverka dig.
Du har ett liv att leva, ju mer du påverkar det desto mer lever du.

SLUTORD

Höjden av slöseri är att spendera en dag utan mening.
Niclas Timmerby

Jag vill tacka dig från hjärtat att du läst denna bok.
Min ambition är att du fått med dig konkreta verktyg du kan
applicera direkt i ditt privat- och yrkesliv.

Mitt syfte med denna bok- har varit att ge dig ett syfte.

2012 skrev jag ett citat:
> *"Livet börjar när syftet blir viktigare än skalet."*

Då, efter drygt tio år av egna studier inom psykologi, förstod jag
varför jag är här på jorden. Jag förstod meningen, jag förstod
syftet. Det var min djupaste insikt. *Att i samma ögonblick vi
släpper betydelsen av vårt skal, vårt yttre, i samma ögonblick
börjar vi leva.* När jag släppte betydelsen av mitt skal och
började reflektera tills jag fann mitt verkliga syfte: *Jag vill göra
en betydande skillnad för andra människor.*

Då började jag leva på riktigt. Då förändrade jag hur jag
kommunicerade, jag började väga mina ord omsorgsfullt både
när jag pratade och skrev, hur uppmärksamt jag lyssnade, hur
jag stod, hur jag utmanade mig själv och andra. Småproblem
och bekymmer tappade sin betydelse och inverkan. Jag började
släppa saker jag inte kan påverka i privat- och yrkeslivet.

Min slutsats är att meningen med livet är att hitta sitt syfte.
När du släpper betydelsen av "ditt skal" och istället fokuserar på
ditt "varför" i livet, då vågar jag påstå att du mår som bäst i livet.
Axlarna sjunker ner en smula då den förväntade (?) pressen över
hur du *förväntas* vara drastiskt minskar. När du hittar ditt syfte
finner du ett annat sätt, mer harmoniskt sätt att leva ditt liv.

Ställ dig ofta frågan: *Vad kan jag genuint ge till andra människor i ord och handling?* Då gör du en skillnad i deras liv.

Gör du en skillnad för människor kommer de aldrig att glömma vad du gjorde för dem. Aldrig. Detta handlar ingenting om pengar, gåvor eller materiella ting. <u>Det handlar enbart om hur du behandlar dina medmänniskor.</u>

*John McEnroe sade så klokt: **"Du måste utveckla en skärpa för att bli bra på något."** Jag älskar det citatet för det får mig att bli uppmärksam på mitt eget beteende och attityd. Vad kan jag lära mig idag? Hur kan jag bli bättre? Kan jag lyssna bättre? Osv.*

Mitt sista citat i denna bok handlar om motståndskraft.

"Låt alltid den du är, påverka omständigheter mer än de påverkar dig."

Livet är alldeles för ömtåligt och för kort för att lägga energi, tid och fokus på omständigheter du inte kan påverka. Ditt välmående har en stor samverkan med hur bra du är på att inte låta omständigheter påverka dig. Kan du släppa saker?

Även här kommer ödmjukhet in. Ju mer ödmjuka vi är desto mer hinner vi fokusera på det som verkligen spelar roll, vårt syfte.

Du kan vara som fjärilens vingslag. Du har alltid ett val: Vad gör du, vad sprider du omkring dig, vilka spår lämnar du efter dig?

Se det stora perspektivet för att uppskatta de små sakerna.
Om du känner att du saknar energi, att du känner tvivel. Reflektera då över det största av perspektiv:

Vi åker runt vår G-stjärna, solen i cirka 108,000km i timmen, vid ekvatorn motsvarar jordens rotation 1,674km i timmen. Vårt solsystem färdas i sin bana runt Vintergatans centrum i cirka 840,000km i timmen, det tar vårt solsystem cirka 225-250 miljoner år att ta sig ett varv i sin bana. Solens gravitation håller alla planeter i vårt solsystem i sina respektive omloppsbanor.

Är det verkligen rätt tillfälle att fundera på omständigheter som inte har någon långsiktig påverkan i våra liv? Är det verkligen rätt tillfälle att klaga eller sura för småsaker?

Så varför inte dansa ute när det regnar, njuta av ett rött trafikljus, vara tacksam för att du kan stå i en kö, le åt en parkeringsbot eller skratta när det är svajigt wi-fi?

Vi får aldrig glömma att det är ett otroligt, högst osannolikt mirakel att vi överhuvudtaget kan vandra runt på den här gröna, vackra planeten ett litet tag.

Vad vill du säga till dig själv den dagen du slutar arbeta?
Jag var rättvis, jag var prestigelös, jag stod upp för jämställdhet? Jag var ödmjuk, generös i ord och handling, tog 100 procent ansvar och var djupt tacksam så ofta jag fick möjlighet? Jag behandlade människor väl och fick människor att växa, utvecklas och må bra? Jag var snäll mot mig själv vid motgångar?

För framgång och utveckling i ditt självledarskap:
- Acceptera dig själv till 100 procent.
- Stå till 100 procent upp för dina mänskliga värderingar och moraliska principer.

Varmt lycka till!
Niclas

OM FÖRFATTAREN

*Jag föddes 1972 i Jönköping, när jag var liten flyttade
min mamma till Skåne med mina två bröder,
min bas har varit i Skåne sedan dess.*

*Min dröm som barn var att bli flygledare eller lärare, jag kan idag
se att jag uppnått min barndomsdröm då jag är något av lärare
när jag utbildar och föreläser samt en flygledare när jag idag på
mitt arbete har hand om 23 team i södra Sverige.*

*Jag har har tre ambitioner när jag utbildar och föreläser.
Nummer ett, att beröra människor. Min andra ambition är att
utmana gamla sanningar och tankemönster. Min tredje
ambition är att vi skall ha riktigt kul tillsammans.*

*Allt för att skapa större vilja, ansvarstagande och vilja
till positiv förändring inom laget.*

*När jag berör deltagarna skapas något mycket starkare
och kraftfullare än förtroende, nämligen tillit. När tillit
skapas, skapas samtidigt förutsättningar för direkt
förändring av människor, lag och företagskulturer.*

**Jag utbildar och föreläser inom ledarskap, värdskap,
lagbygge, försäljning och förändring av företagskulturer.**

*Jag lyssnar till era specifika behov, förutsättningar och vad
ni vill få ut av vårt tid tillsammans. Därefter anpassar och
optimerar jag materialet och de eventuella workshops vi
gemensamt kommer överens om för att ni skall få ut
maximalt värde av er tid och investering.*

URVAL AV TIDIGARE KUNDER

Företag:
IKEA, Apoteket, BRA-flyg, Cubus, Price Waterhouse Coopers,
Choice Hotels, Öresundsbron, St1 Sverige AB, Lindab,
MediaMarkt, Brafab, Färdig Betong, Just4Sports , Arjohuntleigh,
Mockfjärdsfönster, Furninova, Svea Fireworks, Lexington,

Statligt, kommunalt och fackligt:
IF Metall, Göteborgs Stad, Arbetsförmedlingen,
Region Skåne, Norrbottens län, Västerbottens län,
Jämtlands län, Västernorrlands län, Kalmar Län,
Trelleborgs kommun, Osby kommun, Karlshamns kommun,
Kristianstads kommun, Båstads kommun.

Föreningar:
Kristianstads DFF, Helsingborgs IF, FC Trelleborg,
Skepparslövs Golfklubb, Glimma Hockey.

Övrigt:
Akademi Båstad, Nordic Business Institute, Queenia,
Livsmedelsakademien, Barncancerfonden (ideellt),
Sveriges bagare och konditorer, Helsingborgs business
region (Familjen Helsingborg), Ung Företagsamhet,
Göinge Näringsliv, Nyföretagarcentrum, Folkuniversitetet.

7 steg inom självledarskap
Förord av Tina Thörner
432 sidor

Varje gång i ditt liv du påverkas av en annan människa präglar det dig som människa. Det påverkar dina tankar, ditt beteende, din attityd, ditt välmående, hur du agerar mot dina mål och hur du från det ögonblicket påverkar andra människor på din livsresa. Hur påverkar allt detta din vardag? Denna bok handlar om hur du tar kontrollen och ger dig 7 steg till att leva ett unikt liv.

Finns även som e-bok

100 vägar till ett genuint självledarskap
Förord av Emerich Roth
612 sidor

100 korta kapitel med insiktsfulla principer. Handfasta råd på din personliga livsresa för att motverka yttre förväntningar, negativ prägling och stress samt konkreta verktyg till att bygga ett solitt rykte inom yrkeslivet. Ett självskattningsformulär på 13 sidor ingår i boken så du kan följa din egen utveckling.

Nominerad till "Årets Projektledarbok 2024" av Svenskt Projektforum.

Finns även som e-bok

TILLHÖRANDE ARBETSBOK FÖR ER ENTITET

2025 publiceras *´Arbetsbok: Praktiska övningar och reflektioner för organisatorisk utveckling´*, ditt konkreta verktyg som ledare för att effektivt implementera formeln till varje lagmedlem. Arbetsboken är uppbyggd som ett levande dokument som följer varje lagmedlem från inledande personalmöten genom workshops och till individuella medarbetarsamtal. Resan går från självkännedom till förutsättningar att känna mening, motivation och vilja att uppfylla personliga målsättningar.

Arbetsboken är anpassad för att läsas ur lagmedlemmens perspektiv, den är tydlig och kraftfull. Deltagaren dokumenterar själv sina reflektioner, slutsatser och sin egen utveckling.

Arbetsboken består av följande fem avsnitt:

Avsnitt 1: Det interna värdskapet.

Avsnitt 2: Den gemensamma riktningen.

Avsnitt 3: En trivsam kultur och arbetsmiljö.

Avsnitt 4: Det yttre värdskapet.

Avsnitt 5: Framåt tillsammans!
En summering av de fyra kapitlen och vägen framåt.

Efter varje avsnitt har jag skrivit en kort insiktsfull och inspirerande text för egenreflektion.